读懂投资 先知未来

大咖智慧
THE GREAT WISDOM IN TRADING

成长陪跑
THE PERMANENT SUPPORTS FROM US

复合增长
COMPOUND GROWTH IN WEALTH

一站式视频学习训练平台
WWW.DUOSHOU108.COM

交易游戏

——职业交易员的资金管理策略

瑞安·琼斯（Ryan Jones） 著

石小会 译

山西出版传媒集团

山西人民出版社

图书在版编目（CIP）数据

交易游戏：职业交易员的资金管理策略 /（美）琼斯著；石小会译. —太原：山西人民出版社，2013.6
ISBN 978-7-203-07892-0

Ⅰ. ①交… Ⅱ. ①琼… ②石… Ⅲ. ①资金管理 Ⅳ. ①F830.45

中国版本图书馆CIP数据核字（2013）第075387号

著作权合同登记号　图字：04-2013-012

交易游戏：职业交易员的资金管理策略

著　　者：	（美）琼斯
译　　者：	石小会
责任编辑：	翟丽娟
装帧设计：	兆天书装
出 版 者：	山西出版传媒集团·山西人民出版社
地　　址：	太原市建设南路21号
邮　　编：	030012
发行营销：	0351-4922220　4955996　4956039
	0351-4922127　（传真）　4956038（邮购）
E-mail：	sxskcb@163.com　发行部
	sxskcb@126.com　总编室
网　　址：	www.sxskcb.com
经 销 者：	山西出版传媒集团·山西人民出版社
承 印 者：	三河市航远印刷有限公司
开　　本：	710mm×1000mm　1/16
印　　张：	15.25
字　　数：	275千字
版　　次：	2013年7月第1版
印　　次：	2015年5月第2次印刷
书　　号：	ISBN 978-7-203-07892-0
定　　价：	49.00

如有印装质量问题请与本社联系调换

目录

前言 / 1

致谢 / 1

第一章 关于资金管理方法 / 1
为什么要用资金管理法则 / 1

资金管理是什么 / 4

资金管理法则应该应用在什么地方 / 6

什么时候用资金管理法则最合适 / 7

资金管理法则适合什么样的人使用 / 8

如何应用资金管理法则 / 8

第二章 资金管理原则为什么合理有用 / 10
正负期望值相对抗 / 15

第三章 资金管理的种类 / 17
赌金加倍的资金管理方法 / 17

赌金不加倍的资金管理方法 / 19

平均成本法 / 21

金字塔式交易法 / 24

第四章　实际的事实 / 27

从哪儿开始使用资金管理方法 / 27

在不同的投资体制和投资市场中实际应用 / 28

额定保证金的重要性 / 29

跌幅 / 31

最大的损失 / 32

第五章　固定分数交易法 / 33

固定分数交易法——数学角度的量化分析 / 35

每10,000美元一个合约 / 36

每一次交易只承担3%或者更少的风险 / 39

介于两种方法之间的方法（折中的办法）/ 40

最优分数 / 65

安全分数 / 71

关于固定分数交易法的其他零碎的东西 / 72

第六章　固定比率交易法 / 78

风险和回报 / 78

把固定比例交易方法应用于股票投资（交易）中 / 87

保证金的影响 / 88

如何处理不同的股票价格 / 92

第七章　下降的比例 / 93

保护利润 / 93

利润呈几何增长（放弃不对称杠杆）/ 99

折中减少 / 111

第八章　投资组合 / 113

没有应用资金管理方法的投资组合 / 114

目 录

　　投资组合和固定比例资金管理法 / 127

　　资金管理方法的三个阶段 / 129

第九章　市场权重 / 132

第十章　在实施资金管理过程中权衡投资,不是在此之前进行 / 137

第十一章　其他的利润保护措施 / 143

　　连续成功/失败的交易 / 143

　　线条(概率)理论 / 144

　　用依赖性提高可能性 / 148

　　市场结果的依赖性 / 151

　　资金曲线的移动平均线交易 / 152

　　资金曲线移动平均线的分析 / 154

　　有消极预期结果的资金曲线移动平均线交易 / 159

　　连续两次在移动平均线下方收盘 / 161

　　回调30%的跌幅额度 / 165

　　趋势线和资金曲线 / 166

第十二章　爆仓的风险 / 167

第十三章　关于交易方法 / 172

　　稳健的数据 / 174

　　净利润总值 / 175

　　最大跌幅额度 / 175

　　数学结果(期望值) / 176

　　平均交易值 / 177

　　平均盈亏比例值和获利百分数 / 177

　　平均跌幅额度 / 178

　　最大盈利额和平均盈利额的比例 / 179

获利因子 / 179

交易方法的逻辑原理 / 180

一种简单的交易方法 / 182

第十四章 最优化 / 185

最优化夸大的原因 / 185

最优化的深入调查 / 187

优化过程 / 191

优化对比 / 193

第十五章 商品交易顾问（CTA）和资金管理 / 203

大商品交易顾问 / 203

小商品交易顾问 / 205

第十六章 资金管理方法的紧密结合 / 208

第十七章 综述（信息汇总）/ 216

考虑自己所做的事情 / 217

记下你的目标 / 217

制定一个交易计划 / 218

交易方法 / 218

资金管理方法 / 220

扬长避短 / 221

准备一个后备计划 / 222

为另外的交易方法和投资市场做好准备 / 223

最优的投资方法和投资组合 / 223

最后的想法 / 226

参考文献 / 227

译后记 / 231

前 言

我们现在生活的时代是这样一个被一种生活态度所主宰的时代：我知道我需要什么，我也知道我现在就需要它。这是一个吃快餐和走捷径的时代，是一个在一切事物包括自己面前都可以自我的时代！这是最低级的一种激烈竞争。跟着时代的脚步看上去似乎从来都不重要——不惜任何代价要变得富有的一种精神。

这种态度也是为什么现在很多人们开始卷入商品和期货行业的原因。投资是一种非常强有力的尝试。另一方面，它也是一种经济上的削弱。投资是一种有风险和回报的游戏，它也是这样一种游戏，在这个游戏里大家不会因为你不懂游戏规则就盲目加入游戏而去谅解你。对于那些"希望很快富有（暴富）"或者"必须现在就得到财富"的人们来说，失败几乎是必然的。

在杠杆交易市场那些尝试着去投资的人们失败的概率大概是90%。按照我所说的，也就是说开始投资的人中有90%的人已经是亏损状态了。在某一特定的时间，曾经有人告诉我，有90%的账户显示是亏损了，只有10%的账户是盈利的。这些数据表明，在这些投资市场暴富基本上是不可能的。在这种环境下，要想赚取可观金钱，交易商们必须管理好自己投资的资金。除非你的运气非常好，否则没有一个人会在没有合理的资金管理策略的情况下在杠杠市场赚取大量金钱。这就是本书的根本所在。

瑞安·琼斯 Ryan Jones
科罗拉多州春田市
1999年3月

致　谢

很多人帮助我获得了很多关于杠杆交易的资金管理方法的知识。本书中的信息主要是基于经验——来自于经验，然后就是来自于调查。从我的调查中，我发现了本书中所描述的方法。因此，首先，我想感谢那些有可能有这些经历的人们。

当我还只有 16 岁的时候，我和我们高中的经济学班同学一起参加了一场国家股票投资辩论赛，之后我就开始对投资市场变得非常感兴趣。我的第一个导师是 Mike Benzin，他也是我在同一个教堂进行祷告的教友。他和 Smith Barney（斯密斯·邦尼）一起都是分析师，并且主动给我提供过帮助。他腾出时间教一个高中的孩子（我）关于投资市场的知识，并且告诉这个孩子这些投资市场是如何运作的。他告诉我说任何时间他办公室的门都为我开着（有时候是每天），并且他容忍了我所有的不断的请求和不便的出现。没有 Mike，我将从来没有机会开始接触这些投资市场的知识。

之后，我结婚了，并且有了两个孩子。当 Fred Stoops 雇用我在 Oklahoma（俄克拉马荷州）的 Tulsa（塔尔萨市）的 Stoops、Keating 和 Richardson（理查森）联办的法律事务所工作的时候，我自己还在读大学。在这个公司，有一半的时间是我培训期间另一个关键的时期。Fred 不仅是付给我应得的薪水，他可能会付给我更多。总的来说，一句简单的感谢是不能表达 Fred 对我培训生涯或者我一生的深刻的影响。对 Fred，我有很大的亏欠，因为他教会了我很多。同样是在那家法律事务所，Chuck Richardson 变成了我很好的朋友，并且非常信任我的投资（交易）能力。我和 Chuck 经常一起进行一些投资。通过一系列的交易，我们总结出了一些经验，这些经验迫使我们去调查研究交易中的资金管理。Chuck 理所当然应该为这本书得到一些荣誉和赞扬。

我离开这家法律事务所以后就在佛罗里达南部的一个城市当一个经纪人，但是仅仅三个月以后，我意识到作为一个经纪人不太适合我，因此我就没做这个工作了。我的计划就是两年内一直学习这个行业的知识,然后开始自己创业。我无须说大家也可以明白,我没有想过以投资交易为生。大约六个月以后,我发现我也确实没有为此做好准备。

然而,当我把我的创业计划放在一起的时候,Willard Keeran 对我的能力表示了很大的信任,并且为我的 Rumery 和 Lehman(雷曼)股份有限公司的成立提供全部的启动基金。他和他的家人不仅为我的事业投入资金,而且他们没有任何附加条件地就这么做了。我有权利和自由按照自己看准的方向去投资,不需要 Willard 的任何一点暗示或者质疑。如果说有一个人对我表现出了完全的信任和忠诚,认为我这次投资一定是一次成功的投资的话,那么这个人就是 Willard——他是唯一一个在我完成这本书中,在我的投资以及我的事业中最有影响的人(除了我妻子以外)。谢谢你,Willard,谢谢你对我的信任和自信,更重要的是要谢谢你为我的祈祷!

在我还要感谢的很多其他的人中,还有我的四个姐妹:秋天的忠诚,夏天的希望,冬天的爱戴,以及春天的优雅;还有我的儿子,基督教徒埃弗雷特(Christians Everett),他的自由精神对我来说是一个很大的鼓舞。我以前的合作伙伴,Darren Peeples,他是我一个很要好的朋友,为了我他可以很乐意地放弃他的生活,而我为了他,也愿意这么做。他是一个坚贞不渝的好朋友,好兄弟。我的岳父,Thomas Grmwell,他帮助我把这本书中很多的数学公式综合在了一起。感谢我的父母,George 和 Pat Jones,因为有你们鼓励我,告诉我怎样通过艰苦工作养家糊口并改善我的生活。最后并且当然也是相当重要的一点就是:Larry Williams 为我这本书中提到的很多交易方法提供了友好的支持和帮助。补充一点,我已经从他大量的科研中获益匪浅。

这个清单将会持续很长时间。我想感谢每一位为这本书作出贡献的人,没有你们,我不可能单独完成这本作品。

瑞安·琼斯

第一章
关于资金管理方法

大部分人认为在决定去读一本关于数字游戏的书之前(即所谓的资金管理方面的书),他们会去考虑他们是否值得花费时间和心血去读这本书。在他们接受了这些令人信服的理由之后,他们就必须明白什么是资金管理,这里所讲的资金管理和大多数交易商人所理解的资金管理有什么区别。按照逻辑推理,接下来,他们就应该会考虑资金管理法则应该用在哪些地方才合适。是不是某些投资市场或者投资方式方法不适合用资金管理法则呢?是不是有一些资金管理法则要比另外那些法则在投资中更能奏效呢?有些交易商明白为什么资金管理如此重要,到底什么才是资金管理,资金管理法则需要用在什么地方,等等。在明白这些以后,他们就要开始考虑什么时候应用资金管理法则才是最好的,是现在投资时就可以应用还是等再过一段时间呢?是投入的投资已经开始有一定盈利时才考虑启用资金管理法则呢,还是当投入的资金开始出现了亏损的时候才用呢?

是哪些人群适合用这些资金管理法则呢?难道资金管理法则只是为那些仓量大的投资服务的吗?难道资金管理者就只能是那些真正懂得如何应用资金管理法则的人吗?资金管理法则只是适用于某一类交易商吗?包括股票交易商在内吗?如此等等。最后,我们要弄清楚,如何应用这些资金管理原则去解决交易商们在投资过程中最常遇到的一些基本问题。在这一章节,我已经从总体上回答了这些问题;其他章节也提供了具体的例子和实施方案。好了,请大家做好准备,我将带大家进入一个全新的资金管理领域。

为什么要用资金管理法则

我究竟为什么想要去说服健全而又睿智的读者们自己心甘情愿地花时间

去了解资金管理法则呢？而这还被认为是和做会计一样的无聊枯燥。那么，我这么做究竟是为什么呢？因为资金管理被你们误解了——它远远没有你们想象的那样枯燥；恰恰相反，涉入其中，你会觉得它确实很有意思。可以说，在整个贸易或者投资领域，没有任何知识理念比资金管理能更快增加投资者的资金积累。我们大家一起来看下面的这些数据，然后自己再好好斟酌一下。

很多交易商都有一个共同的目标，那就是在他们平生的投资生涯中可以获取100万美元的利润。这是他们的一个梦想，大多数交易商在未来不到20年的时间里都不敢期望这个目标是可以变成现实的（除非他们是初涉贸易投资，他们会理所当然地认为他们可以在一个多小时内赚取100万美元的总投资利润）。然而，这本书中，在资金管理技巧的帮助下，我可以告诉大家，你100万美元的总投资利润的目标是可以实现的。下面的这些数据都是基于这种稳健的资金管理方法（与激进的资金管理方法截然相反）。

> 使用一个稳健的固定利率的资金管理方法进行交易，为实现赚取100万美元的总利润目标，你的每个单一的交易单位，一种合约，或者一种期权总共需要投入10万美元的利润额度。

对，是这样的，要想获得100万美元的总利润是不需要你投入100万美元的资金，你对一定数量的股票，或者单一一个单位，一种合约或者一种期权只需要投入总额为10万美元利润就好。这意思就是说，假如一个人他购买了一种单一的合约，期权或者是一定数量的股票，在五年以后他只获取了10万美元的利润；但是如果这个人在每一次交易中，他都能够按照正确的资金管理措施去运营这笔资金，并且适当控制投资风险，那么五年后，他获取的利润就不止是10万美元，而是100万美元。我们现在就可以把这种资金管理方法分解为一个五年投资计划目标：

1. 在接下来的五年内，总共获取10万美元的利润；
2. 在接下来的五年中，平均每年获利2万美元；
3. 在接下来的60个月内，平均每个月获利1667美元；
4. 在接下来的260个星期内，平均每个星期获利384美元；
5. 在接下来的1320个交易日中，平均每个交易日获利75美元。

在标准普尔指数（下称"标普"）中，每天总共需要3个跳动点；在债券中，每天还需要不到3个跳动点；在股票市场中，每天交易100手，跳动概率还不到一个点（0.75%）；在外汇市场，每天6个跳动点；在咖啡交易市场，每天2个跳动点。这些都是大家已经知道的。

对于那些进行一揽子货币投资(像瑞士法郎,德国马克,日本日元,英国英镑这样主要贸易国货币)的交易商们来说:
1. 在 5 年内,每年总共获利 2 万美元;
2. 在接下来的 5 年中,平均每年每个投资市场获利 5000 美元;
3. 在接下来的 60 个月内,平均每个月每个投资市场获利 416 美元;
4. 在接下来的 260 个星期中,平均每个星期每个投资市场获利 96 美元。

这样的话,每个投资市场每天都需要多于 1.5 个点的波动。对于那些在 10 个投资市场经常变动的交易商们来说:
1. 在接下来的 5 年内,每年总共获利 2 万美元;
2. 在接下来 60 个月内,每个月总共获利 1667 美元;
3. 这 10 个投资市场,每个月每个投资市场分别获利 167 美元;
4. 这 10 个投资市场,每个投资市场每个星期获利不到 40 美元。

因为我们在处理一些数学问题,这种资金管理发挥的力量就不会仅仅局限在期货和期权上面。为了使 10 只股票的每 100 手的交易都可以完成同样的目标,那么:
1. 在 5 年的时间内,总共获利 10 万美元;
2. 在 5 年的时间内,平均每年获利 2 万美元;
3. 在每个星期内,平均每只股票获利 0.37 美元;
4. 按照每只股票 100 手交易,平均每个星期获利 375 美元。

那么为什么资金管理非常重要呢?因为它可以带给我们一个平均的收益或者说相对平均的 5 年收益,然后在 5 年以内可以收到更大的经济利益。资金管理可以让投资者获得经济收益。如果一个投资者在 2 年期间获取了 4 万美元的收益,又在接下来的 2 年期间亏损了 4 万美元,那么他在这 4 年的投资交易中只是获得了零(美元)收益。假如这个投资者在投资期间合理应用了资金管理原则,那么他的 4 万美元将在 2 年后增加到 20 万美元。假如投资市场行情不好,属于低迷时期,我们也可以保证有 10 万美元的收益。当投资者将这 10 万美元又累积增加到 20 万美元以后,这笔资金就完全可以用来抵抗任何不好的行情波动,而不至于亏损至零(只要投资者正确合理地应用了资金管理原则)。这也就是不可能没有收益的原因所在。合理地应用了资金管理原则的投资者可以获取 10 万美元的收益,而没有合理地应用这一管理原则的投资者可能根本就没有收益。

为什么资金管理如此重要?那是因为资金管理可以 90% 的保证在未来 5 年内实现你想获取的 100 万美元收益的梦想。资金管理不是一种体制,也不是一个正在投资的市场,更不是像星星和月亮的匹配;资金管理是一种合理的经过数学方式证明的资金管理技巧。这就是资金管理如此重要的原因。

资金管理是什么

资金管理 90%是一种交易游戏,但是归根结底,资金管理是在交易中必须要知道的一个最重要的因素。拉里·威廉斯应用这一原则就在一年内把 1 万美元变成 110 万美元。他说,在他的《期货交易的决定性向导》(Vol. Ⅱ)这本书中,尤其强调了"资金管理是这本书中最重要的一个章节"。事实上,很多成功的投资者都会把资金管理作为他们成功投资的一个最重要的因素。既然资金管理是投资中一个如此关键的因素,那么准确了解资金管理是什么而又不是什么,就变得非常重要了。

在现行的行业中,对于资金管理这个概念,有一些正确或错误的说法。在这本书里面,我会在我自己应用资金管理法则和你学习如何应用资金管理的过程中,告诉你"资金管理"这一专业术语具体是什么。虽然有些投资者会坚持说词典中的"枯燥"一词的定义就正好可以用来形容"资金管理",但是我认为这只是交易中一个很有趣的因素之一。

资金管理有很多定义,与之相关的有像保护性止损而不是著称为资金管理止损的这些说法(释义),但是像这样的释义都不能用在这本书中。本书中所定义的资金管理,只是局限于指在你账户总额中有多少资金是你的下一个交易中的风险资金。看一下你所有的账户资金,然后应用正确的数学公式进行计算,你就会知道其中有多少资产是你应该拿出来作为下一个交易中的风险资金的。

资金管理可以被分成两个不同的种类:合理的资金管理和不合理的资金管理。合理的资金管理会把风险和收益两个因素都考虑进去,而不合理的资金管理就只会考虑其中的一个因素,要么是只考虑了风险,要么是只考虑了收益;合理的资金管理会全面考虑整个资金的总体价值,而不合理的资金管理则仅仅着眼于某个资金方面的内容,比如说赚取的概率有多大,或者说亏损的概率是多大;合理的资金管理不会完全相信这些甚至不能在数学上被证明的所谓的影响因素,而不合理的资金管理则认为这些虽然不能被证明正确与否,但是依旧是需要考虑的;合理的资金管理会考虑各个因素间的逻辑关系,比如:如果 A 和 B 如何,那么 C 一定会怎样,而不合理的资金管理考虑的角度则不尽相同,它认为:如果 A 和 B 如何,那么在一些情况下 C 又会如何;合理的资金管理方法从不会告诉你适合从哪儿进行市场投资,又不适合从哪儿进行市场投资,这种管理方式被定义为"交易"或者"风险"管理比较好,我们也不应该把这和合理的资金管理方法相混淆。

尽管如此,像刚刚前面段落里面提到的一些策略也经常会被放进资金管理方法中去用。何况,我们也涵盖讲了这些策略。比如说,资金管理止损仅仅是告诉我们在特定的贸易投资中从哪儿出场可以尽量减少损失。即使这和资金管理定义中讲的似乎有一些相似,但是把它定义为"贸易投资管理止损"或者"风险管理投资"会更好。在一个特定的贸易投资中,合理的资金管理从来不会告诉你应该从哪儿进场投资又应该从哪儿出场。当你把止损放在某一个特定的点位,这也就意味着你的这次交易会在什么点位出场。资金管理和资金管理止损是两个完全不同的概念。

以累积收益连续投资著称的"金字塔式交易法"也常常和资金管理的方法混淆。通常情况下,应用资金管理方法的交易商会把资金看做一个整体。而在金字塔式交易法中,因为这种交易被局限成在某一个特定的交易市场进行的一种特定的交易,所以交易商根本不管它是否把资金作为一个整体。金字塔式交易法认为,既然交易是一种特定的交易,也是有利润可得的一种交易,那么交易商在价格顺势上涨获利后,就可以不断地加码买入,以更好地利用价格升高的优势博取更多的利润。价格沿预测方向顺势抬升得越高,交易者可以加码的机会也就越多。但是一般来说,每一次价格顺势升高后只可以加码一次。在金字塔式交易法中,你基本上看不到这种情况,就是在第一批的时候还只是一个合约,然后在价格顺势上涨后往上面加码的数量是前一批合约的两倍,在价格更高的时候加上去三个或者更多的码,等等。一般来说,每次加码的数量是一样的,是一种均衡式加码,即每一次加码的数量和前一批合约是一样的。这种加码方式不是由总体的资金量决定的,而是由一个码数决定的。更进一步说,在这种情况下就是买或者卖某一个合约仅仅是基于价格因素。

在贸易投资中有另外一种习惯做法就是,你可以在很多投资交易商不断亏损后再开始交易。这种交易方法自认为是可以在交易体制中提高获利的几率,然而,这种说法并未得到实际数据证明。事实上,我用实际数据证明并否定了这种可以提高获利几率的说法,虽然这种说法的确是一种完全不同的交易分类,它和贸易投资中风险的大小无关,和从哪儿开始进场或者出场也无关。我们在其他投资商不断亏损后自己才开始进场投资,这也只能告诉自己投资进场的时间,或者投资出场的时间,而这也根本和贸易投资中风险的大小没有任何的关系。

不止上面讲到的那种投资策略,另外还有些投资策略不仅回答了是否要投资,什么时候适合进场投资,又什么时候需要出场。这些策略是根据某一天资金曲线的移动平均线来判断是否适合交易。一旦资金的实际经济指标降到平均水平以下，新的交易就会等到资金移回到平均水平以上才开始进行。这种交易策略决定了何时停止交易而不是用来判断下一次交易的风险有多大，也正因为这样，这种策略不属于我们讲到的资金管理范畴以内。

总而言之，判断是否可以增加投资交易者的收益，既不是用不断亏损的投资商数量来判断，也不是用平均资金曲线交易法来判断。在这个章节，我在分别比较了不同交易方法的异同之后，也核证了在投资中应用这些方法带来的收益和风险是多大。进一步来说，我也指出了，为什么大家不可以依赖于这些甚至无法用数学证明其是否可以增加投资收益的方法。

因此，合理的资金管理方法的定义强调，必须把风险和收益两个因素同时都考虑进去，还要全面考虑整个资金的总体价值。这种资金管理方法也都已经得到了事实的证明。这仅仅是一个很狭义的定义，也只有两种方法遵循了这一说法，即固定分数交易方法和固定比例交易方法。这一章节中提到的所有的方法都将在这本书中得到彻底的检验。

资金管理法则应该应用在什么地方

资金管理法则可以用于短线交易、长线交易、期权、股票、期货、差价期权、房地产，以及互惠基金，等等。然而，这本书只解决了要如何应用资金管理法则以发挥其杠杆作用。因此，这不是一本为互惠基金交易商提供的资金管理的书本。尽管这种资金管理方法确实适用于使用保证金交易的股票交易商，但是它也不是专门为那些只知道买股票并坚持持股多年的股票投资商准备的书。这种资金管理方法适用于所有的期权，显然也适用于期货和大宗商品贸易市场中的每一个群体。

资金管理适合于任何一种贸易投资行为。一些投资交易商错误地认为，资金管理原则仅仅适用于系统交易者，而系统交易者认为资金管理只适用于那些凭自己直觉进行交易的投资商。本书中讲到的资金管理原则适用于每一种有形的或者无形的贸易投资交易：日间交易，季节性交易，差价期权交易，合成交易，长线交易，趋势跟踪（从长线或者短线交易中获利），行情一旦往上突破——价格不断上涨，行情看好。进一步说，资金管理适用于这些交易方式的任何一种结合，只是因为在每一种投资方式或者每一个投资市场投资，他们都有赚钱或者亏损的可能。当资金管理应用于资金曲线时，由于投资的市场不同或者投资所选择的方法策略不同，我们就不排斥会出现盈利或者亏损的现象了。因此，这也并无大碍。

不可避免地，当我在一次研讨会上非常坦诚地阐述了这一观点之后，有一个人就站起来问我资金管理原则是不是也适用于英国英镑的投资。我很明确地告诉她，如果你正进行一种贸易投资，那么你应该把注意力集中在你的资金管理，投资的周期以及投资的结果上面……这也是她所记下的内容。

什么时候用资金管理法则最合适

对于交易商而言，什么时候应用资金管理原则去投资最合适呢？简单一句话，昨天。在进行第一次投资之前，资金管理计划应该是这一准备阶段中一个要有意识去重视的环节。任何一个投资商，只要他曾经有过任何形式的投资经历的，他都需要和其他投资商有一个共同点——那就是，在他们决定第一次要投资多少批合约，或者期权，或者其他投资市场的时候，他们都需要做好一个资金管理的决定。更进一步说，在任何一个单一的贸易投资行业中，投资商都需要首先做好一个资金管理的决定，尽管他也许根本不知道事实上他已经做了这样一个决定。就是现在，在你的贸易投资中，也许你正一步步按照资金管理中的一些原则行事呢。首先，我的目的是让你知道需要进行资金管理；其次，我是为了让你明白资金管理是应该在你进行贸易投资时优先考虑的；最后，我是为了教会你正确合适的资金管理技巧，并在你的贸易投资中取得收益最大化。

如果你已经开始投资了，那么从现在开始，你该是时候意识并重新审视你的投资策略。这不仅关系到你是投资一批合约还是一个期权，还关系到你账户总额是5000美元还是500万美元。现在，你要开始应用合理的资金管理策略了。

如果你还没有开始投资，也许你现在还正因受到一些其他诱惑的影响而把资金管理置之度外。千万不要这样。很多人认为资金管理经常是交易商在事情发生后才意识到的，或者说是在钱已经赚到手后交易者才会明白。下面的这个故事就说明了这种情况。很多年前，有一个交易商对他的交易结果感到非常的满意，而这个交易结果是受到了资金管理法则的潜在影响而产生的。因此，他就给我打电话，说要买我的第一套资金管理软件程序中的运作理念（performance I）。一年以后，我再一次接到了这个交易商的电话。在我和他通话的过程中，他对我说："瑞安，我准备在投资中应用资金管理方法了，你可以告诉我该从何下手吗？"听到他的话后，我有点儿迷惑，我接着说说："这当然没问题，可是我想知道你为什么要等到一年以后才开始应用资金管理的原则来指导你的投资。"他回答我说他是第一次在投资中使用资金管理方法，他想更确保他这些资金管理方法可以奏效。我想了想觉得"这很有道理"！然后我开始着手帮他一起解决这个问题。等我们谈话快要结束的时候，仅仅是出于好奇心，我问他，在他的所有的投资资金当中有多少资金没有应用到资金管理的原则来合理分配。他回答说，在此之前他已经在单一的一批合约上投资了7万美元！在我下楼以后，我告诉他，假如他之前的这笔7万美元的资金在投资的时候同样应用了这种资金管理的方法，那么他现在就可以很容易地获取不止60万美元的收益，而不仅仅是7万美元。

所以，什么时候用资金管理最合适呢？当然是现在。

资金管理法则适合什么样的人使用

尽管我不能通过其他问题的答案来回答这个问题，但是我还是可以很直接地指出来。假如你正在考虑选择什么样的融资渠道进行投资，比如是选择股票，大宗商品，期权，还是选择其他一些投资理财产品，那么你必须好好应用资金管理来帮你定夺一下。如果你已经选择好了理财投资产品，并且正在进行交易，那么很遗憾，你就会比别人退后。可是常言道：迟做总比不做好。你需要重新审视你的投资，然后应用资金管理技巧来指导你的投资。不管你是什么学识水平，不管你的年龄多大，什么性别，什么肤色，什么种族或者有无宗教信仰；也不管你现在是一个母亲、父亲、兄长、姐妹、表亲、侄儿、侄女、叔叔、阿姨，这些都没什么关系。知道我的观点了吗？数字不会盲目崇拜人类，它们仅仅就是数字。

如何应用资金管理法则

这可能是唯一一个我在没有认真思考的情况下，不能给大家一个满意答案的问题。不同的人在投资中对资金管理原则的看法和应用方式是不尽相同的，不同的人对此有不同的做法。一个人如何应用资金管理原则取决于几个因素，包括但不局限于这个人交易风格是稳健的还是激进的，作为一个投资交易者，他的投资目标是什么，还有就是他对风险的可以承受的最大限度是多少。

这本书的基本原则适用于所有的投资交易商。不论你的交易风格是稳健型还是激进型，每一个交易者都会应用同样的原则，并且用数据证明资金管理技巧正确与否。那么，在交易过程中，什么时候谁应该采用激进的方式交易，又

第一章　关于资金管理方法

在什么时候谁该是采用稳健的方式交易,像这些问题你将在接下来的几个章节得到答案。

我希望,读完了这一章节,你还有更浓的兴趣继续往下读。仅仅这些数据可能都足够让你信服。如果在你的投资交易中你从来没有考虑过应用资金管理原则,那么我建议你通读此书的时候,稍微放慢速度,至少你的速度要比那些应用过这些原则交易的人们的速度要慢才行。但是假如你愿意花时间坚持下去的话,你会发现这本书将会是你的投资交易生涯中最受益匪浅的一本书。

第二章
资金管理原则为什么合理有用

　　所有的投资交易商都有一个共识。不管你是一个期权交易商,一个当日交易商,一个股票交易商,还是各种投资产品都会涉猎的投资交易商,你,至少在一个方面,和其他的交易商是基本一样的。不管你选择什么投资市场,也不管你选用什么投资方式,总之,每一个交易商都必须在进行贸易投资之前做一个资金管理的决定。有时候,这并不一定是一个明智的正确的决定。对于一些交易商而言,资金管理方法从来不曾在他们的意识范畴以内存在,那么在他们的投资交易中,这是一种非常危险的做法。对于我本人而言,我感兴趣的是:交易商花了多长的时间进行市场调研,大概知道在什么点位进场,什么点位出来,然后把抛售后的少许资金再分配到另外的每一次交易中。通过我自己亲身经历和一些图解分析,我希望大家相信合理的资金管理是决定投资交易胜负的关键。

　　在这一章节,我会告诉大家为什么我会把自己的侧重点放在资金管理上面,又该如何把侧重点放在资金管理上;然后,我告诉你我之所以这么做的理由。任何其他的交易商在决定采用什么样的方法进行交易之前,都应该把侧重点放在如何合理管理你账户里的资金上。

　　在投资交易的时候,在某种程度上,我检查核实了一些事情,然后去判断就是把资金用于这个投资交易是否值得管理,得出自己的判断后,我就要把它付诸实践。纸上谈交易纵然可以提供很多信息,但是我们只有在应用这一理论进行实际操作得到成效后才会相信书本上所说的是对的。之前的贸易投资交易中,我记得有一次我开了一个1万美元的账户。这是我,在那个时候,在一个新的投资领域里最大的一次投资。因此,我决定用这笔钱直接投资期货。之前我也有一些投资,像是期权、差价期权、抵补期权、差价期货,也发行过一些无标的证券期权。但是我始终没有涉足过期货。然而,我曾经花了100美元从一些投

第二章　资金管理原则为什么合理有用

资大亨手里买到了一种新的交易方法，他们想通过这个交易方法向那些尊敬并崇拜他们的交易商们证明他们长期以来交易的成功。我花了100美元买下了它。在此，必须郑重声明的是，我认为如果你自己也想买一本的话，现在这套方法手册还有出售。

不管怎样，我曾经试图把他的这种方法和我自己对市场经验的分析结合在一起，后来发现这两种投资方法存在分歧。我决定，一旦我看到它们之间的分歧出现，我就会用我花100美元买的那本小册子中讲到的技巧方法去处理进场和出场的问题。在我开账户后不久，我就开始按照这些交易信号进行交易。然而，这些信号中只有极少数交易信号让我满意。我开始采取另外一些措施以增加我的账号资金。令我惊讶的是（不是那时候而是现在），我做得非常的成功。就在我都已经21岁的时候，我投资的1万美元在短短的4个月时间里就转变成了2万美元。因为我之前所有的投资都是以失败而告终，所以看到这一次在一个新领域投资的成功，我已经完全激动得心花怒放了，用彻底的骄傲这个词来形容我这时候的心情最合适不过了。我认为我已经成功了。这次投资不是因为我莽撞才幸运地取得成功的。认真计算下，这20次交易，我是慢慢增加仓量，逐笔交易才得到了不止300%的年报酬的。在我21岁的时候，我已经达到了一种境界（地位），而这种境界在所有投资商中只有10%的人才可以实现，那就是——取得成效，获取利润。

那次是礼拜四。第二天，我带我妻子到户外做些小活动。当我们开了几小时的车以后，我打算停下来，给我经纪人打个电话，问了下我的11个头寸的持仓目前状况如何。总之，从天然气投资市场到食糖投资市场，我觉得我干什么都可以。在一些投资市场，我有两三个合约。当我给经纪人打电话时，他就告诉我这11个仓中有9个走势都不太好。虽然当前这11个仓还不至于出现爆仓，但是按照我目前的情况来看，我在一个礼拜以内是没有多余的保证金加仓的啊。因此，我把其中的几个平仓了，认真考虑了一下，我想剩余的这几个在下个礼拜一应该会赚回来了吧。然后我接着做我的事情。我感到有点儿失望，同时也有些担忧，但是绝不是彻底崩溃。这种情绪现在还时常涌上我的心头。

两个星期以后，我的2万多美元的仓大幅下降，到最后还不到2500美元！这下，我彻底崩溃了。我的自豪感也被彻底击碎了，我立刻就感觉自己也是90%的那部分投资失败的交易商中的一员。到底出了什么问题？我不断地问我自己。我打算在我进行投资交易的同时抽点时间去认真调查下我这次的投资中究竟出现了什么问题。如果这是我对此要做的最后一件事的话，我想弄清楚究竟会是什么导致了我这次重大的亏损。失败只是暂时的。

在分析了这次失败的交易以后，我找到了导致这次重大损失的最合理的解释——就是过度交易(过度投资)。然而,这对我来说是一次新的尝试和教训。我的第一个账户入资是2500美元,我又用这2500美元买了5个债券期权(或者说是一种理财产品我买了5个,我不确定它到底是债券还是原油)。我把它们都放进了同一个投资项目中,交易两个星期以后,我已经有了成倍的收益,2500美元变成了5000美元了。就是那次投资市场走势和我预料的趋势一样,以至于期权价格走势居高不下的时候,我让我的经纪人赶紧抛售收场出来。可是,他却很确信地告诉我说,市场将会继续按照我之前预料的方向走下去,我要确定暂时不要出来。所以,那次我听了我经纪人的意见没有马上抛售出场。在那之后又过去了两个星期,我的5000美元亏损到大约只有300美元了。我总结了一下原因,这次不是因为过度投资,这次的失误在于当市场已经饱和,行情不好的时候,我却没有及时抛盘出场。

在期权再次崩溃后,我又开始转向差价期权进行投资。我追踪了史坦普尔100种股价指数(欧式标普100指数)的期权时间差交易。假如你买最近一个月的期权,然后再卖掉上一个月的期权,你就可以从上个月的期权中赚取利润。在追踪了一段时间以后,我有了一个很好的机会去投资英国的英镑期权。我发现了最近一个月的期权价格与上一个月的期权价格存在相当大的差距。在计算了这次投资交易我可以获得多少利润之后,我决定把我仅有的7500美元投在差价期权上。我知道这样做的话,我承担的风险会相对减少,并且我也不需要付出比这两种不同交割期期权还要多的保证金。可是,糟糕的是,我的经纪人不知道这些。

过了几天以后,我的经纪人给我打电话,并留言说我的保证金严重不足。考虑到这里有一个误会(并且因为我确实在每一个差价期权中赚取了100美元),我并没有立刻给他回话。在这之后又过了一段时间的交易期以后,我也几乎赚取了双倍的利润,因此我就打算平仓出来,我不想再像上次原油期权交易中犯上同样一个错误。所以,我就给我的经纪人打电话,让他平仓出来。就那次,我从中学到了很多重要的东西。首先,英国的英镑期权不会有太大的波动;其次,9月份英国的英镑期权是建立在该月的英镑合约基础之上的,12月份英国的英镑期权是建立在12月份的英镑合约基础之上的;再次,只有在这种交易情况下才适合用全额保证金交易。

其实根本就没有赚到7500美元的利润。就在我正要平仓出来的时候,行情突然扭转下滑,在那一瞬间我就损失了500美元。在行情扭转下滑的时候我就继续加仓,但是每一个交易回合我都要往账户中加入35美元~40美元。总之,这次的行情,在这个节骨眼儿上,我亏损了大概有2000美元,而原来我还预计会在这个点位(头寸)获取大概7500美元的利润。

第二章 资金管理原则为什么合理有用

接下来,我没有打电话去讨论保证金不足的问题。可是,他们告诉我我现在的期权投资短线操作是在全额交易时进行的。但是眼下,正是期权公司进行12月份的合约交易时期,他们是不会答应用9月份购买的期货来抵销的。所以,不管最后我愿不愿意,他们都会在系统上自动给我平仓(这种情况下,我可能只有加仓了)。

尽管这次的英国英镑期权中我进行了很多次交易,但是我从中并没有学到很多关于过度交易的知识。一成不变的期货交易方法可以在四个月内带给我2万美元的利润收益,但却又在短短两周内出现亏损了,最后还不到2500美元的利润。直到我分析了这其中的原因后我才开始汲取到些许教训。虽然我分析得出的结论不是绝对准确,但是我也开始着手对此进行一些调查。

如何在投资交易中取胜是我这次调查研究中的一个主要转折点问题。我买了一本叫做《证券投资管理公式》的书,作者是 Ralph Vince(纽约:John Wiley & Sons)。书中列举了很多例子,其中的一个例子让我震惊了。尽管这本书对大多数投资交易者来说是非常专业甚至说有点儿不切合实际,但是有一点,它非常强调资金管理的重要性,这确实是非常有道理的。下面的这个例子是从这本书中引荐的,它也证实了我最初的关于估量交易的观点,同样也解说了为什么投资者在投资中需要一个合理的资金管理。

拿一个硬币在空中投掷100次。如果每一次硬币着陆是正面朝上的时候,你就可以赢得2美元;相反,如果每一着陆的时候是背面朝上,那么你就会输1美元。假设,硬币着陆的时候正面朝上和背面朝上的几率都是50%,那么在每一次的投掷后,你都会赢得1美元,当100次投掷结束后,你总共就可以赢得50美元。

100 次(投掷)
50 次——正面朝上:$50 \times \$2 = \$100$
50 次——背面朝上:$50 \times (-\$1) = -\$50$
$\$100 + (-\$50) = \$50$

(注:这只是一个假想的游戏。有一些投资交易商给我打电话,对我说这对真正操盘没有实际的促进作用。我就告诉他们我举的这个例子不是要对他们的实际操盘起到促进作用,而仅仅是希望他们可以意识到资金管理对于贸易投资的重要性。)

很明显,这是一种很理想的赌博游戏状态。因为我们都可以知道这里面明显是有利可图的(我们都是很狡猾的投资商),我们也不会愿意仅仅是为了那1美元而去玩投掷硬币的游戏。相反的,大家可以用100美元来玩这个游戏。这就有几种不同的可行性方案。你需要在下面的四个选项中选择其中的一种:

A. 每一次的投掷拿出所有本金的 10% 做赌金；
B. 每一次的投掷拿出所有本金的 25% 做赌金；
C. 每一次的投掷拿出所有本金的 40% 做赌金；
D. 每一次的投掷拿出所有本金的 51% 做赌金。

以上就是这四种不同的选择。如果你选择的是 A 方案，你可以拿出本金的 10%，也就是用 100 美元乘以 10%，即 10 美元，作为下一次投掷的承担风险的赌金。然后你把不管是输了的 10 美金还是赢来的 20 美金加上最开始的本金 100 美元，再把算出来的这部分资金总额的 10% 再放入下一次的投掷中作为赌金。这样一来，你最开始是 100 美元，乘以 10% 以后，即 10 美元你作为下一次投掷的赌金。如果在这次投掷你赢了，每 1 美元作为赌金时你可以得到 2 美元，那么每 10 美元作为赌金时，你就可以得到 20 美元（$10 \times \$2 = \$20$）。把这 20 美元放进最开始的本金 100 美元中，你现在就有了 120 美元的本金了。再把这 120 美元乘以 10%，即 12 美元，作为下一次投掷的赌金；如果下一次的投掷你输了，你也就会输掉 12 美元，那么本金就变成了 108 美元（$\$120 - \$12 = \$108$）。你自己可以算算，同样的，如果你选择了 B、C，或者 D 方案的话，最终的结果如下：

A. 100 次的投掷后，100 美元的本金最后变成了 4700 美元；
B. 100 次的投掷后，100 美元的本金最后变成了 36100 万美元；
C. 100 次的投掷后，100 美元的本金最后也变成了 4700 美元；
D. 100 次的投掷后，100 美元的本金最后仅剩下 31 美元了。

为什么最终的结果是这样，又怎么样变成这样的，这些问题在这本书中慢慢会得到解答的。那么现在，我需要强调两个重要的关于资金管理的事实。首先，资金管理可以使一个相对平凡的交易活动变成一个充满生机和活力的赚钱的工作。对于一个投资交易商而言，他在每一次投掷时都只是愿意拿出 10 美元作为赌金，从不增加赌金的大小，那么他的净值最多只会是 600 美元。然而，增加或者减少每一次赌金金额，获利的几率就会增加 683%。如果一个投资交易商在每一次的投掷中愿意拿出 25 美元作为赌金，那么他的净值就会达到 1350 美元。随着你净值的增加而增加赌注的金额，那么获利的几率就会达到 2788%。如果一个投资商在每一次的投掷中拿出了本金的 40% 作为赌金，在连续输了两次以后，他就无法再继续参加这个投掷游戏了。因此，通过减少每一次投掷过程中的赌金额度来减少风险，交易商就能够在沼泽场游戏中立足。

其次，在每一次的交易中承受的风险太大也可能会把一场原本是盈利的投资局面给搅和了。即使一个交易商完全没有减少过资金的额度（假设的情况），但实际上，在 100 次的投掷后他失败的几率也会高达 79%。

以上的图解表明,不合理的资金管理在投资中会扭胜为败。然而,没有一种资金管理可以应用数学方式证明它是可以使交易转败为胜的。

正负期望值相对抗

尽管这本书不会深入讨论可能性和策略问题,但是它还是会涉及应用资金管理方法的方方面面。这就是正负期望值经常涉及的地方。

简单地说,一个投资商在应用资金管理原则的时候肯定希望有一个好的(正面的)期望值,而且,交易商们也肯定是经历过一定程度的盈利的投资。好(正)的期望的定义简要的是交易商在交易结束的时候是要盈利而不是亏损。这个投掷硬币的事情告诉我们一个好的期望值是可以通过以下计算而来的:

赢的可能性:50%

输的可能性:50%

每赢一次后可得:2美元

每输一次后损失:1美元

这种好的期望值用数学上的方程式可以表示如下:

$$[1+(W/L)] \times P - 1$$

因此,前面的例子可以得出这样的一个期望值:

$$(1+2) \times 50\% - 1$$
$$= 3 \times 50\% - 1$$
$$= 1.5 - 1 = 0.5$$

这个方程式计算出来的结果大于零表明这是好的期望。数字越大,表明潜在的策略就越有优势。如果最后的结果是小于零,在数学上就表明期望值是负数。负数值越大,就表明情形越不好。如果计算的结果正好是零,那么期望值就不分胜负,表明投资会不赚不赔。

交易商可以在两种情况下使用这个数学计算公式。第一种情况就是,当输赢一样多的时候。然而,输赢很可能就是不一样的。第二种情况就是,当你算出了输赢的平均值的时候可以使用。很明显,这种概率方程式必须用在真实的输赢交易中,而不能用于预算结果的。这里有一个方程式,可以用于解释当输赢的概率是不确定的时候该怎么做的问题。如果要用于计算交易的预期结果,这个方程式就没有用,因为它只能用于在真实的输赢交易事件中。相对于要在某种特定体制或者策略下亏损的人而言,有多少人可以赚钱,这个概率仅仅是根据幕后的计算得出来的。所以,在这个方程式计算得出需要投多少资金之前,其实它已经在背后计算过了。因此,我们需要坚持用给出的这个数学公式简单地估算出过去交易的历史结果。当我们投掷硬币的时候,不管之前投掷的结果如何,我们都已经预测到将来的结果了。我们在真正的投资交易中是不会得到这种信息的。

下面这个例子就是把这个方程式应用在真实的交易记录中。在这次交易中,赚钱的概率是63%,在交易中平均赚钱454美元,平均亏损458美元,数学计算的期望值如下:

$$[1+(W/L)] \times P - 1$$
$$= [1+(454/458)] \times 63\% - 1$$
$$= 1.99 \times 63\% - 1 = 0.2537$$

把这组数据和下面的计算方法做如下对比:

平均盈利 = \$2025

平均亏损 = \$1235

盈利百分比 = 52%

$$(1+1.64) \times 52\% - 1$$
$$= 1.37 - 1 = 0.37$$

这种方法计算的结果比前面的数学方法计算出来的结果稍微高一点。下面的这种方法会得出这种数学结果:

平均盈利 = \$3,775

平均亏损 = \$1.235

盈利概率 = 56%

数学结果 = 1.78

这种数学结果不是在自然界中都可以预测的,它只能用做估测一种方法计算出的结果是不是准确。也就是说,在任何情况下,它只适用于实际运算。

知道了资金管理就只是一些数字游戏,它需要有一个好的预期值,这样的话,交易商就不用像找"圣杯"一样的方法去交易。他们甚至在家就可以进行交易。同时,交易商就可以集中精力看看这种正在进行交易的交易方法在逻辑上是不是合理,是不是有一个好的期望值。在平常的投资交易中合理地使用资金管理技巧将会发挥很大的作用。

第三章
资金管理的种类

这一章节的目的不是要给你区分好的资金管理和不好的资金管理之间的异同,而是要读者去全面地了解资金管理的最重要的观点和方法。大多数的资金管理方法都符合下面两个分类中的其中一个:赌金加倍的资金管理和赌金不加倍的资金管理。

赌金加倍的资金管理方法

这一种分类简单地介绍了随着账户净值的减少,接下来的交易规模就会扩大。这种类型的基本特点就是随着账户的亏损,挽回这些损失的可能性也就随之增加,最多是保持不变。对于投资交易者来说,这是一种常见的资金管理类型。正如第二章节中所提到的,没有一种资金管理可以把负的期望值转变成正的期望值。因此,投资商不愿意去改变自己的胜算概率,他们更愿意尝试去利用这些波动变化。大家一起来看看下面的例子。

投掷 100 次硬币。你有机会去赌到底是正面朝上还是背面朝上。然而,假如你赢了一次,你只能赢得 4 美元;但是如果你输了,你就会输掉 5 美元。这就是数学上一个负的期望值。假如在每一次的投掷中,你们的赌金是 5 美元,那么在 100 次投掷以后,你会输掉 50 美元。

$$50 \text{ 次(投掷)} \times (-\$5) = -\$250$$
$$50 \text{ 次(投掷)} \times \$4 = \$200$$
$$-\$250 + \$200 = -\$50$$

然而,这样的话,在投掷时如果出现了连续 3 次都是同一面朝上,然后你就必须在下一次的投掷中赌另一面朝上了。因此,如果投掷后你连续三次是硬币正面朝上,那么接下来的一次投掷你就会打赌是背面朝上。如果你输了(正面朝上),你就会在接下来的一次投掷中继续赌是背面朝上;如果你还是输了(正面朝上),那么你还是会赌接下来的一次投掷中依旧是背面朝上。连续输了三次以后,你已经没有本钱继续赌下去了。

根据这种解释,我自己确实用投掷 100 次硬币之后总结的结论来指导我真正的投资。在 100 次投掷中,有 16 次的投掷是连续赌 3 次要么是正面朝上,要么是背面朝上。在这 16 次投掷当中,有 10 次都是在投掷以后的下一次投掷时是另一面朝上。在这 10 次投掷中,我每一次赢得 4 美元,总共是 40 美元。有 3 次投掷的结果都与第四次投掷的结果是相反的。在这三次投掷中,我第一次输 5 美元,接下来的两次赢了 8 美元。在这三次投掷之前,我已经提前赚到了 9 美元,现在我总共已经赚了 49 美元了。第二轮的时候,是每连续 5 次投掷赌一面朝上,然后就是另一面朝上了。在这两轮中,我第一次输了 5 美元,第二次输了 10 美元,第三次我赢了 16 美元,最后净值竟然只是 1 美元一次,翻倍后就是 2 美元。这下,我总共赚取了 51 美元。然而,接来的一轮竟然连续 8 次是背面朝上,这样,我第一次输了 5 美元,第二次输了 10 美元,第三次输了 20 美元,最后我不得不停止。这一次的投掷我总共输掉了 35 美元,所以我最终只赚取了 16 美元。

这只是一个很古老的赌博游戏,利用了投掷的次数。在这种情形下输掉的唯一方式就是每一次的投掷是连续 6 次猜同一面朝上。然而,从数学角度来看,这其实并不是一个好的期望值。至于为什么这么说,我们会在这本书的后面进行讨论。现在,我想我们可以换种方式看看重新投掷 100 次硬币会是什么样的结果。在这 100 次的投掷中,有 9 次的投掷是连续赌 3 次要么是正面朝上,要么是背面朝上。然而,9 次中有 4 次在接下来的第四次投掷中是另一面朝上的。在这四次投掷中,我总共赢了 16 美元。只有在第五次投掷硬币的时候是另一面朝上。在这次投掷以后,我又多了 3 美元,现在我总共赚了 19 美元了。下面的两场投掷中每一场我都最终只是赢得 1 美元,所以我现在总共赚了 21 美元了。还有两次的投掷是需要连续多达 6 次的要么是正面朝上,要么是背面朝上。在每一场的投掷中,我都损失了 35 美元,最后我的净值竟然是负 49 美元,在这两次的投掷中,我总共损失了 33 美元。

赌金加倍的理论就是:连胜到尽头。假如你把 100 美元翻 10 倍,你最后会得到 102,400 美元;翻 20 倍就是 104,857,600 美元;翻 30 倍就是 107,374,182,400 美元。最终会出现两种结果中的一种:要么你连胜到头,要么是你赔光你所有的钱。这也就意味着:按着这个顺序去翻足够多的倍数,最终你将赔掉你的所有的资金,因为你只需要这么去做一次,一切都会结束了。

第三章　资金管理的种类

　　这种赌金加倍的资金管理理论并不是意味着我们在投资时需要加倍投资。比如说,一个投资商投资了10种合约,在这10种合约中每一种合约潜在的损失额度是1000美元,每一个合约潜在盈利是800美元(这两个数据只是为了举个例子)。如果他这次投资失败了,那他总共会亏损10,000美元。为了挽回那10,000美元的损失,这个投资商很可能会在下一次投资中增加到13种合约。这样的话,如果他这次盈利了,那么他就会获得10,400美元的收益。如果他还是亏了,那么他就会再一次亏损13,000美元,两次亏损加在一起就是23,000美元。这时候,这个投资商可以有两种选择:下一个交易头寸可以是试图弥补所有的损失(投资29种合约,并不是真正意义上的选择),也可以是试着去挽回上一次的损失(投资17种合约)。很明显,无论哪一种方式,这都并不是一种好的方式。如果第三次他只投资了17种合约的话,他可能就会再损失17,000美元,三次总共就至少亏损了40,000美元。那么第三次的投资他一定会亏损吗?如果第四次投资还是亏损的话,那么连续四次他就会总共损失62,000美元。
　　这些还只是列举了一些应用赌金加倍的资金管理方法中的几种。这种资金管理方法确实不推荐给那些进行期货、股票或者期权投资的交易商。这种资金管理方法风险比较大,对于他们而言,还有一些更好的、更有效的方法去管理自己的资金。

赌金不加倍的资金管理方法

　　很明显,赌金不加倍的资金管理方法的定义是与赌金加倍的资金管理方法的定义相反的。随着账户额度的增加,接下来交易的风险也会随之增加。赌金不加倍的资金管理方法特点就是在行情走好的情况下使账户额度呈几何增长;在行情不好,出现跌幅的时候遇到了所谓的不对称杠杆的问题。不对称杠杆只是表明当资金出现亏损,弥补这些亏损的能力就会下降。如果下降的幅度达到20%,我们就需要有25%的回调才可以弥补。10%的下降幅度需要11.11%的回调来弥补。这是根据下面这个公式计算的:

$$[1/(1-下调幅度)] \times 63\% - 1 = 需要的回调百分比$$

　　在很多情况下,不对称杠杆不会影响交易。比如说,如果一个交易商在债券市场正在交易的债券达到了绝对的最低限度(这种债券是中美交易市场中单一的一个债券合约),当他这只债券的下调幅度达到了20%的时候,所要求的回调的比例还依旧是新账户余额的25%,但是要求达到这个额外的5%的回调的能力也没有削弱。这是因为即使要求用来补偿的回调的百分比提升了,用来弥补损失的资金总额依旧不变。因此，不对称杠杆在账户总额中没有起到什么作用。

另一方面，在交易商应用资金管理技巧的时候，这种不对称杠杆就会发挥巨大的作用。比如说，如果一个交易商决定每一个合约只投资10,000美元，那么单一的一个合约就可以从10,000美元交易到19,999美元，当资金增加到20,000美元的时候，合约就从一个变成了两个了。假设在合约由一个增加到两个以后的第一次交易亏损到了1000美元，会怎么样呢？由于在这次交易中已经有两个合约了，那么实际的亏损其实就是2000美元，那么原来的那个账户资金就剩下18,000美元了。根据资金管理的规定，必须再进行一次单一的合约交易。这时，交易商就必须进行两次交易，每一次都要挽回之前的1000美元的损失。资金总额度至少要回到之前一样多。但是，要挽回原来损失的资金额度，这个几率本身就已经减少了50%了。这就是不对称杠杆，它其实对交易商来说是有害的。在这本书中，接下来我就会告诉大家一些方法，以避免这种情况的发生，或者是说至少可以在实际交易过程中减少不必要的损失。

赌金不加倍的资金管理方法积极的一面就是可以让投资商在一个合适的头寸进场投资，然后金钱就会呈几何级数增长。

当我开始研究资金管理这个领域的时候，我发现只有一种资金管理方法我基本可以接受。这种方法被叫做固定分数交易。固定分数交易是一种赌金不加倍的资金管理方法。它和第二章投掷硬币中用是同一种方法。固定分数资金管理方法简单地说，就是在任何一次交易中，需要拿出X%的资金进行支配，或者说有X%的资金存在风险。投掷硬币的例子中，四个选择就分别拿出10%、25%、40%，或者51%的资金作为可支配资金。这本书的第五个章节，详细地介绍了固定分数交易的方法，所以我会在那个章节给大家做个详细的说明。但是，大家需要注意的是，在那个章节固定分数交易的方法我给出了很多不同的名字。大家先暂时不管它们的名字是什么，也不管我会如何给大家介绍这些方法，下面是我介绍给大家固定分数资金管理方法的几种形式：

· 在账户中，每次拿出X美元进行一次合约交易。我前面在介绍不对称杠杆的时候已经用过这种方法了（每一次合约交易投资10,000美元）。

· 最优分数（Optimal f.）：这是由Ralph Vince提出的一个很受欢迎的公式。其中"f"代表分数。这个分数是每一次交易中一个最优的固定分数。投掷硬币中，拿出25%的固定数值进行交易，最后净值变成了36,100美元。"25%"就是这一次交易中的最优的固定分数。在这个例子中，没有任何其他的分数可以使收益超过36,100美元。然而，每一次交易中选用的最优分数并不适合另一种交易。

- 安全分数(Secure f.)：这里指的只是最优分数中相对比较安全的一种方法。这一点会在第五章节中涉及。
- 在每一次交易中承担2%~3%的风险。这种资金管理的实践在所有的投资顾问和基金管理人员中都是很普遍的。

在对固定分数交易方法做了一个广泛的研究之后，我开始对它的特点感到不太满意了。因此，我又发现了一种叫"固定比例"的资金管理方法。这种资金管理方法和固定分数资金管理方法都是属于赌金不加倍的资金管理方法，除此之外，这两种资金管理方法没有任何共同之处。

这两种方法是最基本的资金管理方法，大部分的其他的具体资金管理方法也是由此衍生出来的。赌金加倍的资金管理方法我们就不在此做详细的解说，因为我们不在这本书中推荐这种方法。但是这本书会给大家提供关于赌金不加倍资金管理方法的详细信息。

平均成本法

这个词单纯从意义上看不是一种资金管理方法。然而，这种方法却是这本书中最有逻辑的一部分。平均成本法主要在股票和互惠基金中得到广泛认可，这也是平均成本法并没有在杠杆作用这点上得到投资商的普遍认可的原因。再有，平均成本法也不是一种单纯的资金管理方法，仅仅因为平均成本的决定直接关系到市场行为。更进一步说，平均成本法更加关注资金往哪个领域投资，而不是投资的风险有多大。像之前提到的，资金管理其实真的完全和资金往哪儿投放没有任何关系。

平均成本法最简单的一个定义就是往亏损的头寸上加码。也有一些例外，但是这是最常用的一种方法。比如说，投资商Joe以每股17美元的价格投资了5000美元在互惠基金上。因为大部分的互惠基金是允许有小数点的股份，所以Joe有了294.11的股份(假设这是没有佣金的)。随着时间的推移(正常情况下)，互惠基金的价格慢慢降下来了。几个月以后，Joe以每股14.8美元的价格又投资了5000美元的基金。因为价格下跌，Joe在第二次的5000美元的投资中就得到了337.83的股份。两次投资中，Joe以平均价为15.82美元的价格，总共拥有631.94的股份的互惠基金。由于价格的下跌，Joe在这次互惠基金的投资中，他买入的平均价格从每股17美元跌到了每股平均是15.82美元。由于互惠基金的价格没有再调回到每股17美元，Joe也就弥补了最开始的5000美元投资中的亏损，因为价格只有15.82美元。

15.82 美元(平均价格)×631.94(股份) = \$9,997.29
(如果我们用十进制方法去掉小数点,那么总额就变成了 10,000 美元)
\$10,000(总投资额度)/631.94(总股份) = \$15.8242/每股

这可以持续一段较长的时间。如果基金中每股的价格还在下跌,从 14.8 美元开始,每下跌 0.5 美元的话,Joe 可能会考虑再投资 1000 美元。如果每股的价格跌到 12 美元,Joe 可能就会像这样投资:

$1000(\$14.30p/s) = 63.93(股)$　　　　总股份 = 701.87
$1000(\$13.80p/s) = 72.46(股)$　　　　总股份 = 774.33
$1000(\$13.30p/s) = 75.19(股)$　　　　总股份 = 849.52
$1000(\$12.80p/s) = 78.13(股)$　　　　总股份 = 927.65
$1000(\$12.30p/s) = 81.30(股)$　　　　总股份 = 1008.95

Joe 现在已经以平均每股 14.87 美元在互惠基金上总共投资了 15,000 美元。对于 Joe 而言,基金价格跌至每股 14.87 美元可以弥补之前的损失。如果这个价格突然扭转返回到每股 17 美元,那么他就要获取 2152.15 美元的利润,或者说这次投资他赚取了 14.34%。如果 Joe 没有进行成本平均计算,那么这次投资最多是不赚不赔。

平均成本法涉及一个时间和地点的问题。也就是说需要在投资商不平仓的情况下才适用。这也正是平均成本法为什么没有在杠杆作用这点上得到投资商的普遍认可的原因。Joe 没有拿出更多的钱继续坚持投资互惠基金。然而,假如 Joe 决定以每磅 1.1 美元的价格买咖啡合约,他不需要拿出 41,250 美元去投资(这是按照每磅 1.1 美元算出咖啡合约的总价格,最少可以买到 37,500 磅)。Joe 只需要拿出保证金,根据波幅的不同,可能大概需要 4000 美元到 7000 美元不等的保证金。

在互惠基金中应用同样的这种算法,Joe 用了 5000 美元去投资咖啡合约。这个 5000 美元,他可以买到一个合约。如果咖啡的价格跌到了每磅 1 美元,Joe 再投资 5000 美元买第二个咖啡合约,那么他就有两个咖啡合约,并且买入的平均价格是每磅 1.05 美元。然而,他在这次投资中总共亏损了 10 美分。在这个咖啡合约中,10 美分就相当于 3750 美元(0.1×37,500)。如果咖啡的价格再降 10 美分,他就会在每个合约中亏损 15 美分,两个合约就是 30 美分,也就是说他的这 10,000 美元的投资就亏损了 11,250 美元。很明显,Joe 再不会拿出第三个 5000 美元去投资第三个咖啡合约了,因为经纪人都需要有更多的资金投入来保证当前的两个账户头寸顺利进行交易。假如 Joe 不能够立刻往账户加仓,那么经纪人就会给你平仓,这样的话,Joe 就不仅会亏损掉那 10,000 美元,而且还会欠 1125 美元。

第三章 资金管理的种类

利用杠杆交易的一个经验之谈就是除非你不想去平仓,否则千万不要在亏损的时候加仓。

如果使用得体,很多时候,平均成本法可以用于期货交易中。咱们回到1977年4月,橘汁每磅0.68美元。橘汁投资市场中一个合约的价值是15,000英镑,合约总价值只是10,200美元。对于那些不熟悉橘汁投资市场的投资商来说,橘汁的最低价值自20世纪70年代已经或者大约就是32美分(20世纪70年代初期)。在20世纪70年代后期和80年代初期的通货膨胀高潮盛行之后,也就是1933年左右,橘汁价位最低达到63美分。到了1993年之后,市场的橘汁价格回升到1.3美元的水平(每个合约总值达到了19,500美元)。我曾经做了一些调查,然后做出这样一个决定:假如橘汁的交易价格还可以回到20世纪70年代初期的32美分,那么按照在2%的年通胀率来算,到了1997年4月,同等的价格应该可以达到58美分。结果,我非常自信橘汁的价格不会返回到32美分的水平,并且相当自信绝对不会。因此,我决定我要去买一个合约,每5000美元一个,但我觉得这也比较值(即使那时候的保证金还只是800美元左右)。我就下定决心打算要一直继续持有这些头寸,即使市场抄底,一直跌到按照通胀率调整的58美分的价格水平,我还是不动他们。并且,如果真的跌到了58美分的价格水平,我就准备再去买一些(按照平均成本计算得出的),因为即使我这次投资的时间不对,到了抄底的时候,我也不需要去平仓。这就是我在期货市场的平均成本计算。

在期货交易市场,确实有一个积极的平均成本计算,在股票交易市场或者是互惠交易市场也存在这种情况下的平均成本。股票的价值基于相关公司的性能或者说基本面。公司破产了,如果你拥有该公司的一支股票,在公司破产后,你所有对该公司的投资就会全赔掉。或者说,股票(也可以是做互惠基金的公司)可能下跌,继续下跌,或者再也不会回到你最开始买入时的价格水平。从另一方面来说,大宗商品是从来都不会跌到零值水平的,试想,橘汁可能是免费的吗?橘汁市场可能破产吗?橘汁价格的波动是取决于人类的行为吗?对这些问题的回答显然都是否定的。我不在乎农民打算种什么,也不在乎他们种多少,如果说一场大而持久的冰冻在一月份袭击了佛罗里达,或者在七月份袭击了巴西,橘汁的价格就会出现一个很大的波动。事实上,自从1980年开始,橘汁的价格已经有四次是在80美分以下了。每一次(除了最近的1997年4月那一次,橘汁价格在80美分以下),橘汁的价格都会在两年内下降接触到最低以后返回到1.3美元。只有1998年之后的那一次,只花了一年半时间橘汁的价格就返回到了1.3美元。假如,一个基金经理花每5000美元去买一个橘汁合约,并且不到1.25美元绝不会抛盘平仓,那么在过去的18年里,将会几乎没有风险地得到18%的年回报率。一个5000美元的投资就会达到105,000美元，总回报率是2100%。

> 1980年：以80美分的价格买入1个橘汁合约。
> 1981年：以1.25美元的价格抛盘,每个合约是6750美元的收益。
> 账目总值＝$11,675。
> 1986年：以80美分的价格买入2个橘汁合约。
> 1986年：以1.25美元的价格抛盘,每个合约是13,500美元的收益。
> 账目总值＝$25,175。
> 1993年：以80美分的价格买入5个橘汁合约。
> 1993年：抛盘后获得33,750美元的收益。
> 账目总值＝$58,925。
> 1997年：以80美分的价格买入11个橘汁合约。
> 目前价值＝$46,2009(以1.08美元的价格抛盘)。
> 目前账目总值＝$105,125。

关于平均成本法,在价格变动前有另一个法则。没有平均成本绝不卖空！在大宗商品交易中,平均成本法基于这样一个事实：任何商品的交易价格不会低于零。对于大宗商品而言,价格越接近于零,投资就越安全。然而,因为你认为价格不可能走高的市场你就选择卖空,这种做法简直就是交易自杀。回到1979年的那些以10美元一盎司售出白银的交易商们可以证实这一说法。

金字塔式交易法

金字塔式交易法也是一种被广泛误用为资金管理的方法。然而,像平均成本法一样,金字塔式交易法和正在进行交易的某个特定市场有着直接的关系。金字塔式交易法和平均成本法正好相反。金字塔式交易法只是增加了获利的头寸。如果交易商Joe以17美元一股的价格在互惠基金上投资了5000美元,那么价格上涨到18美元一股的时候,他继续增加5000美元的投资(或者说只要每股的价格高于17美元,他都会增加投资)。

金字塔式交易法的理论就是如果在一次交易中,市场价格按照预期的方向走,那么市场情绪就高涨,人们就会不断地增加投资,因为他们希望市场会继续按照目前的趋势不断上扬。这是非常有力的一种方法。然而,如果市场不按照

第三章 资金管理的种类

预期方向走的话,这就非常令人失望。下面的图解就囊括了金字塔式交易法的特点。

交易商 Joe 以 80 美分的价格买了一个橘汁合约,他打算在价格每上涨 5 美分的时候再买一个合约。因此,如果市场交易价格是 85 美分的时候,Joe 就会买第二个合约,90 美分的时候买第三个合约,95 美分的时候买第四个合约,1 美元的时候买第五个合约,依此类推。

应用了金字塔式交易法进行交易:
$1.05(目前价格)−$0.925(平均购买价)=$0.125(每个合约获利)
　　　　$0.125×6(合约数)=$0.75(总获利)
　　　　　$0.75×15,000(英镑)=$11,250

没有应用了金字塔式交易法进行交易:
$1.05(目前价格)−$0.8(购买价)=$0.25(利润)
　　　$0.25×15,000=$3,750(总利润)

没有用金字塔式交易法只能有 3750 美元的利润:
$3750(总利润)/6(合约数)=$625/个
　　　　$625/个÷15,000(英镑)=$0.0416
$0.925(平均购买价)+0.45($0.0416 化整)=$0.97(或者说$625/个)

如果 Joe 以 80 美分的价格买入以后,当市场价格上涨到 85 美分就再买一个,但是当市场价格又会跳回到 80 美分以后该怎么办?他不仅不能保本了,每个合约还要亏损 2.5 美分(−2.5 美分/个×2 个合约×15,000 磅=−$750)。如果市场价格到了 90 美分,Joe 又买了第三个合约,那么他每个合约将会亏损 5 美分(总共亏损 2250 美元)。然而,如果价格继续上扬到了$1.05,这时候 Joe 总共是买了 6 个合约,每个合约的平均价是 92.5 美分[(0.80+0.85+0.90+1.00+1.05)÷6 个=92.5 美分]。那么这次交易中,他总共就获得了$11,250 的利润。假如这次交易中,Joe 没有用金字塔式交易法,那么他就只有$3750 的利润。更进一步说,Joe 如果可以让市场价格下跌到 97 美分,他仍然可以应用金字塔式交易法在这次交易中获得$3750 的利润。

这种对比图解既不是提倡也不是反对在交易中使用金字塔式交易法。对于额外的潜在的利润,有一些明显的危险需要考虑。大部分的危险来自于这种方法的前面的部分,但是大部分的利润来自于这种方法的后面的部分,所以关键就是要好好使用后面部分。

最后,是否选择金字塔式交易法完全和账目大小无关。比如说,如果一个交易商开了一个20,000美元的账户进行交易,因为一系列失败的交易,账户只剩下17,000美元,那么按照金字塔式交易法在橘汁市场进行投资交易的能力就取决于市场行情是否走好,不管从总体上看账目是否处于亏损状态。另外一个原因就是,交易商决不能在是否使用资金管理这一点上犹豫。在金字塔式交易法中,交易商要根据市场行情来决定是否进行某种投资。

第四章
实际的事实

这章讨论的实际的事实对于理解交易中使用资金管理方法是很有帮助的。认真地研读这一章节,然后形成一种概念,就是要知道如何在你今后的投资交易中使用你在这本书中学到的资金管理方法。这些事实包括:从哪儿开始投资,在不同的体制及市场中的实际应用,不对称杠杆,保证金的作用等。

从哪儿开始使用资金管理方法

从哪儿开始使用资金管理方法,这是我被问到的最常见的问题之一,也是交易商最常犯错误的领域之一。交易商们在开始投资时都不想去应用资金管理方法,直到在将来的某个时候,他们应用资金管理方法赚到了钱,他们才意识到这种方法在投资中的重要性。他们曾经想"证实"在他们决定应用资金管理方法去投资之前也有一种方法可以很好地帮助他们投资获得利润。这是一个代价昂贵的错误。回忆一下,那个交易商在没有使用资金管理方法的时候获利7万美元,这也只能证明了他所使用的交易方法首先可以赚到钱。但是在这年的投资交易中他却丢失了可以赚取6万美元的机会(这个代价就比较大)。其实我本可以拿我的亲身经历给大家举例,但是我在这儿是想介绍下为什么会这样。

首先,除非你所投资的产品是有利可图的,否则合理的资金管理方法不会平白无故地起作用。记住,使用赌金不加倍资金管理方法进行投资,随着账户的增加,每次交易中要承担的风险也就越大。因此,使用合理的资金管理方法就可以在某种程度上保证了投资成功的几率,或者说是使用这种方法保证了赚钱的可能性。然而,应用这种方法你就不会只有7万美元的收益,这是导致这个错误的原因之一。交易商们想要证明这种方法可以盈利，但是他们等待的时间太长了。

其次，从开始使用资金管理的方法起，投资就几乎没有什么额外的风险了，而实际情况却不是这样。这种额外的风险和不对称杠杆有着紧密的联系，而不对称杠杆我会在第七章中涉及并且还做了进一步分析。只要投资商的账目从一个合约增加到两个合约，这个时候行情突然扭转下跌，然后继续下跌到开始时的水平，这时候投资的风险就会变大。如果开始的账户结余是2万美元，预期到2.5万美元的时候增加到两个合约，但是就在这次增加合约后，突然行情不好，亏损了1000美元，那么这个1000美元的亏损就是额外的。如果账目结余还不到最初的2万美元了，那么将有一个1000美元的损失，而这个损失是使用了资金管理方法后绝对不会出现的。另一方面就是说，没有使用资金管理方法，你就会承担总共50万美元利润的风险。我们看看，从一个1000美元的风险到50万美元的收益……这是一个硬式决策。

再次，如果账目按照前面一个段落讲的那样的情景去走的话，那么就没有一个好的预期值。像前面所说的那样，在投资中，没有资金管理计划是不会转败为胜的。

如果你真正要拿钱去冒险投资的话，你最有可能采取一种有好的预期值的方法去做。在这种情况下，基于你预期想达到的结果，你从开始就会选择用资金管理方法。如果从一开始交易商就不选用资金管理方法的唯一原因就是交易商进行投资交易原本就是想亏钱的。但是，如果真是这样的话，又为什么要选择投资交易呢？

在不同的投资体制和投资市场中实际应用

使用资金管理方法还有另外一个常见的困扰。我经常收到这样的提问：我讲的这种资金管理方法是否适合进行应该的英镑交易，是不是也适合期权买卖，股票交易或者任何其他的市场投资。我尽可能直接地回答关于这个话题的问题，就是说资金管理方法可以适用于任何杠杆交易情况，不管是什么样的投资市场。是英国英镑交易也好，还是土豆市场交易也好；或者说是IBM股票期权也好，还是标普500指数也好，这些都没关系。

合理的资金管理方法只基于一个条件，就是账户绩效，即所谓的账户的资金曲线。昨天我平了一次仓，获利500美元。你可以告诉我什么交易市场可以赚取500美元吗？当然不能——资金曲线也不能。资金曲线和资金的出处以及资金怎么出来的都没有关系。进入我账户的 500 美元,不管这是从标普 100 指数期权中的套利中赚取的,还是从纽约证券交易所(Lumber)进行的期货交易中获利的,我都觉得值了。

和这个话题相关的是另外一个常见的问题:资金管理方法是否适用于某种特定的交易风格或者交易特质上。答案和前面的是一样的,原因也和前面的是一样的。你可以告诉我什么样的交易体制可以获利 500 美元吗?当然没有,包括资金曲线也不能。谈到资金管理方法,交易体制和交易市场都没什么相关性的。

不过,最切合实际的应用就是在杠杆交易中,即使只有 50% 的杠杆,比如短线交易的股票市场。在那些不是杠杆交易的投资或者是希望得到 100% 利润的再投资里,应用资金管理方法是不切合实际的。如果没有杠杆,失去整个投资的风险基本上就不存在,尤其是当这种投资是多领域多样化的。这就是唯一的例外。我确实想要表达的是:当投资商再拿出他们 100% 的资金进行再投资时,方程式中的数学就是获得成功的方式。

额定保证金的重要性

额定保证金只是一定数量的在交易中用于抵押担保的资金,通常用在期货交易市场或者是发行期权中。这个金额是根据有要投资的市场交易定制的,通常是由潜在市场的波动性和价值决定的。决定保证金的额度在交易中是没有固定的公式的。每一个额定保证金都会因任何一种理由在任何时间而变动,并且之前没有任何预兆。比如说,标普 500 交易的额定保证金过去常常是 1 万美元。然而,由于标普 500 这个交易商场在我写书的这期间波动性比较大,额定保证金很可能在某时就到 2 万美元左右。一个标普合约目前的价值大约是 27 万美元。因此你可以从每一次的波动中每一个 27 万美元获利 2 万美元。如果一个合约的价值从 27 美元降到 25 美元,那么你就会亏损 2 万美元。

当把保证金和交易结合到一起的时候,你就需要注意一些事情,尤其是资金管理方法。实际上,你只需要记得一件事情——交易本身是不会为了帮助我们这些交易商而设定保证金。他们设定保证金率是为了保证他们的财政收入。情况就是这样,不要把任何一次交易建立在额定保证金的基础之上——永远。就这么简单。资金管理技巧,从来都不会比额定保证金更加过分。

一个完整的债券合约目前交易中要求的额定保证金是 3000 美元。假设我开了一个 3000 美元的账户在债券市场进行交易。因为这只是额定保证金的额度,那么正当市场走向和我预期的走向相反的时候,我的经纪人就会给我打电话,要求我继续往我的账上加仓。如果我拒绝加仓的话,那么我就会在这个点位被迫平仓。

那么问题就是,出资多少开仓并且能够应用资金管理技巧进行交易才是最合适的呢?这个问题没有一个精妙的答案;然而,有一个合乎逻辑的最低限度。刚开始创业的人失败的一个主要的原因就是资本的问题。对于那些和杠杆交易有关的交易商们来说,道理也是如此。有这样一些交易商,他们亏损50万美元就像亏损5万美元一样容易,他们被列为资金充足的一类,但是无论如何,他们是绝对没有应用资金管理技巧的。

在你决定拿出多少钱开仓投资之前,你应该考虑三个因素。首先不是保证金,而是在这次投资中你可以承受多大的跌幅(承受多大的风险)。如果你债券交易中的额定保证金是3000美元,但是在这个市场很可能需要你能够承受5000美元的跌幅,那么通过这次交易,你可能就会亏得血本无归。

需要考虑的第二个因素就是保证金。如果跌幅很可能至少是5000美元,保证金是3000美元的话,你知道没有至少8000美元你是开不了仓的。即使你不去考虑第三个因素,你也必须给自己一个判断失误而导致的操盘错误的空间。在这一章的后面讲到"跌幅"的时候我再加以说明。

需要考虑的第三个因素就是在你意识到会有一波跌幅后你可以继续加仓的能力。如果你建仓的金额正好就是你可以承受的跌幅数据加上保证金的总和,那么如果再一次出现跌幅,你就不能继续交易了,这有什么好呢?我个人习惯是三倍或者四倍的保证金加上预期出现跌幅的数据。

四倍的保证金额度可以有几点好处。首先,当我的交易没有达到我预期的利润值的时候,它就可以允许我继续进行这次交易游戏。我可以进行重组、重估,然后我可以继续进行我目前的交易或者是改变交易方式。其次,即使当我的单子被套牢,它给了我一种交易的精神力量。虽然这本书不是要讲套牢精神和交易的话题,但是交易失败后的情感因素会给交易商的交易能力带来不好的影响。我不谈论这个话题的原因就是,我认为讨论它就是浪费时间。如果一个交易商在这方面比较薄弱(像我),因为一次交易失败就导致他害怕第二次去预测市场走势,不敢再交易了,那么答案很简单,就是找另外一个人代替你去操盘交易。不是花大量的时间和金钱去找出你童年时期阻止你投资的原因,而是要避免你的弱点,集中优势。因为我知道很多年我都这样做,也都奏效了(这种咨询服务费是185美元)。四倍保证金额度加上预期出现跌幅的数据,这样还有第三个好处就是,可以在交易失误后起到缓冲的作用。如果我错误地把预期跌幅算成是5000美元,而实际上预期应该是1万美元,那么这次的错误防范就会

第四章　实际的事实

使我在这次交易中淘汰出局。

这还只是开始点。在任何一次交易中都不要用同样多的资金来增加投资风险。很多投资商决定了开始交易的资金额度，然后得出结论说在交易中，最好的资金管理方法就是在账目已经有了一倍的收益后，增加资金额度来增加投资风险。这是一种完全不合乎逻辑的资金管理方法。一些交易商则认为他们交易的时候采取尽量谨慎的方法，尽管它可能不合乎逻辑，但是对他们来说这就是唯一一种好的交易方法。事实上，他们错了。请不要陷入这种思维中。后面关于固定利率方法的几个章节就证实了对于激进的和谨慎的交易商而言，这都是一种无效的资金管理方法。

跌　幅

除了大宗商品、期货和期权，我们都不太需要去关注这个话题。比如说，在互惠基金投资中，一年以内你是看不到有高达11%的收益率却只有1%的跌幅。事实上，如果你曾经看到过一个传统的互惠基金宣告有一个跌幅，那么你也比我见到的多。不管怎样，这是杠杆交易中很真实也很重要的一个部分。跌幅被定义为两个股票高点之间的最低点。举个例子，有一个股高到了10，然后在回升而没达到11前又下跌到8，那么在10和11之间的最低点就是8。这就意味着，在股价达到10以后，股票遭到了一个2点的跌幅。

在交易中，股票波动能从几千美元的单笔交易到数万美元的单笔交易。杠杆的作用就是使这些对于交易商来说变得更加重要。当一个交易商准备投资2万美元进行交易，应用某种交易方法在交易市场进行交易就有可能会有一个2万美元的跌幅，那么这个交易商的这次投资其实就像是在进行一次大赌博。跌幅可以有效地弥补亏损的账目。

当考虑到资金管理方法的时候，跌幅同样非常重要。在第二章节和第三章节的投掷硬币的那个例子中，也出现了一些大的跌幅。如果没有控制住，那么将会出现不好的结果。大多数专家会告诉你不能去控制跌幅。对于大部分人来说，也不需要去控制跌幅。然而，当这个跌幅太大已经致使你无法继续进行交易的时候，你就首先必须要通过停止跌幅的方法来控制它了。有句古话说得好："想要人施善于你，你必须先施善于人，这才是明智的。"用在这里，同义转换一下就是：在跌幅没有阻止你正常交易之前，你就必须提前预防，控制跌幅，或者说严格减慢跌幅。

事实就是这样：跌幅是完全的，百分之百不可预料的。一个交易商调查研究了一种特定的交易方法,发现应用这种方法在过去的交易中只亏损了5000美元,但是这个交易商却不能断言这种方法在后来的交易中最多也只有5000美元的亏损。知道了要控制跌幅,我们就不需要试图去预测跌幅,我们只需要时刻准备着去控制跌幅就好。每个交易商都有某个绝对不可能被跌破的跌幅限度。为了能够继续不断地交易,交易商必须避免跌幅达到这个限度。

在资金管理范畴内,当你正在进行的合约交易中出现的跌幅已经威胁到你的账目时,可以通过减少合约的数量来控制这个跌幅。在交易不同的合约时应用资金管理技巧可能会让你的账户增加几十万美元的收益。然而,合理的资金管理方法也会通过降低账户的风险承担来保护交易商的收益。这在第七章会全部涉及到。而我现在在此提到它,是为了把它和另外一个交易中需要非常注意的环节做个比较。

最大的损失

最大的损失可以有两种不同方式的定义。第一种就是,用一种特定的方法进行的一个单笔亏损交易中的最大的损失;第二种就是,用一种特定的交易方法进行的单笔亏损交易中可能出现的最大的损失。这样的话,最大损失就可以被列入跌幅的行列中。最大损失也是无法预测的,即使在你交易的过程中,你设置了止损。如果我现在投资德国马克,在交易过程中设置了一个1000美元的保护性止损,但是如果下一次开盘时一下降到3000美元,在我设置的止损下方,我该怎么办呢?那么我告诉你,我这次亏了4000美元。

由于有个最大的损失限度,账户可能就不会爆仓。然而,大部分时间,交易出现的最大损失比最大的跌幅要小。因此,相比之下,出现最大损失的交易可能就是给账户带来一些亏损,但是这个亏损还是不会接近最大跌幅带来的损失。当你在预防控制最大跌幅的时候,你也应该做好充分的准备应对随时面临出现最大的损失。这就是我为何把最大损失和最大跌幅都看做是资金管理的范畴之内的内容。一个比另一个带来的损失要大,因此我们要做好预防准备。

第五章
固定分数交易法

这一章讲述了所有你想了解的关于固定分数交易的知识。固定分数交易是杠杆交易中一种最常用的,也是最值得推荐的资金管理方法。事实上,在这本书中,除了固定比率方法之外,固定分数交易方法是迄今为止出版书籍中唯一一种非常值得推荐的资金管理方法。然而,很多出版书籍中都有一小节或者一章关于资金管理方法,他们也都提到了杠杆交易,虽然这些书籍都有推荐用什么方法交易,但是没有对可能出现的后果做出任何的解释。为了保护这种方法,出现了一些常见的争论。但是对于大部分人而言,因为没有其他的交易方法可以取代它,因此这种方法得到了很多交易商的推荐和应用。

这一章不仅解释并教会我们这种交易方法如何运作,也展示了应用这种方法交易以后的结果。基于文中所提供的这些信息,很显然,交易商们会知道他们几乎不应该用固定分数交易法,尤其是只拥有很少量运作资金的个体交易商。

我永远都不会忘记我第一次关于资金管理方法运作的演讲。Larry Williams已经研读了我关于不同的资金管理技巧的书,然后非常友好地邀请我在他的一次名为 Future Symposium 的国际研讨会上发言。因为这是我第一次做关于这个话题的发言,我不知道如何才能在短短的90分钟内给大家展示所有的资料。最后我决定,与其把我知道的给大家统统做个简要的介绍,还不如给大家全方位地介绍下我极力推荐的一种交易方法,然后再谈一下组合贸易,也让与会者知道我有一种更好的资金管理方法可以取代固定分数交易方法。这是一个很大的错误(在此之前关于这种方法的演讲是我犯的很多错误中的一个),我很乐意说我之前有在教堂以及相关的组织进行公开演讲的经历。如果我没有这种经历做背景的话,我想那次我是没有办法摆脱那90分钟的尴尬的。

会议开始得很顺利,大多数人都期盼学会一种大部分交易商都不需要花大量时间去调查研究的交易方法。开始时,我就举了这本书中第二章讲到的投掷硬币的例子。人们都想要知道结果,并且我很确定我讲的已经引起了他们的注意。然而,会议大约开始了三四十分钟以后,一位男士突然很出乎我意料地站了起来,为了很实际的目的,他大声问了一个很尖酸的问题——为什么我只是在告诉他们不能使用什么方法交易。他的这突然一问让我很吃惊,我慢条斯理地解释说这是一种最值得推荐的交易方法,如果从一开始我就站在这儿告诉大家要用固定比率交易方法进行交易,那么大家肯定会认为固定分数交易方法存在弊端。随着时间的推移,这才缓和了这个人的情绪。然而,不一会儿,大家都本以为我不会告诉大家如何使用固定比率交易方法。相反,在把使用了固定分数交易方法后的结果和使用了固定比率交易方法后的结果进行比较之后,我只给大家展示了这种假设出来的结果的打印资料。

在把这些资料收放好以后,我开始进行归纳组合。之前对我提问的这个人再一次站起来了。我确定这一次他喊起来了,他坚持说我这是在试图向他们销售自己的软件产品,因为另外的一个软件供应商在前一天已经这么做过一次了。他抱怨说他来这里是为了学东西的,而不是为了买这些软件产品的。虽然这是一件很有趣的事情,但是我确实没有向他们展示任何软件产品啊。我这次甚至都没有带电脑来。我只是用我打印出来的这些资料把固定分数交易方法和固定比率交易方法做了个对比。所以,我解释说,我不是一个商人,并且假如我是有意在这里向大家推销我的软件产品的话,我也不会给大家展示了。尽管这也没什么,但是另一个人也站起来加入了他的争论中。突然,屋里四五个人站起来和对方开始争论,两个抱怨这次会议,另外两三个人就让他们闭嘴。会议开始后不久,我就让那些理解固定分数交易方法的人中请出任何一个人举手发言。没有一个人举手,只有少数支持我的人举出来了。虽然这种对峙看上去要一直僵持下去,但是它也只持续了几分钟。我依旧可以看到站在房间后面的Larry Williams试图想继续保持沉着冷静,在看到我为此焦急得直冒冷汗时他忍不住笑了起来。

这一章节告诉大家什么样的资金管理方法基本上不能用。如果你想搞明白你将使用的这种固定比率交易方法的话,理解资金管理方法的这种形式,对你来说,是非常重要的。在我开始调查研究的时候,展现在我面前的唯一几种可供参考的选择都是固定分数交易方法的衍生品。固定比率交易方法直接由使用固定分数交易方法后产生的问题发展而来。在你完全理解了本章节内容的基础之上理解固定分数交易方法,只是一个自然而然的进步过程。

固定分数交易法——数学角度的量化分析

固定分数交易法指出,对于每一次交易,最多账户余额的 X% 的资金是存在风险的。比如说,如果交易商 Joe 有一个 1 万美元的交易账户,根据固定分数交易法的 2% 计算,在这次交易中,Joe 只有最多不超过 200 美元的资金存在风险($10,000×0.02=$200)。如果交易商 Joe 进行的是短线股票交易,那么他可能尽力去以每股 10 美元的价格买 XYZ(某)股票,然后把保护性止损放在 9 美元的位置。因此,Joe 每股就要承担 1 美元的风险。交易中承担不超过资金的 2% 的风险,Joe 会买 200 股的股票。

如果 Joe 正在投资期权,期权的价格是 100 美元,那么 Joe 会买 2 个期权。如果期权的价格是 400 美元,根据他的资金管理策略来看,Joe 就不会进行这次投资,因为如果这种期权变得一文不值,Joe 会在这一次的投资中损失 4%。

期货交易跟这是一样的道理。如果任何一次投资中的风险额度超出了 200 美元,就不会进行这次投资。如果承担的风险额度正好是 200 美元,Joe 能够买(卖)一个合约。如果 Joe 决定把他这次投资的风险额度增加到 10%,那么按照每个合约可以承担的风险额度是 200 美元来算,他就可以把合约数增加到 5 个。

$$\$10,000 \times 0.10 = \$1,000$$
$$\$1,000 \div \$200 = 5(个)$$

当你在期货和(或者)期权交易中应用固定分数交易法时,会有一种不同的算法。比如说,如果在下一次投资中你认为自己可以承担的最大风险额度是 1000 美元,你决定在投资中这个风险额度不能超过资金的 10%,那么下面的公式会告诉你这次交易你需要投资的资金最小限度是多少。

最大的潜在损失 / 交易中风险承担率
$$\$1,000 \div 0.10 = \$10,000(最小投资额度)$$

这是行业专家给出的最普及的建议之一:每 10,000 美元投资一个合约。这就是一种固定分数交易法。这个等式只是颠倒了下顺序。

固定分数交易法本身是很有趣的。首先,这种方法不能预测前一次交易中的任何数据、顺序,或者结果。如果在任何一次交易中最大的损失是 2000 美元,风险承担率是 10%,那么不管采用什么交易策略或者交易顺序,我们就会知道合约从哪儿开始会增长,从哪儿开始下跌。固定分数交易法是基于一次单独的交易才计算得出的最大损失。它不需要考虑任何潜在的,从一连串的失败交易中统计出的跌幅。

比如说,如果应用任何一种交易方法交易,存在最大的潜在损失是2000美元,可以承担的最大风险率是10%,那么下面的表格会非常真实地反映每一次的增长和下降:

$2000÷0.10 = $20,000(每一个合约的最低账户额度)
$20,000 ——$39,999 :1个(合约)
$40,000 ——$59,999 :2个
$60,000 ——$79,999 :3个
$80,000 ——$99,999 :4个

账户中每增加20,000美元,就会多一个合约。如果账户余额增加到40,000美元,有两个合约交易的话,假如账户余额减少到低于40,000美元的话就又只剩下一个合约了。这个公式同样适合任何额度任何比率的最大损失。

这就是固定分数交易法的本质。任何一个想用这种方法交易的人都明白这种方法是如何运作的,也知道如何把这种方法应用在投资(交易)中。然而,让我感兴趣的是,有多少人使用这种交易方法,并继续把它作为在杠杆交易中一种有效的资金管理方法加以提倡。下面的部分是交易商们在使用这种方法交易之前必须要知道的一些交易特点。

每10,000美元一个合约

正如之前解释的那样,这只是说你可以把你的资金每10,000美元分开,看看你这次可以投资多少个合约。如果交易商Joe有一个100,000美元的账户,那么他可以投资10个合约。这个例子就指出了固定分数交易法是一个主要问题所在。

假设交易商Joe有一个100,000美元的账户,他将按照每10,000美元一个合约来投资。如果Joe在这次交易中每个合约最大的风险额度是2000美元,那么他这次总的风险额度就是20,000美元。这还不是Joe的潜在跌幅额度,而是他这次投资的风险承受额度。用正确的公式计算得出他这次的投资风险率就达到了20%。

如果Joe连续两次亏损,还不需要一个股市分析高手来计算,我们就知道他这两次交易的风险承受率就高达36%。如果Joe在连续第三次出现最大损失的点位被止损掉,那么Joe可以承受的风险率就高达48%。很明显,在盲目地

应用"每 10,000 美元投资一个合约"这种固定分数交易法投资之前,我们需要考虑一些其他的因素。

很多时候,用这种方法交易风险其实没有那么高。比如说,如果最大损失额度只是 1000 美元的话,Joe 在这次投资交易中要承担的最大风险率是 10%,而不是之前例子中算到的 20%。然而,当这次投资交易中要承担的最大风险率是 10%,连续三次出现亏损,Joe 或者是其他的一些交易商会承担 27% 的风险。对于那些在三次连续亏损中可以承担 27% 跌幅的人们来说,需要从现实考虑使用这种方法。

如果交易商 Joe 每 10,000 美元投资一个合约,最大的损失只是 1000 美元,那么在三次连续亏损的交易中他就承担了 27% 的风险。然而,在 1000 美元的最大潜在亏损度的情况下,潜在的总共跌幅是多少呢?从数学的角度分析,真正的潜在跌幅是没有限制的(第四章"跌幅"部分有讲到)。然而,在全部回溯检测这种交易方法后,我们发现这次交易的最大跌幅额度绝不会超过 6000 美元。在连续六次的交易中这个跌幅额度也不会出现。比如,接下来可能会是这样一个交易顺序:

第 一 次 交 易 = -$1000	跌幅额度 = -$1000
第 二 次 交 易 = $500	跌幅额度 = -$500
第 三 次 交 易 = -$1000	跌幅额度 = -$1500
第 四 次 交 易 = =$500	跌幅额度 = -$1000
第 五 次 交 易 = -$1000	跌幅额度 = -$2000
第 六 次 交 易 = -$500	跌幅额度 = -$2500
第 七 次 交 易 = -$1000	跌幅额度 = -$3500
第 八 次 交 易 = =$500	跌幅额度 = -$3000
第 九 次 交 易 = -$1000	跌幅额度 = -$4000
第 十 次 交 易 = -$1000	跌幅额度 = -$5000
第十一次交 易 = -$1000	跌幅额度 = -$6000

根据这个跌幅,如果 Joe 在他的 100,000 美元账户中每 10,000 美元一个合约交易的话,那么他的交易情况记录会是下面方框显示的那样。

```
总账目 = $100,000；每一次交易最大潜在损失额度 = $1000
    第一次交易 = 10 个(合约) × (-$1,000) = -$10,000
账户余额 = $90,000
    第二次交易 = 9 个 × $500 = $4500
账户余额 = $94,500
    第三次交易 = 9 个 × (-$1000) = -$9000
账户余额 = $85,500
    第四次交易 = 8 个 × (-$500) = -$4000
账户余额 = $81,500
    第五次交易 = 8 个 × (-$1000) = -$8000
账户余额 = $73,500
    第六次交易 = 7 个 × (-$500) = -$3500
账户余额 = $70,000
    第七次交易 = 7 个 × (-$1000) = -$7000
账户余额 = $63000
    第八次交易 = 6 个 × $500 = $3000
账户余额 = $66,000
    第九次交易 = 6 个 × (-$1000) = -$6000
账户余额 = $60,000
    第十次交易 = 6 个 × (-$1000) = -$6000
账户余额 = $54,000
    第十一次交易 = 5 个 × (-$1000) = -$5000
账户余额 = $49,000
```

因此，按照每10,000美元一个合约交易会有6000美元的跌幅额度，Joe会遭受51%的亏损。对于你们那些刚开始投资的新手而言，如果你在某种程度上来说进行的是一次无惊无险的平庸投资，整个一年交易下来没有遭受6000美元的跌幅损失的话，那么你可能就是所有投资商的0.01%中的那部分平庸人中的一个。对于你们那些有过数年投资经验的投资商而言，你们都知道损失10,000美元是件很平常的事情。假如Joe投资的一个合约直到遭受到10,000美元的损失后才停止亏损，那么Joe最终就会亏损66%，也就是亏损66,000美元。这样的话，他开始100,000美元的账户，最后的余额就只剩下34,000美元。所以每10,000美元一个合约的投资方法并没有想象的那么好。

每一次交易只承担 3% 或者更少的风险

固定分数交易法的另一种形式也常常被基金管理人选用。然而,在很多书中,他也被许多经纪人推荐给个体投资者使用。不像"每 10,000 美元一个合约"的投资方法,这种方法即使有更大跌幅的话,它的总风险率也相对小了很多。比如说,接着前面的例子讲,按照每一个合约 6000 美元的跌幅来算,最后除去总跌幅,100,000 美元就剩下 93,000,每一次交易的风险不会超过 2%。如果跌幅继续增大,账户余额就减少到 89,000 美元,总跌幅就达到 11%。

这种方法主要的问题很明显不是交易中承受的风险率,而是一个增长的问题。用一个等式来正确表达这个意思,你会得到:

$$\$1000 \div 0.02 = \$50,000$$

或者说每 50,000 美元一个合约。根据这个方法,交易商 Joe 的 100,000 美元的账户可以交易两个合约。然而,如果他第一次交易失败,那么他的账户余额就会还不到 100,000 美元,这样的话,他就要减少他交易的合约数量,也就是说他只剩下一个合约了,因为他不能交易分数合约。换句话说,他交易的合约数量只能是从一个到两个,反之亦然。他交易的合约数量绝对不能是 1.5 个或者 1.9 个。

这种方法也意味着,如果 Joe 是以 100,000 美元的账户开始交易的,那么在他的账户总额度没有增加到 150,000 美元的情况下他交易的合约数量就不会增加到 3 个。对于那些没有 50,000 美元启动交易资金的交易商而言,这种方法是不可能被选用的,因为这是这种固定分数交易法最低的启动资金额度。把每一次交易的这个风险率降低到一个比较谨慎保守的比率,即 1%,这就要求交易商有一个最低 100,000 美元的交易账户,并且直到账户余额增加到 200,000 美元才可以把合约数增加到 2 个。

$$\$1000 \div 0.01 = \$100,000$$

或者说,不是把每一次交易的这个风险率降低,而是继续保持 2%,即一次可能损失 2000 美元。这个交易商最多承受 1% 的风险率,与 1000 美元的交易处境是一样的。在进行任何投资之前,一个合约开户账目必须要有 100,000 美元,并且只有等到获利另外一个 100,000 美元以后才可以增加到两个合约。这就是为什么说这种固定分数交易法的问题是增加因素的问题,而不是风险因素的问题。不管是出于什么意图和目的,这种方法都没有增长的因素。对于个体交易商而言,可能在数年交易以后,这种资金管理方法仍然不能使账目呈几何增长。

$$\$2000 \div 0.02 = \$100,000$$

如果说这个比较小的风险率不太适合个体交易商的话,那么它又为什么适合像商品交易顾问以及商品基金经理这样的基金管理人呢? 简单的回答就是,个体交易商真的不适合。然而,很显然不是因为他们拥有的资金量小,有些可能有数千万美元的资金。比如说,一个交易商投资2000美元的资金,但是他可能依旧选用1%的固定分数来决定交易的合约数量。如果这次投资中每一个合约的最大潜在损失是2000美元,那么用2000美元除200,000美元得出100,这就是这次投资的合约数量;如果这是一次失败的交易,他就会亏损掉全部资金的1%;如果这次交易成功了,每一个合约获利2000美元,那么总金额就增加到了20,200,000美元。这样的话,下一次投资,他就可以投资101个合约。不像那些个体的交易商,他们的投资只有等到数年以后合约数量才可以从一个增加到两个,那么大基金管理人有时候可以在单笔交易中充分利用好增长的资金额度继续投资。

这就是对于大的基金投资来说这种投资方法不是最明显有效的原因。不管明显与否,大的基金机构很少连续获得超过20%的年利润。他们仍然缺少资金呈几何增长。公平地说,大量资金不会全部用同一种方法去投资。这种资金可以用资产分配的方法把总资产分成小的部分,或者由其他的管理人来投资,或者用不同的交易方法投资。然而,这样做无疑会降低他们利用资金增长来投资的能力。交易的资金额度越小,增长的效果就越小。这看起来是一种二义性情况(不合逻辑的,矛盾的情况),但是还是有很多方法可以既缩小跌幅(年利润少于20%的投资资金一般也会有非常小的跌幅),同时又使资金呈几何倍数增长。这一点我会在第十六章更详细地讲解。

介于两种方法之间的方法(折中的办法)

在调查研究了"每10,000美元一个合约"的交易方法和"每一次交易只需要以相当低的风险为基础"的方法之后,我得出了一个合乎逻辑的结论,那就是我们交易中可以综合使用这两种方法。然而,这并不意味着我们可以任意选用固定分数交易方法中的任何一种形式。

根据第一个例子(每10,000美元一个合约),我们知道每一次交易的风险率是20%。那么对于每一个交易商而言,他会很快发现这不是一个可行性交易选择。在把最大损失从2000美元降低到1000美元以后,这个风险率确实也随之降低。但是，尽管在每个合约只有一个6000美元的跌幅额度之后，Joe的账户却依旧有51%的亏损。在跌幅额度达到每个合约10,000美元以后，Joe的账户就会有66%的亏损。对于每个交易商而言，这也不是一个可行的资金管理方法。这种做法和"每一次交易承担比较低的风险，账户就不会呈几何倍数增长"的做法相结合，我们就自然而然地去想到底是选择2%的风险率还是10%的风险率好。

下面的几页都是计算表格，计算了用100,000美元的账户投资，承担的风险率从3%到9%，跌幅是6000和10,000美元（单独一个合约）。表格既包含了1000美元的最大潜在损失，也包含了2000美元的最大潜在损失。

这些表格给出了最大损失，所用的固定百分数，还有需要增加一个合约要求另外增加的资金。应用固定分数交易法交易，前三列通常都是一样的。第四列指的是在增加资金额度后交易的合约数量。第五列代表每一个合约还需要追加多少资金才可以达到增加另一个合约所需的资金额度，这一列的数字会随着合约数量的增加而慢慢变小。这是通过用第三列的数据（需要追加的资金）除以当前的合约数量计算得出的。因此，当交易两个合约时，每一个合约只要获利16,667美元（总共就是33,333美元）就可以增加到3个合约了（表格5.1）。

第六列数字是基于单一的一笔交易。换句话说，它是根据第五列数字求的和。第七列是第六列管理的资金。因此，第六列是在进行单独一个合约交易时所需要另外追加的资金积累。

表格5.1　损失$1000，风险率3%

最大潜在损失($)	风险率(%)	一个合约所需资金额度($)	合约数量(个)	每增加一个合约需追补资金($)	每增加一个合约后资金累加($)	净值($)
1,000	3	33,333	1	33,333	33,333	33,333
1,000	3	33,333	2	16,667	50,000	66,667
1,000	3	33,333	3	11,111	61,111	100,000
1,000	3	33,333	4	8,333	69,444	133,333
1,000	3	33,333	5	6,667	76,111	166,667
1,000	3	33,333	6	5,556	81,667	200,000
1,000	3	33,333	7	4,762	86,429	233,333
1,000	3	33,333	8	4,167	90,595	266,667
1,000	3	33,333	9	3,704	94,299	300,000

续表

最大潜在损失($)	风险率(%)	一个合约所需资金额度($)	合约数量(个)	每增加一个合约需追补资金($)	每增加一个合约后资金累加($)	净值($)
1,000	3	33,333	10	3,333	97,632	333,333
1,000	3	33,333	11	3,030	100,663	366,667
1,000	3	33,333	12	2,778	103,440	400,000
1,000	3	33,333	13	2,564	106,004	433,333
1,000	3	33,333	14	2,381	108,385	466,666
1,000	3	33,333	15	2,222	110,608	500,000
1,000	3	33,333	16	2,083	112,691	533,333
1,000	3	33,333	17	1,961	114,652	566,667
1,000	3	33,333	18	1,852	116,504	600,000
1,000	3	33,333	19	1,754	118,258	633,333
1,000	3	33,333	20	1,667	119,925	666,667
1,000	3	33,333	21	1,587	121,512	700,000
1,000	3	33,333	22	1,515	123,027	733,333
1,000	3	33,333	23	1,449	124,476	766,667
1,000	3	33,333	24	1,389	125,865	800,000
1,000	3	33,333	25	1,333	127,199	833,333
1,000	3	33,333	26	1,282	128,481	866,667
1,000	3	33,333	27	1,235	129,715	900,000
1,000	3	33,333	28	1,190	130,906	933,333
1,000	3	33,333	29	1,149	132,055	966,667
1,000	3	33,333	30	1,111	133,166	1,000,000
1,000	3	33,333	31	1,075	134,242	1,033,333
1,000	3	33,333	32	1,042	135,283	1,066,667
1,000	3	33,333	33	1,010	136,293	1,100,000
1,000	3	33,333	34	980	137,274	1,133,333
1,000	3	33,333	35	952	138,226	1,166,667
1,000	3	33,333	36	926	139,152	1,200,000
1,000	3	33,333	37	901	140,053	1,233,333
1,000	3	33,333	38	877	140,930	1,266,667
1,000	3	33,333	39	855	141,785	1,300,000
1,000	3	33,333	40	833	142,618	1,333,333
1,000	3	33,333	41	813	143,431	1,366,667
1,000	3	33,333	42	794	144,225	1,400,000
1,000	3	33,333	43	775	145,000	1,433,333
1,000	3	33,333	44	758	145,758	1,466,667

续表

最大潜在损失($)	风险率(%)	一个合约所需资金额度($)	合约数量(个)	每增加一个合约需追补资金($)	每增加一个合约后资金累加($)	净值($)
1,000	3	33,333	45	741	146,498	1,500,000
1,000	3	33,333	46	725	147,223	1,533,333
1,000	3	33,333	47	709	147,932	1,566,667
1,000	3	33,333	48	694	148,627	1,600,000
1,000	3	33,333	49	680	149,307	1,633,333
1,000	3	33,333	50	667	149,974	1,666,667
1,000	3	33,333	51	654	150,627	1,700,000
1,000	3	33,333	52	641	151,268	1,733,337
1,000	3	33,333	53	629	151,897	1,766,667
1,000	3	33,333	54	617	152,514	1,800,000
1,000	3	33,333	55	606	153,120	1,833,333

根据表格5.1所显示的数据,按照3%的固定分数交易法计算,要获得366,000美元的总利润,那么单笔合约交易中需要获利100,000美元的资金。然而,按照这个固定分数交易法,单笔合约交易如果要第二次获得350,000美元的利润的话,那你就只需要另外追加21,000美元的资金。

表格5.2 损失$1000,风险率4%

最大潜在损失($)	风险率(%)	一个合约所需资金额度($)	合约数量(个)	每增加一个合约需追补资金($)	每增加一个合约后资金累加($)	净值($)
1,000	4	25,000	1	25,000	25,000	25,000
1,000	4	25,000	2	12,500	37,500	50,000
1,000	4	25,000	3	8,333	45,833	75,000
1,000	4	25,000	4	6,250	52,083	100,000
1,000	4	25,000	5	5,000	57,083	125,000
1,000	4	25,000	6	4,167	61,250	150,000
1,000	4	25,000	7	3,571	64,821	175,000
1,000	4	25,000	8	3,125	67,946	200,000
1,000	4	25,000	9	2,778	70,724	225,000
1,000	4	25,000	10	2,500	73,224	250,000
1,000	4	25,000	11	2,273	75,497	275,000
1,000	4	25,000	12	2,083	77,580	300,000
1,000	4	25,000	13	1,923	79,503	325,000

续表

最大潜在损失($)	风险率(%)	一个合约所需资金额度($)	合约数量(个)	每增加一个合约需追补资金($)	每增加一个合约后资金累加($)	净值($)
1,000	4	25,000	14	1,786	81,289	350,000
1,000	4	25,000	15	1,667	82,956	375,000
1,000	4	25,000	16	1,563	84,518	400,000
1,000	4	25,000	17	1,471	85,989	425,000
1,000	4	25,000	18	1,389	87,378	450,000
1,000	4	25,000	19	1,316	88,693	475,000
1,000	4	25,000	20	1,250	89,943	500,000
1,000	4	25,000	21	1,190	91,134	525,000
1,000	4	25,000	22	1,136	92,270	555,000
1,000	4	25,000	23	1,087	93,357	575,000
1,000	4	25,000	24	1,042	94,399	600,000
1,000	4	25,000	25	1,000	95,399	625,000
1,000	4	25,000	26	962	96,360	650,000
1,000	4	25,000	27	926	97,286	675,000
1,000	4	25,000	28	893	98,179	700,000
1,000	4	25,000	29	862	99,041	725,000
1,000	4	25,000	30	833	99,875	750,000
1,000	4	25,000	31	806	100,681	775,000
1,000	4	25,000	32	781	101,462	800,000
1,000	4	25,000	33	758	102,220	825,000
1,000	4	25,000	34	735	102,955	850,000
1,000	4	25,000	35	714	103,670	875,000
1,000	4	25,000	36	694	104,364	900,000
1,000	4	25,000	37	676	105,040	925,000
1,000	4	25,000	38	658	105,698	950,000
1,000	4	25,000	39	641	106,339	975,000
1,000	4	25,000	40	625	106,964	1,000,000
1,000	4	25,000	41	610	107,573	1,025,000
1,000	4	25,000	42	595	108,169	1,050,000
1,000	4	25,000	43	581	108,750	1,075,000
1,000	4	25,000	44	568	109,318	1,100,000
1,000	4	25,000	45	556	109,874	1,125,000
1,000	4	25,000	46	543	110,417	1,150,000
1,000	4	25,000	47	532	110,949	1,175,000
1,000	4	25,000	48	521	111,470	1,200,000

第五章　固定分数交易法

续表

最大潜在损失($)	风险率(%)	一个合约所需资金额度($)	合约数量(个)	每增加一个合约需追补资金($)	每增加一个合约后资金累加($)	净值($)
1,000	4	25,000	49	510	111,980	1,225,000
1,000	4	25,000	50	500	112,480	1,250,000
1,000	4	25,000	51	490	112,970	1,275,000
1,000	4	25,000	52	481	113,451	1,300,000
1,000	4	25,000	53	472	113,923	1,325,000
1,000	4	25,000	54	463	114,386	1,350,000
1,000	4	25,000	55	455	114,840	1,375,000

表格5.2是一种比较激进的投资方法,但是按照这种方法,如果要获得350,000美元的利润的话,单笔合约交易你需要获利81,000美元。这种方法确实可以在单一一笔获利106,000美元基础上,总共获利将近1,000,000美元。但是,后面剩余的650,000美元利润只需要追加26,000美元,而前面获利的350,000美元却需要追加资金80,000美元。

表格5.3　损失$2000,风险率4%

最大潜在损失($)	风险率(%)	一个合约所需资金额度($)	合约数量(个)	每增加一个合约需追补资金($)	每增加一个合约后资金累加($)	净值($)
2,000	4	50,000	1	50,000	50,000	50,000
2,000	4	50,000	2	25,000	75,000	100,000
2,000	4	50,000	3	16,667	91,667	150,000
2,000	4	50,000	4	12,500	104,167	200,000
2,000	4	50,000	5	10,000	114,167	250,000
2,000	4	50,000	6	8,333	122,500	300,000
2,000	4	50,000	7	7,143	129,643	350,000
2,000	4	50,000	8	6,250	135,893	400,000
2,000	4	50,000	9	5,556	141,448	450,000
2,000	4	50,000	10	5,000	146,448	500,000
2,000	4	50,000	11	4,545	150,994	550,000
2,000	4	50,000	12	4,167	155,161	600,000
2,000	4	50,000	13	3,846	159,007	650,000
2,000	4	50,000	14	3,571	162,578	700,000
2,000	4	50,000	15	3,333	165,911	750,000
2,000	4	50,000	16	3,125	169,036	800,000

交易游戏——职业交易员的资金管理策略

续表

最大潜在损失($)	风险率(%)	一个合约所需资金额度($)	合约数量(个)	每增加一个合约需追补资金($)	每增加一个合约后资金累加($)	净值($)
2,000	4	50,000	17	2,941	171,978	850,000
2,000	4	50,000	18	2,778	174,755	900,000
2,000	4	50,000	19	2,632	177,387	950,000
2,000	4	50,000	20	2,500	179,887	1,000,000
2,000	4	50,000	21	2,381	182,268	1,050,000
2,000	4	50,000	22	2,273	184,541	1,100,000
2,000	4	50,000	23	2,174	186,715	1,150,000
2,000	4	50,000	24	2,083	188,798	1,200,000
2,000	4	50,000	25	2,000	190,798	1,250,000
2,000	4	50,000	26	1,923	192,721	1,300,000
2,000	4	50,000	27	1,852	194,573	1,350,000
2,000	4	50,000	28	1,786	196,359	1,400,000
2,000	4	50,000	29	1,724	198,083	1,450,000
2,000	4	50,000	30	1,667	199,749	1,500,000
2,000	4	50,000	31	1,613	201,362	1,550,000
2,000	4	50,000	32	1,563	202,925	1,600,000
2,000	4	50,000	33	1,515	204,440	1,650,000
2,000	4	50,000	34	1,471	205,910	1,700,000
2,000	4	50,000	35	1,429	207,339	1,750,000
2,000	4	50,000	36	1,389	208,728	1,800,000
2,000	4	50,000	37	1,351	210,079	1,850,000
2,000	4	50,000	38	1,316	211,395	1,900,000
2,000	4	50,000	39	1,282	212,667	1,950,000
2,000	4	50,000	40	1,250	213,927	2,000,000
2,000	4	50,000	41	1,220	215,147	2,050,000
2,000	4	50,000	42	1,190	216,337	2,100,000
2,000	4	50,000	43	1,163	217,500	2,150,000
2,000	4	50,000	44	1,136	218,636	2,200,000
2,000	4	50,000	45	1,111	219,747	2,250,000
2,000	4	50,000	46	1,087	220,834	2,300,000
2,000	4	50,000	47	1,064	221,898	2,350,000
2,000	4	50,000	48	1,042	222,940	2,400,000
2,000	4	50,000	49	1,020	223,960	2,450,000
2,000	4	50,000	50	1,000	224,960	2,500,000
2,000	4	50,000	51	980	225,941	2,550,000

续表

最大潜在损失($)	风险率(%)	一个合约所需资金额度($)	合约数量(个)	每增加一个合约需追补资金($)	每增加一个合约后资金累加($)	净值($)
2,000	4	50,000	52	962	226,902	2,600,000
2,000	4	50,000	53	943	227,846	2,650,000
2,000	4	50,000	54	926	228,772	2,700,000
2,000	4	50,000	55	909	229,681	2,750,000

表格5.3要求,在应用资金管理方法投资时,在获利350,000美元之前,你需要投资将近130,000美元,并且要想获利1,000,000美元,还需要追加投入资金50,000美元。

表格5.4 损失$1000,风险率5%

最大潜在损失($)	风险率(%)	一个合约所需资金额度($)	合约数量(个)	每增加一个合约需追补资金($)	每增加一个合约后资金累加($)	净值($)
1,000	5	20,000	1	20,000	20,000	20,000
1,000	5	20,000	2	10,000	30,000	40,000
1,000	5	20,000	3	6,667	36,667	60,000
1,000	5	20,000	4	5,000	41,667	80,000
1,000	5	20,000	5	4,000	45,667	100,00
1,000	5	20,000	6	3,333	49,000	120,000
1,000	5	20,000	7	2,857	51,857	140,000
1,000	5	20,000	8	2,500	54,357	160,000
1,000	5	20,000	9	2,222	56,579	180,000
1,000	5	20,000	10	2,000	58,579	200,000
1,000	5	20,000	11	1,818	60,398	220,000
1,000	5	20,000	12	1,667	62,064	240,000
1,000	5	20,000	13	1,538	63,603	260,000
1,000	5	20,000	14	1,429	65,031	280,000
1,000	5	20,000	15	1,333	66,365	300,000
1,000	5	20,000	16	1,250	67,615	320,000
1,000	5	20,000	17	1,176	68,791	340,000
1,000	5	20,000	18	1,111	69,902	360,000
1,000	5	20,000	19	1,053	70,955	380,000
1,000	5	20,000	20	1,000	71,955	400,000
1,000	5	20,000	21	952	72,907	420,000

续表

最大潜在损失($)	风险率(%)	一个合约所需资金额度($)	合约数量(个)	每增加一个合约需追补资金($)	每增加一个合约后资金累加($)	净值($)
1,000	5	20,000	22	909	73,816	440,000
1,000	5	20,000	23	870	74,686	460,000
1,000	5	20,000	24	833	75,519	480,000
1,000	5	20,000	25	800	76,319	500,000
1,000	5	20,000	26	769	77,088	520,000
1,000	5	20,000	27	741	77,829	540,000
1,000	5	20,000	28	714	78,543	560,000
1,000	5	20,000	29	690	79,233	580,000
1,000	5	20,000	30	667	79,900	600,000
1,000	5	20,000	31	645	80,545	620,000
1,000	5	20,000	32	625	81,170	640,000
1,000	5	20,000	33	606	81,776	660,000
1,000	5	20,000	34	588	82,364	680,000
1,000	5	20,000	35	571	82,936	700,000
1,000	5	20,000	36	556	83,491	720,000
1,000	5	20,000	37	541	84,032	740,000
1,000	5	20,000	38	526	84,558	760,000
1,000	5	20,000	39	513	85,071	780,000
1,000	5	20,000	40	500	85,571	800,000
1,000	5	20,000	41	488	86,059	820,000
1,000	5	20,000	42	476	86,535	840,000
1,000	5	20,000	43	465	87,000	860,000
1,000	5	20,000	44	455	87,455	880,000
1,000	5	20,000	45	444	87,899	900,000
1,000	5	20,000	46	435	88,334	920,000
1,000	5	20,000	47	426	88,759	940,000
1,000	5	20,000	48	417	89,176	960,000
1,000	5	20,000	49	408	89,584	980,000
1,000	5	20,000	50	400	89,984	1,000,000
1,000	5	20,000	51	392	90,376	1,020,000
1,000	5	20,000	52	385	90,761	1,040,000
1,000	5	20,000	53	377	91,138	1,060,000
1,000	5	20,000	54	370	91,509	1,080,000
1,000	5	20,000	55	365	91,872	1,100,000

表格5.4的这种方法要求,首先要投入将近70,000美元,后来还需要追加投资20,000美元,这样就可以获利1,000,000美元。现在,这种方法投资还不到100,000美元,就可以分别用五年时间总共获利1,000,000美元。

表格5.5 损失$2000,风险率5%

最大潜在损失($)	风险率(%)	一个合约所需资金额度($)	合约数量(个)	每增加一个合约需追补资金($)	每增加一个合约后资金累加($)	净值($)
2,000	5	40,000	1	40,000	40,000	40,000
2,000	5	40,000	2	20,000	60,000	800,00
2,000	5	40,000	3	13,333	73,333	120,000
2,000	5	40,000	4	10,000	83,333	160,000
2,000	5	40,000	5	8,000	91,333	200,000
2,000	5	40,000	6	6,667	98,000	240,000
2,000	5	40,000	7	5,714	103,714	280,000
2,000	5	40,000	8	5,000	108,714	320,000
2,000	5	40,000	9	4,444	113,159	360,000
2,000	5	40,000	10	4,000	117,159	400,000
2,000	5	40,000	11	3,636	120,795	440,000
2,000	5	40,000	12	3,333	124,128	480,000
2,000	5	40,000	13	3,077	127,205	520,000
2,000	5	40,000	14	2,857	130,062	560,000
2,000	5	40,000	15	2,667	132,729	600,000
2,000	5	40,000	16	2,500	135,229	640,000
2,000	5	40,000	17	2,353	137,582	680,000
2,000	5	40,000	18	2,222	139,804	720,000
2,000	5	40,000	19	2,105	141,910	760,000
2,000	5	40,000	20	2,000	143,910	800,000
2,000	5	40,000	21	1,905	145,814	840,000
2,000	5	40,000	22	1,818	147,633	880,000
2,000	5	40,000	23	1,739	149,372	920,000
2,000	5	40,000	24	1,667	151,038	960,000
2,000	5	40,000	25	1,600	152,638	1,000,000
2,000	5	40,000	26	1,538	154,177	1,040,000
2,000	5	40,000	27	1,481	155,658	1,080,000
2,000	5	40,000	28	1,429	157,087	1,120,000
2,000	5	40,000	29	1,379	158,466	1,160,000
2,000	5	40,000	30	1,333	159,799	1,200,000
2,000	5	40,000	31	1,290	161,090	1,240,000

续表

最大潜在损失($)	风险率(%)	一个合约所需资金额度($)	合约数量(个)	每增加一个合约需追补资金($)	每增加一个合约后资金累加($)	净值($)
2,000	5	40,000	32	1,250	162,340	1,280,000
2,000	5	40,000	33	1,212	163,552	1,320,000
2,000	5	40,000	34	1,176	164,728	1,360,000
2,000	5	40,000	35	1,143	165,871	1,400,000
2,000	5	40,000	36	1,111	166,982	1,440,000
2,000	5	40,000	37	1,081	168,063	1,480,000
2,000	5	40,000	38	1,053	169,116	1,520,000
2,000	5	40,000	39	1,026	170,142	1,560,000
2,000	5	40,000	40	1,000	171,142	1,600,000
2,000	5	40,000	41	976	172,117	1,640,000
2,000	5	40,000	42	952	173,070	1,680,000
2,000	5	40,000	43	930	174,000	1,720,000
2,000	5	40,000	44	309	174,909	1,760,000
2,000	5	40,000	45	889	175,798	1,800,000
2,000	5	40,000	46	870	176,667	1,840,000
2,000	5	40,000	47	851	177,519	1,880,000
2,000	5	40,000	48	833	178,352	1,920,000
2,000	5	40,000	49	816	179,168	1,960,000
2,000	5	40,000	50	800	179,968	2,000,000
2,000	5	40,000	51	784	180,753	2,040,000
2,000	5	40,000	52	769	181,522	2,080,000
2,000	5	40,000	53	755	182,276	2,120,000
2,000	5	40,000	54	741	183,017	2,160,000
2,000	5	40,000	55	727	183,744	2,200,000

表格5.5中,按照资金管理方法投资,要获利350,000美元的利润所需的资金投入要上涨到113,000美元,而总共1,000,000美元利润所需追加的资金还不到40,000美元。

表格5.6 损失$1000,风险率6%

最大潜在损失($)	风险率(%)	一个合约所需资金额度($)	合约数量(个)	每增加一个合约需追补资金($)	每增加一个合约后资金累加($)	净值($)
1,000	6	16,667	1	16,667	16,667	16,667
1,000	6	16,667	2	8,333	25,000	33,333

第五章 固定分数交易法

续表

最大潜在损失($)	风险率(%)	一个合约所需资金额度($)	合约数量(个)	每增加一个合约需追补资金($)	每增加一个合约后资金累加($)	净值($)
1,000	6	16,667	3	5,556	30,556	50,000
1,000	6	16,667	4	4,167	34,722	66,667
1,000	6	16,667	5	3,333	38,056	83,333
1,000	6	16,667	6	2,778	40,833	100,000
1,000	6	16,667	7	2,381	43,214	116,667
1,000	6	16,667	8	2,083	45,298	133,333
1,000	6	16,667	9	1,852	47,149	150,000
1,000	6	16,667	10	1,667	48,816	166,667
1,000	6	16,667	11	1,515	50,331	183,333
1,000	6	16,667	12	1,389	51,720	200,000
1,000	6	16,667	13	1,282	53,002	216,667
1,000	6	16,667	14	1,190	54,193	233,333
1,000	6	16,667	15	1,111	55,304	250,000
1,000	6	16,667	16	1,042	56,345	266,667
1,000	6	16,667	17	980	57,326	283,333
1,000	6	16,667	18	926	58,252	300,000
1,000	6	16,667	19	877	59,129	316,667
1,000	6	16,667	20	833	59,962	333,333
1,000	6	16,667	21	794	60,756	350,000
1,000	6	16,667	22	758	61,514	366,667
1,000	6	16,667	23	725	62,238	383,333
1,000	6	16,667	24	694	62,933	400,000
1,000	6	16,667	25	667	63,599	416,667
1,000	6	16,667	26	641	64,240	433,333
1,000	6	16,667	27	617	64,858	450,000
1,000	6	16,667	28	595	65,453	466,667
1,000	6	16,667	29	575	66,028	483,333
1,000	6	16,667	30	556	66,583	500,000
1,000	6	16,667	31	538	67,121	516,667
1,000	6	16,667	32	521	67,642	533,333
1,000	6	16,667	33	505	68,147	550,000
1,000	6	16,667	34	490	68,637	566,667
1,000	6	16,667	35	476	69,113	583,333
1,000	6	16,667	36	463	69,576	600,000
1,000	6	16,667	37	450	70,026	616,667

续表

最大潜在损失($)	风险率(%)	一个合约所需资金额度($)	合约数量(个)	每增加一个合约需追补资金($)	每增加一个合约后资金累加($)	净值($)
1,000	6	16,667	38	439	70,465	633,333
1,000	6	16,667	39	427	70,582	650,000
1,000	6	16,667	40	417	71,309	666,667
1,000	6	16,667	41	407	71,716	683,333
1,000	6	16,667	42	397	72,112	700,000
1,000	6	16,667	43	388	72,500	716,667
1,000	6	16,667	44	379	72,879	733,333
1,000	6	16,667	45	370	73,249	750,000
1,000	6	16,667	46	362	73,611	766,667
1,000	6	16,667	47	355	73,966	783,333
1,000	6	16,667	48	347	74,313	800,000
1,000	6	16,667	49	340	74,653	816,667
1,000	6	16,667	50	333	74,987	833,333
1,000	6	16,667	51	327	75,314	850,000
1,000	6	16,667	52	321	75,634	866,667
1,000	6	16,667	53	314	75,949	883,333
1,000	6	16,667	54	309	76,257	900,000
1,000	6	16,667	55	303	76,560	916,667

表格5.6的方法需要60,000美元和另外追加的18,000美元的投资。风险增加以后，一切都开始发生变化。要注意，这里的55个合约只投资了916,000美元。由于一个最大的失败的投资，总账目损失了55,000美元，也就是资金的6%。这里一个5000美元的跌幅把利润直接降低到674,000美元，只能交易40个合约。这就是一个26%的跌幅，仅仅来自于一个合约的5000美元的跌幅额度。从这会儿开始事情变得有点儿不合乎常理了。

表格5.7 损失$2000，风险率6%

最大潜在损失($)	风险率(%)	一个合约所需资金额度($)	合约数量(个)	每增加一个合约需追补资金($)	每增加一个合约后资金累加($)	净值($)
2,000	6	33,333	1	33,333	33,333	33,333
2,000	6	33,333	2	16,667	50,000	66,667
2,000	6	33,333	3	11,111	61,111	100,000
2,000	6	33,333	4	8,333	69,444	133,333

续表

最大潜在损失($)	风险率(%)	一个合约所需资金额度($)	合约数量(个)	每增加一个合约需追补资金($)	每增加一个合约后资金累加($)	净值($)
2,000	6	33,333	5	6,667	76,111	166,667
2,000	6	33,333	6	5,556	81,667	200,000
2,000	6	33,333	7	4,762	86,429	233,333
2,000	6	33,333	8	4,167	90,595	166,667
2,000	6	33,333	9	3,704	94,229	300,000
2,000	6	33,333	10	3,333	97,632	333,333
2,000	6	33,333	11	3,030	100,663	366,667
2,000	6	33,333	12	2,778	103,440	400,000
2,000	6	33,333	13	2,564	106,004	433,333
2,000	6	33,333	14	2,381	108,385	466,667
2,000	6	33,333	15	2,222	110,608	500,000
2,000	6	33,333	16	2,083	112,691	533,333
2,000	6	33,333	17	1,961	114,652	566,667
2,000	6	33,333	18	1,852	116,504	600,000
2,000	6	33,333	19	1,754	118,258	633,333
2,000	6	33,333	20	1,667	119,925	666,667
2,000	6	33,333	21	1,587	121,512	700,000
2,000	6	33,333	22	1,515	123,027	733,333
2,000	6	33,333	23	1,449	124,476	766,667
2,000	6	33,333	24	1,389	125,865	800,000
2,000	6	33,333	25	1,333	127,119	833,333
2,000	6	33,333	26	1,282	128,481	866,667
2,000	6	33,333	27	1,235	129,715	900,000
2,000	6	33,333	28	1,190	130,906	933,333
2,000	6	33,333	29	1,149	132,055	966,667
2,000	6	33,333	30	1,111	133,166	1000,000
2,000	6	33,333	31	1,075	134,242	1033,333
2,000	6	33,333	32	1,042	135,283	1066,667
2,000	6	33,333	33	1,010	136,293	1100,000
2,000	6	33,333	34	980	137,274	1133,333
2,000	6	33,333	35	952	138,226	1166,667
2,000	6	33,333	36	926	139,152	1200,000
2,000	6	33,333	37	901	140,053	1233,333
2,000	6	33,333	38	877	140,930	1266,667
2,000	6	33,333	39	855	141,785	1300,000

续表

最大潜在损失($)	风险率(%)	一个合约所需资金额度($)	合约数量(个)	每增加一个合约需追补资金($)	每增加一个合约后资金累加($)	净值($)
2,000	6	33,333	40	833	142,618	1333,333
2,000	6	33,333	41	813	143,431	1366,667
2,000	6	33,333	42	794	144,225	1400,000
2,000	6	33,333	43	775	145,000	1433,333
2,000	6	33,333	44	758	145,758	1466,667
2,000	6	33,333	45	741	146,498	1500,000
2,000	6	33,333	46	725	147,223	1533,333
2,000	6	33,333	47	709	147,932	1566,667
2,000	6	33,333	48	694	148,627	1600,000
2,000	6	33,333	49	680	149,307	1633,333
2,000	6	33,333	50	667	149,974	1666,667
2,000	6	33,333	51	654	150,627	1700,000
2,000	6	33,333	52	641	151,268	1733,333
2,000	6	33,333	53	629	151,897	1766,667
2,000	6	33,333	54	617	152,514	1800,000
2,000	6	33,333	55	606	153,120	1833,333

表格5.7和表格5.1的顺序是一样的。因为这两种方法最终算出都是每33,333美元一个合约。

表格5.8 损失$1000，风险率7%

最大潜在损失($)	风险率(%)	一个合约所需资金额度($)	合约数量(个)	每增加一个合约需追补资金($)	每增加一个合约后资金累加($)	净值($)
1,000	7	14,286	1	14,286	14,286	14,286
1,000	7	14,286	2	7,143	21,429	28,571
1,000	7	14,286	3	4,762	26,190	42,857
1,000	7	14,286	4	3,571	29,762	57,143
1,000	7	14,286	5	2,857	32,619	71,429
1,000	7	14,286	6	2,381	35,000	85,714
1,000	7	14,286	7	2,041	37,041	100,000
1,000	7	14,286	8	1,786	38,827	114,286
1,000	7	14,286	9	1,587	40,414	128,571
1,000	7	14,286	10	1,429	41,842	142,857
1,000	7	14,286	11	1,299	43,141	157,143

第五章　固定分数交易法

续表

最大潜在损失($)	风险率(%)	一个合约所需资金额度($)	合约数量(个)	每增加一个合约需追补资金($)	每增加一个合约后资金累加($)	净值($)
1,000	7	14,286	12	1,190	44,332	171,429
1,000	7	14,286	13	1,099	45,430	185,714
1,000	7	14,286	14	1,020	46,451	200,000
1,000	7	14,286	15	952	47,403	214,286
1,000	7	14,286	16	893	48,296	228,571
1,000	7	14,286	17	840	49,136	242,857
1,000	7	14,286	18	794	49,930	257,143
1,000	7	14,286	19	752	50,682	271,429
1,000	7	14,286	20	714	51,396	285,714
1,000	7	14,286	21	680	52,077	300,000
1,000	7	14,286	22	649	52,726	314,286
1,000	7	14,286	23	621	53,347	328,571
1,000	7	14,286	24	595	53,942	342,857
1,000	7	14,286	25	571	54,514	357,143
1,000	7	14,286	26	549	55,063	371,429
1,000	7	14,286	27	529	55,592	385,714
1,000	7	14,286	28	510	56,102	400,000
1,000	7	14,286	29	493	56,595	414,286
1,000	7	14,286	30	476	57,071	428,571
1,000	7	14,286	31	446	57,979	442,857
1,000	7	14,286	32	433	58,411	471,429
1,000	7	14,286	33	420	58,832	485,714
1,000	7	14,286	34	408	59,240	500,000
1,000	7	14,286	35	397	59,637	514,286
1,000	7	14,286	36	386	60,023	528,571
1,000	7	14,286	37	376	60,399	542,857
1,000	7	14,286	38	366	60,765	557,143
1,000	7	14,286	39	357	61,122	571,429
1,000	7	14,286	40	348	61,470	585,714
1,000	7	14,286	41	340	61,811	600,000
1,000	7	14,286	42	332	62,143	614,286
1,000	7	14,286	43	325	62,468	628,571
1,000	7	14,286	44	317	62,785	642,857
1,000	7	14,286	45	311	63,096	657,143
1,000	7	14,286	46	304	63,399	971,429

55

续表

最大潜在损失($)	风险率(%)	一个合约所需资金额度($)	合约数量(个)	每增加一个合约需追补资金($)	每增加一个合约后资金累加($)	净值($)
1,000	7	14,286	47	298	63,697	685,714
1,000	7	14,286	48	292	63,989	700,000
1,000	7	14,286	49	286	64,274	714,286
1,000	7	14,286	50	280	64,554	728,571
1,000	7	14,286	51	275	64,829	742,857
1,000	7	14,286	52	270	65,099	757,143
1,000	7	14,286	53	265	65,363	771,429
1,000	7	14,286	54	260	65,623	785,714

表格5.8的方法要求54,000美元的投资才可以实现350,000美元的利润。继续扩展这个电子表格,要想利润实现1,000,000美元,交易的合约数量就要达到70个了,这就只需要每一个合约另外追补15,000美元就可以实现。在这70个合约中,只需要再赚一次204美元,合约数量就可以增加到71个了。看看这个电子表格的最上面,从交易第一个合约到第二个合约就投资了14,286美元。

表格5.9 损失$2000,风险率7%

最大潜在损失($)	风险率(%)	一个合约所需资金额度($)	合约数量(个)	每增加一个合约需追补资金($)	每增加一个合约后资金累加($)	净值($)
2,000	7	28,571	1	28,571	28,571	28,571
2,000	7	28,571	2	14,286	42,857	57,143
2,000	7	28,571	3	8,524	52,381	85,714
2,000	7	28,571	4	7,143	59,524	114,286
2,000	7	28,571	5	5,714	65,238	142,857
2,000	7	28,571	6	4,762	70,000	171,429
2,000	7	28,571	7	4,082	74,082	200,000
2,000	7	28,571	8	3,571	77,653	228,571
2,000	7	28,571	9	3,175	80,828	257,143
2,000	7	28,571	10	2,857	83,685	285,714
2,000	7	28,571	11	2,597	86,252	314,286
2,000	7	28,571	12	2,381	88,663	342,857
2,000	7	28,571	13	2,198	90,861	371,429
2,000	7	28,571	14	2,041	92,902	400,000

第五章　固定分数交易法

续表

最大潜在损失($)	风险率(%)	一个合约所需资金额度($)	合约数量(个)	每增加一个合约需追补资金($)	每增加一个合约后资金累加($)	净值($)
2,000	7	28,571	15	1,905	94,807	428,571
2,000	7	28,571	16	1,786	96,593	457,143
2,000	7	28,571	17	1,681	98,273	485,714
2,000	7	28,571	18	1,587	99,860	514,286
2,000	7	28,571	19	1,504	101,364	542,857
2,000	7	28,571	20	1,429	102,793	571,429
2,000	7	28,571	21	1,361	104,153	600,000
2,000	7	28,571	22	1,299	105,452	628,571
2,000	7	28,571	23	1,242	106,694	657,143
2,000	7	28,571	24	1,190	107,885	685,714
2,000	7	28,571	25	1,143	109,027	714,286
2,000	7	28,571	26	1,099	110,126	742,857
2,000	7	28,571	27	1,058	111,184	771,429
2,000	7	28,571	28	1,020	112,205	800,000
2,000	7	28,571	29	985	111,390	828,571
2,000	7	28,571	30	952	114,142	857,143
2,000	7	28,571	31	922	115,064	885,714
2,000	7	28,571	32	893	115,957	914,286
2,000	7	28,571	33	866	116,823	942,857
2,000	7	28,571	34	840	117,663	971,429
2,000	7	28,571	35	816	118,479	1,000,000
2,000	7	28,571	36	794	119,,273	1,028,571
2,000	7	28,571	37	772	120,045	1,057,143
2,000	7	28,571	38	752	120,797	1,085,714
2,000	7	28,571	39	733	121,530	1,114,286
2,000	7	28,571	40	714	122,244	1,142,857
2,000	7	28,571	41	697	122,941	1,171,429
2,000	7	28,571	42	680	123,621	1,200,000
2,000	7	28,571	43	664	124,286	1,228,571
2,000	7	28,571	44	649	124,935	1,257,143
2,000	7	28,571	45	635	125,570	1,285,714
2,000	7	28,571	46	621	126,191	1,314,286
2,000	7	28,571	47	608	126,799	1,342,857
2,000	7	28,571	48	595	127,394	1,371,429
2,000	7	28,571	49	583	127,977	1,400,000

续表

最大潜在损失($)	风险率(%)	一个合约所需资金额度($)	合约数量(个)	每增加一个合约需追补资金($)	每增加一个合约后资金累加($)	净值($)
2,000	7	28,571	50	571	128,549	1,428,571
2,000	7	28,571	51	560	129,109	1,457,143
2,000	7	28,571	52	549	129,658	1,485,714
2,000	7	28,571	53	539	130,197	1,514,286
2,000	7	28,571	54	529	130,727	1,542,857
2,000	7	28,571	55	519	131,246	1,571,429

表格5.9的方法要求90,000美元的投资才可以实现350,000美元的利润。要实现1,000,000美元的利润还需要另外追加30,000美元。记住,这种交易方法最大的损失仅仅只有2000美元。

表格5.10 损失$1000,风险率8%

最大潜在损失($)	风险率(%)	一个合约所需资金额度($)	合约数量(个)	每增加一个合约需追补资金($)	每增加一个合约后资金累加($)	净值($)
1,000	8	12,500	1	12,500	12,500	12,500
1,000	8	12,500	2	6,250	18,750	25,000
1,000	8	12,500	3	4,167	22,917	37,500
1,000	8	12,500	4	3,125	26,042	50,000
1,000	8	12,500	5	2,500	28,542	62,500
1,000	8	12,500	6	2,083	30,625	75,000
1,000	8	12,500	7	1,786	32,411	87,500
1,000	8	12,500	8	1,563	33,973	100,000
1,000	8	12,500	9	1,389	35,362	112,500
1,000	8	12,500	10	1,250	36,612	125,000
1,000	8	12,500	11	1,136	37,748	137,500
1,000	8	12,500	12	1,042	38,790	150,000
1,000	8	12,500	13	962	39,752	162,500
1,000	8	12,500	14	893	40,645	175,000
1,000	8	12,500	15	833	41,478	187,500
1,000	8	12,500	16	781	42,259	200,000
1,000	8	12,500	17	735	42,994	212,500
1,000	8	12,500	18	694	43,689	225,000
1,000	8	12,500	19	658	44,347	237,500
1,000	8	12,500	20	625	44,972	250,000

第五章 固定分数交易法

续表

最大潜在损失($)	风险率(%)	一个合约所需资金额度($)	合约数量(个)	每增加一个合约需追补资金($)	每增加一个合约后资金累加($)	净值($)
1,000	8	12,500	21	595	45,567	262,500
1,000	8	12,500	22	568	46,135	275,000
1,000	8	12,500	23	543	46,679	287,500
1,000	8	12,500	24	521	47,199	300,000
1,000	8	12,500	25	500	47,699	312,500
1,000	8	12,500	26	481	48,180	325,000
1,000	8	12,500	27	463	48,643	337,500
1,000	8	12,500	28	446	49,090	350,000
1,000	8	12,500	29	431	49,521	362,500
1,000	8	12,500	30	417	49,937	375,000
1,000	8	12,500	31	403	50,341	387,500
1,000	8	12,500	32	391	50,731	400,000
1,000	8	12,500	33	379	51,110	412,500
1,000	8	12,500	34	368	51,478	425,000
1,000	8	12,500	35	357	51,835	437,500
1,000	8	12,500	36	347	52,1,82	450,000
1,000	8	12,500	37	338	52,520	462,500
1,000	8	12,500	38	329	52,849	475,000
1,000	8	12,500	39	321	53,169	487,500
1,000	8	12,500	40	313	53,482	500,000
1,000	8	12,500	41	305	53,787	512,500
1,000	8	12,500	42	298	54,084	525,000
1,000	8	12,500	43	291	54,375	537,500
1,000	8	12,500	44	284	54,659	550,000
1,000	8	12,500	45	278	54,937	562,500
1,000	8	12,500	46	272	55,209	575,000
1,000	8	12,500	47	266	55,475	587,500
1,000	8	12,500	48	260	55,735	600,000
1,000	8	12,500	49	255	55,990	612,500
1,000	8	12,500	50	250	56,240	625,000
1,000	8	12,500	51	245	56,485	637,500
1,000	8	12,500	52	240	56,726	650,000
1,000	8	12,500	53	236	56,961	662,500
1,000	8	12,500	54	231	57,193	675,000
1,000	8	12,500	55	227	57,420	687,500

交易游戏——职业交易员的资金管理策略

表格 5.10 中,只需要 49,000 美元的投入就可以实现 350,000 美元的利润。扩展表格表明使利润达到 1,000,000 美元只需要另外追加 13,000 美元。一旦达到了10,000美元的利润,交易的合约数量就已经是 80 个了。

表格 5.11 损失 $2000，风险率 8%

最大潜在损失($)	风险率(%)	一个合约所需资金额度($)	合约数量(个)	每增加一个合约需追补资金($)	每增加一个合约后资金累加($)	净值($)
2,000	8	25,000	1	25,000	25,000	25,000
2,000	8	25,000	2	12,500	37,500	50,000
2,000	8	25,000	3	8,333	45,833	75,000
2,000	8	25,000	4	6,250	52,083	100,000
2,000	8	25,000	5	5,000	57,083	125,000
2,000	8	25,000	6	4,167	61,250	150,000
2,000	8	25,000	7	3,571	64,821	175,000
2,000	8	25,000	8	3,125	67,946	200,00
2,000	8	25,000	9	2,778	70,724	225,000
2,000	8	25,000	10	2,500	73,224	250,000
2,000	8	25,000	11	2,273	75,497	275,000
2,000	8	25,000	12	2,083	77,580	300,000
2,000	8	25,000	13	1,923	79,503	325,000
2,000	8	25,000	14	1,786	81,289	350,000
2,000	8	25,000	15	1,667	82,957	375,000
2,000	8	25,000	16	1,563	84,518	400,000
2,000	8	25,000	17	1,471	85,989	425,000
2,000	8	25,000	18	1,389	87,378	450,000
2,000	8	25,000	19	1,316	88,693	475,000
2,000	8	25,000	20	1,250	89,943	500,000
2,000	8	25,000	21	1,190	91,134	525,000
2,000	8	25,000	22	1,136	92,270	550,000
2,000	8	25,000	23	1,087	93,357	575,000
2,000	8	25,000	24	1,042	94,339	600,000
2,000	8	25,000	25	1,000	95,339	625,000
2,000	8	25,000	26	962	96,360	650,000
2,000	8	25,000	27	926	97,286	675,000
2,000	8	25,000	28	893	98,179	700,000
2,000	8	25,000	29	962	99,041	725,000

第五章　固定分数交易法

续表

最大潜在损失($)	风险率(%)	一个合约所需资金额度($)	合约数量(个)	每增加一个合约需追补资金($)	每增加一个合约后资金累加($)	净值($)
2,000	8	25,000	30	833	99,875	750,000
2,000	8	25,000	31	806	100,681	775,000
2,000	8	25,000	32	781	101,462	800,000
2,000	8	25,000	33	7587	102,220	825,000
2,000	8	25,000	34	735	102,995	850,000
2,000	8	25,000	35	714	103,670	875,000
2,000	8	25,000	36	694	104,364	900,000
2,000	8	25,000	37	676	105,040	925,000
2,000	8	25,000	38	658	105,698	950,000
2,000	8	25,000	39	641	106,339	975,000
2,000	8	25,000	40	625	106,964	1,000,000
2,000	8	25,000	41	610	107,573	1,025,000
2,000	8	25,000	42	595	108,169	1,050,000
2,000	8	25,000	43	581	108,750	1,075,000
2,000	8	25,000	44	568	109,318	1,100,000
2,000	8	25,000	45	556	109,874	1,125,000
2,000	8	25,000	46	543	110,417	1,150,000
2,000	8	25,000	47	532	110,949	1,175,000
2,000	8	25,000	48	521	111,470	1,200,000
2,000	8	25,000	49	510	111,980	1,225,000
2,000	8	25,000	50	500	112,480	1,250,000
2,000	8	25,000	51	490	112,970	1,275,000
2,000	8	25,000	52	481	113,451	1,300,000
2,000	8	25,000	53	472	113,923	1,325,000
2,000	8	25,000	54	463	114,386	1,350,000
2,000	8	25,000	55	455	114,840	1,375,000

表格5.11的交易方法表明,每个单一的合约需要实现81,000美元的利润就可以在应用合理的资金管理方法后实现350,000美元的总利润。单笔合约另外再实现每个合约25,000美元的利润,那么按照资金管理方法进行交易,总利润就可以实现1,000,000美元。这样的话,交易的合约数就只有40个。

表格5.12 损失$1000,风险率9%

最大潜在损失($)	风险率(%)	一个合约所需资金额度($)	合约数量(个)	每增加一个合约需追补资金($)	每增加一个合约后资金累加($)	净值($)
1,000	9	11,111	1	11,111	11,111	11,111
1,000	9	11,111	2	5,556	16,667	22,222
1,000	9	11,111	3	3,704	20,370	33,333
1,000	9	11,111	4	2,778	23,148	44,444
1,000	9	11,111	5	2,222	25,370	55,556
1,000	9	11,111	6	1,852	27,222	66,667
1,000	9	11,111	7	1,587	28,810	77,778
1,000	9	11,111	8	1,389	30,195	88,889
1,000	9	11,111	9	1,235	31,433	100,000
1,000	9	11,111	10	1,111	32,544	111,1111
1,000	9	11,111	11	1,010	33,554	122,222
1,000	9	11,111	12	926	34480	133,333
1,000	9	11,111	13	855	35,335	144,444
1,000	9	11,111	14	794	36,128	155,556
1,000	9	11,111	15	741	36,869	166,667
1,000	9	11,111	16	694	37,564	177,778
1,000	9	11,111	17	654	38,217	188,889
1,000	9	11,111	18	617	38,835	200,000
1,000	9	11,111	19	585	39,419	211,111
1,000	9	11,111	20	556	39,975	222,222
1,000	9	11,111	21	529	40,504	233,333
1,000	9	11,111	22	505	41,009	244,444
1,000	9	11,111	23	483	41,492	255,556
1,000	9	11,111	24	463	41,955	266,667
1,000	9	11,111	25	444	42,400	277,778
1,000	9	11,111	26	427	42,827	288,889
1,000	9	11,111	27	412	43,238	300,000
1,000	9	11,111	28	397	43,635	311,111
1,000	9	11,111	29	383	44,018	322,222
1,000	9	11,111	30	370	44,389	333,333
1,000	9	11,111	31	358	44,747	344,444
1,000	9	11,111	32	347	45,094	355,556
1,000	9	11,111	33	337	45,431	366,667
1,000	9	11,111	34	327	45,758	377,778
1,000	9	11,111	35	317	46,075	388,889

续表

最大潜在损失($)	风险率(%)	一个合约所需资金额度($)	合约数量(个)	每增加一个合约需追补资金($)	每增加一个合约后资金累加($)	净值($)
1,000	9	11,111	36	309	46,384	400,000
1,000	9	11,111	37	300	46,684	411,111
1,000	9	11,111	38	292	46,977	422,222
1,000	9	11,111	39	285	47,262	433,333
1,000	9	11,111	40	278	47,539	444,444
1,000	9	11,111	41	271	47,810	455,556
1,000	9	11,111	42	265	48,075	466,667
1,000	9	11,111	43	258	48,333	477,778
1,000	9	11,111	44	253	48,586	488,889
1,000	9	11,111	45	247	48,833	500,000
1,000	9	11,111	46	242	49,074	511,111
1,000	9	11,111	47	236	49,311	522,222
1,000	9	11,111	48	231	49,542	533,333
1,000	9	11,111	49	227	49,769	544,444
1,000	9	11,111	50	222	49,991	555,556
1,000	9	11,111	51	218	50,209	566,667
1,000	9	11,111	52	214	50,423	577,778
1,000	9	11,111	53	210	50,632	588,889
1,000	9	11,111	54	206	50,838	600,000
1,000	9	11,111	55	202	51,040	611,111

表格5.12的交易方法表明,要实现1,000,000美元的利润,交易的合约数量就要达到90个。这样的话,每个合约平均就需要获利11,111美元。每一次交易承担的风险率只需要9%,这样跌幅就是利润的37.4%。这样的话,一个10,000美元的跌幅率就是61%。

表格5.13 损失$2000,风险率9%

最大潜在损失($)	风险率(%)	一个合约所需资金额度($)	合约数量(个)	每增加一个合约需追补资金($)	每增加一个合约后资金累加($)	净值($)
2,000	9	22,222	1	22,222	22,222	22,222
2,000	9	22,222	2	11,111	33,333	44,444
2,000	9	22,222	3	7,407	40,741	66,667
2,000	9	22,222	4	5,556	46,296	88,889

续表

最大潜在损失($)	风险率(%)	一个合约所需资金额度($)	合约数量(个)	每增加一个合约需追补资金($)	每增加一个合约后资金累加($)	净值($)
2,000	9	22,222	5	4,444	50,741	11,111
2,000	9	22,222	6	3,704	54,444	133,333
2,000	9	22,222	7	3,175	57,619	155,556
2,000	9	22,222	8	2,778	60,397	177,778
2,000	9	22,222	9	2,469	62,866	200,000
2,000	9	22,222	10	2,222	65,088	222,222
2,000	9	22,222	11	2,020	67,108	244,444
2,000	9	22,222	12	1,852	68,960	266,667
2,000	9	22,222	13	1,709	70,670	288,889
2,000	9	22,222	14	1,587	72,257	311,111
2,000	9	22,222	15	1,481	73,738	333,333
2,000	9	22,222	16	1,389	75,127	355,556
2,000	9	22,222	17	1,307	76,435	377,778
2,000	9	22,222	18	1,235	77,669	400,000
2,000	9	22,222	19	1,170	78,839	422,222
2,000	9	22,222	20	1,111	79,950	444,444
2,000	9	22,222	21	1,058	81,008	466,667
2,000	9	22,222	22	1,010	82,018	488,889
2,000	9	22,222	23	966	82,984	511,111
2,000	9	22,222	24	926	83,910	533,333
2,000	9	22,222	25	889	84,799	555,556
2,000	9	22,222	26	855	85,654	577,778
2,000	9	22,222	27	823	86,477	600,000
2,000	9	22,222	28	794	87,270	622,222
2,000	9	22,222	29	766	88,037	644,444
2,000	9	22,222	30	741	88,777	666,667
2,000	9	22,222	31	717	89,494	688,889
2,000	9	22,222	32	694	90,189	711,111
2,000	9	22,222	33	673	90,862	733,333
2,000	9	22,222	34	654	91,516	755,556
2,000	9	22,222	35	635	92,151	777,778
2,000	9	22,222	36	617	92,768	800,000
2,000	9	22,222	37	601	93,369	822,222
2,000	9	22,222	38	585	93,953	844,444
2,000	9	22,222	39	570	94,523	866,667

续表

最大潜在损失($)	风险率(%)	一个合约所需资金额度($)	合约数量(个)	每增加一个合约需追补资金($)	每增加一个合约后资金累加($)	净值($)
2,000	9	22,222	40	556	95,079	888,889
2,000	9	22,222	41	542	95,621	911,111
2,000	9	22,222	42	529	96,150	933,333
2,000	9	22,222	43	517	96,667	955,555
2,000	9	22,222	44	505	97,172	977,778
2,000	9	22,222	45	494	97,666	1,000,000
2,000	9	22,222	46	483	98,149	1,022,222
2,000	9	22,222	47	473	98,621	1,044,444
2,000	9	22,222	48	463	99,084	1,066,667
2,000	9	22,222	49	454	99,583	1,088,889
2,000	9	22,222	50	444	99,982	1,111,111
2,000	9	22,222	51	436	100,418	1,133,333
2,000	9	22,222	52	427	100,845	1,155,556
2,000	9	22,222	53	419	101,265	1,177,778
2,000	9	22,222	54	412	101,676	1,200,000
2,000	9	22,222	55	404	102,080	1,222,222

表格5.13表明,要实现350,000美元的总利润需要按照资金管理方法进行交易,每一笔单独的合约可以获利75,000美元。另外,按照这种交易法交易,最终要实现1,000,000美元的总利润,每一笔单独的合约还要追加投资22,000美元,合约数量要达到45个才行。这样的话,一个6000美元的跌幅额度会有一个25%的损失。

最 优 分 数

固定分数交易法的另一种形式叫做最优分数。Ralph Vince 提出的这种方法,很受欢迎。它代表了在任何一次交易中的最优固定分数。最优分数被定义为一种固定分数,在同一次交易中,相比较其他形式的固定分数而言,这种分数获利最多。我们最开始举的投掷硬币的例子,拿出25%的固定数值进行交易所获得的利润比低于这个固定比例交易获得的利润要多(比如15%),也比高于这个固定比例交易获得的利润要多(比如40%、51%)。事实上,不论你是选用24%作为这个固定分数比例进行交易,还是选用26%作为这个固定分数比例进行交易,最终都会比25%作为这个固定分数比例进行交易获得的利润少。

乍一看,这确实是一种交易的好方法。它可以给交易商的账户带来惊人的收益。然而,这种方法也会,并且大多数时间都会给交易商的账户带来致命的损失。首先我需要指出的是,每一种交易情形都有一个不同的最优分数。投掷硬币的例子是基于一个固定的参数和可能性。交易可能有固定的参数,但是结果往往不在这些固定的参数范围以内。假如我有这样一种交易策略:在期货市场进行交易,我设置了一个500美元的固定止损和一个1000美元的固定收益,也没有其他的出场要求,那么下跌可能就导致我很多次多于500美元固定止损带来的损失。再比如,我当天没抛盘,持盘过了一夜,第二天开盘市场行情扭转,那么这次潜在的损失可能比500美元的固定止损带来的损失要大很多。更进一步说,100次交易中,输赢的可能性都是50%,但是可能性只是过去交易的数字了,不是将来交易的数据。这种可能性也不会像投掷硬币着陆时正面朝上或者背面朝上那样有可靠性。

因为我们正在处理的是不可预测的可能性的问题,所以每一次交易都有可能用数学的变形公式计算出最终交易的结果,然后根据这个结果再决定这次之前交易的这个最优固定分数。这是使用最优固定分数来阻止风险因素的最大的问题。在交易中,这个最优固定分数是不可预测的,它只适合一组过去的固定数据。因此,之前的100次交易的最优分数可能就是15%,但是在接下来的100次交易中,这个固定分数可能就只是9%,如果你根据前面100次交易得出的最优分数15%来决定接下来的100次交易的话,那么,你就不能用这个最优固定分数来交易。因为这样的话,你就会交易过量,你的账户也会这样。

最优固定分数的动态分析用钟形曲线(贝尔曲线)最能说明。最优分数代表曲线的最高点,左右两边都倾斜向下。在投掷硬币的例子中,10%的固定数值进行交易所获得的利润比25%固定数值进行交易所获得的利润要少,25%固定数值进行交易所获得的利润比40%固定数值进行交易所获得的利润要多。同时我们知道,这三个固定分数交易比没有固定分数交易获得的利润都要多。然而,通过增加更有风险的固定分数比率,使之达到51%,这反倒使一次本可以盈利的交易变成了一次失败的交易。因此,交易的固定分数往钟形曲线的右边上去太高,可能就意味着失败。

在下面的表格5.14的顺序中,前30次的交易最优固定分数是41%,接下来的30次交易紧跟着最初的30次交易,然后计算得出这30次交易的最优固定分数。

表格 5.14　最优分数交易

交易($)	账户余额($)	最优分数(%)
−29	−238	41
18	#	41
−24	−6	41
51	45	41
−12	33	41
−16	17	41
42	59	41
37	96	41
−5	91	41
15	106	41
−21	85	41
39	124	41
27	151	41
14	165	41
−24	141	41
−24	117	41
32	149	41
41	190	41
18	208	41
11	219	41
−15	204	41
17	221	41
−26	195	41
4	199	41
19	218	41
41	259	41
−8	251	41
−18	233	41
20	253	41
14	267	41
−29	238	41
14	14	21

续表

交易($)	账户余额($)	最优分数(%)
-17	-3	21
11	8	21
15	23	21
-25	-2	21
14	12	21
24	36	21
-19	17	21
-18	-1	21
16	15	21
-29	-14	21
-29	-43	21
-13	-56	21
-8	-64	21
-17	-81	21
23	-58	21
11	-47	21
-14	-61	21
38	-23	21
22	-1	21
34	33	21
-15	18	21
-9	9	21
18	27	21
31	58	21
22	80	21
27	107	21
-28	79	21
9	88	21
-11	77	21
21	98	21

要注意的是，第二个固定的30次交易的最优分数是20%，比前一个30次交易的固定分数要低。然而，由于我们不知道后30次交易的最优分数要比前

第五章 固定分数交易法

30次交易的最优分数要低多少,那么我们就继续用前面30次交易的最优分数。

最优分数不仅在第二个30次的交易改变了,只要你进行第31次交易,它也会改变。最优分数的实际应用优化了过去的数据。因此,只要进行下一次交易,最优分数就会加入其中并且得到再一次的优化。并且,从那之后的每一次交易,最优分数都会不断优化。

如果你告诉自己说,在第二笔连续30次的交易中用的是前一笔30次交易的最优分数,如果这个最优分数确实是错误的最优分数的话,那么每一笔交易以后就要重新优化一次这个分数,重新去猜测一次。当第一个30次交易以后算出了最优分数,那么这个分数就确实是第一个连续交易的最优分数。当第二笔连续交易结束后去计算这个最优分数的时候,这一次的计算就完全脱离了第一笔的连续交易了。因此,当你每一次交易以后重新计算优化分数的时候,在你第二笔交易已经结束以后,第一笔交易的最优分数就是31%,而不是41%,第二笔的最优分数就是21%。因此,你第二笔交易依旧是交易过量分数,因为需要考虑到前面第一笔的30次交易(第十四章讲到重复进行的成套交易的可能性)。

表格5.15 把第一笔的30次交易中的最优分数41%应用到第二笔的30次交易中

入场日期	出场日期	市场	P/L($)	积累金额($)	合约数(个)
1990年12月24日	1991年1月9日	Figure fl	14.00	14.00	1
1991年1月9日	1991年1月21日	Figure fl	-17.00	-3.00	1
1991年1月21日	1991年2月1日	Figure fl	11.00	8.00	1
1991年2月1日	1991年3月1日	Figure fl	15.00	23.00	1
1991年3月4日	1991年3月15日	Figure fl	-25.00	-2.00	1
1991年3月15日	1991年4月15日	Figure fl	14.00	12.00	1
1991年4月22日	1991年5月28日	Figure fl	24.00	36.00	1
1991年5月28日	1991年7月18日	Figure fl	-19.00	17.00	1
1991年7月18日	1991年10月31日	Figure fl	-18.00	-1.00	1
1991年10月31日	1991年11月22日	Figure fl	16.00	15.00	1
1991年11月22日	1992年3月2日	Figure fl	-29.00	-14.00	1
1992年3月2日	1992年4月21日	Figure fl	-29.00	-43.00	1
1992年4月21日	1992年4月28日	Figure fl	-13.00	-56.00	1
1992年4月28日	1992年5月6日	Figure fl	-8.00	-64.00	1
1992年5月6日	1992年5月8日	Figure fl	-17.00	-81.00	1
1992年5月8日	1992年5月15日	Figure fl	23.00	-58.00	1
1992年5月15日	1992年11月4日	Figure fl	11.00	-47.00	1
1992年11月4日	1992年11月30日	Figure fl	-14.00	-61.00	1
1992年11月30日	1993年4月12日	Figure fl	38.00	-23.00	1

续表

入场日期	出场日期	市场	P/L($)	积累金额($)	合约数(个)
1993年4月12日	1993年4月27日	Figure f1	22.00	-1.00	1
1993年4月27日	1993年5月18日	Figure f1	34.00	33.00	1
1993年5月18日	1993年5月28日	Figure f1	-15.00	18.00	1
1993年5月28日	1993年6月3日	Figure f1	-9.00	9.00	1
1993年6月3日	1993年6月11日	Figure f1	18.00	27.00	1
1993年6月11日	1993年11月17日	Figure f1	31.00	58.00	1
1993年11月17日	1993年12月16日	Figure f1	22.00	80.00	2
1993年12月16日	1994年1月11日	Figure f1	27.00	107.00	2
1994年1月11日	1994年1月25日	Figure f1	-56.00	51.00	1
1994年1月25日	1994年2月7日	Figure f1	18.00	69.00	1
1994年2月8日	1994年2月18日	Figure f1	-11.00	58.00	1
1994年2月18日	1994年6月20日	Figure f1	21.00	79.00	2

这些确实应用了最优分数而出现的问题不会牵涉这种方法的风险性,即使你不知道怎么样也可以预测到下一笔交易中的最优分数是多少(这是不可能的)。我们再一次拿第二章投掷硬币的实验作为例子来说,这里的投掷交易中最优分数是25%。投掷硬币的游戏,尽管仅仅有100美元的赌金,但是这种方法确实还算不错。其实你明白这交易中的成功几率,即使你连续几次都亏损了,你也还是清楚你投资最终是为了赚钱。事实上,在你最后亏损到只剩下仅有的1美元之前,你还必须要经历连续16次的亏损。账目总额超出100美元的越多,一个人亏损到淘汰出局的可能性就越大。在输赢机会大致均等的30次交易之后,账户余额可能大约是780美元,这样只有你连续亏损23次才会被淘汰出局。有了这些胜算概率作保证,既然连续16次失败的投掷是不可能的,那么也就不需要去担心这种潜在的跌幅了。然而,把投掷硬币的游戏比作实际投资(交易),这就比把橘子和苹果作比较更糟糕,这种比较更类似于把马铃薯和发霉的橘子作比较。其实他们不存在比较性。投资本身是完全不可预测的,不管你历史交易总共获利了多少。不要让我担忧,我们可以应用逻辑思维推理,这样才可以给我们带来合理的期望值和可能性。没有通过数学计算,我们是不能保证在交易了多少次以后,胜负的几率都是50%(或者说,如果胜负几率不是50%,但是也会非常接近50%)。交易方法是基于一定的逻辑的,大多数情况下是基于之前的市场趋势的。市场趋势(行情)是不断变化的。昨天可能还是非常符合逻辑的趋势,但是到了今天就不一定适用了。因此,认为投掷硬币中承担的那种风险也可以用在实际投资中(不管是股票、期权、期货,或者是它们中的什么)的这种想法是非常荒谬的。

第五章 固定分数交易法

考虑一下,过去那次投掷硬币的交易的最优分数实际上是 25%。像"每 10,000 美元一个合约"这部分所指出的那样,如果第一次投掷失败了,那么单一一次投掷的账户余额就会减少 25%。如果第二次又失败了,那么两次投掷的账户余额就会减少 44%。再有连续几次的投掷失败,那么账户就会继续减少 58%,然后是 69%,五次连续投掷失败后,账户就减少了 77%。把这种情况转移到实际投资中,那么每赢一次就会获利 2000 美元,每输一次就会亏损 1000 美元。这也就意味着,你需要每 4000 美元进行一次合约交易。

$$\$1000(最大损失) \div 0.25(风险) = \$4000$$

因此,交易 25 个合约需要 100,000 美元。假设市场没有按照预测的动向波动,损失就不只是 1000 美元,而是 2000 美元了。那么这次交易就多损失了一半资金。当谈到最优分数在投资中的实际应用时,这里有 100 个合乎逻辑的理由解释了最优分数很好但是没什么用处的原因。然而,迄今为止,我揭露了一些事实使这种交易方法变得没有那么必要了。风险就是不使用它的理由。如果你认为你可以很好地处理投资风险,那么请你在确保在你试着用这种方法去投资之前,你知道风险是什么。

安 全 分 数

这是我在最近几天被问到的一种方法。它只是固定分数交易法的一种形式,它是通过用最大的损失以外的一些东西作为起点来利用最优分数。在 1995 年,我致力于研究一种与之类似的方法,并在 1995 年 11 月的《风行贸易通讯》(KamiKaza Trading Newsletter)刊物中出版发行。它的出版发行使最优分数从利用最大的潜在损失延伸到最大的预期跌幅。比如说,如果最大的损失是 1500 美元,最优分数已经被算出来是 19%,那么我就会以每 7895 美元一个合约的方法进行交易。以 100,000 美元的账户开始,我可以交易 12 个合约。我也会在一笔交易中承担 19% 的风险概率。根据这种基于跌幅而不是最大损失的计算最优分数的方法,19% 已经算是基于预期最大跌幅基础上的最大限度的损失了。如果最大期望跌幅额度是 7500 美元,不是用 1500 去除以 19%,而是用 7500 除以 19%,得出来的结果就是每 39,473 美元一个合约。根据这个规则,我的 100,000 美元的账户就只可以交易 2 个合约。进一步说,只有当账户余额低于 79,000 美元的时候,我交易的合约数才会降到只能交易一个合约。为了降低这个概率,我们需要应用一种策略使单一一个合约上出现大于 7500 美元的跌幅。

问题是，这种方法和已经解释过的固定分数交易法中的其他任何形式一样没有很大用处。它依旧还是固定分数交易法。唯一的区别就是，每一笔交易中用这种方法只要承担3.8%的风险，而其他的则有19%的风险。

$7500（最大预期跌幅）÷19% ＝$39,473

$39,473÷1500＝3.8%（每笔交易承担的风险率）

因此，现在正好回到那个情形中，在那个情况下，我们甚至要花几年时间去应用资金管理，然后再花更长的时间才可以看到它对你账户的重大影响，尤其是对那些小的投资商而言。

安全分数的方法不只会考虑最大可能的跌幅以减轻由于最优分数带来的风险。不管这种方法被分割成什么，它依旧还是固定分数交易法，在应用到实际投资中还是会遇到同样的问题。

关于固定分数交易法的其他零碎的东西

大多数情况下，问题导致的结果都是无需证明的。我也已经在这一章前面的很多部分指出。然而，这种方法有一些其他的特点使得其在实际投资中变得无效而且没有逻辑可言。

固定分数交易法，还是其他的方法

我之前从来没有听到任何人说过，固定分数交易法其实根本不固定。至少，当涉及真正的交易的时候是不固定的。你可能之前也注意到了，在把最优分数计算从最大损失转移到最大潜在跌幅的例子中，这样做是为了确保一旦我们知道了跌幅的幅度，我们就会控制损失率使之不要超出原来的最优分数。这个例子中我们用到的风险概率是19%。同样的一个例子，我说如果从最开始就出现了最大跌幅，100,000美元的账户就要开始出现损失，当账户余额低于79,000美元的时候，我交易的合约数就会降到只能交易单一一个合约。事实上，如果交易了两个合约，然后遇到最大的跌幅，账户余额就只会减少85,000美元，这也就是有15%的跌幅，而不是19%。这是因为分数合约或者是分数期权是可能的。因此，一旦投资标准建立，交易的合约数量或者期权的数量在下一笔交易前一定是一样的。

如果我们投资是按照每10,000美元一个合约，潜在的最大损失是750美元进行的话，那么我们在每一笔交易中承担的风险率就是7.5%。我们投资的合约数量的增减是根据下面方式运作的：
 1个（合约）：$10,000 ~ $19,999
 2个（合约）：$20,000 ~ $29,999
 3个（合约）：$30,000 ~ $39,999
 4个（合约）：$40,000 ~ $49,999

上面的图示可以一直以同样的方式继续下去。注意虽然账目资金可能在这些标准之间，但是每一笔交易承担的风险额度要小于7.5%。如果账目资金是15,000美元，承担的风险额度会有750美元，那么这笔交易真正损失的只是5%。如果账目资金是19000美元，遭遇损失也只会亏损3.9%。投入的资金额度越高，损失的几率反倒降低——这不是真正的固定分数交易法。如果投入资金额度是43,000美元（比3~4个合约所需资金高出3000美元），投资了4个合约，这样的话总共的损失也许就会达到3000美元，或者说是6.25%而不是7.5%的风险率。然而，投入13,000美元（比最低限度资金多出3000美元）的资金，风险率是5.7%而不是6.25%，因为这比40,000美元还要多出3000美元。这一点在下面还会有进一步的解释。

不对等成果

通过仔细调查，我得出这样一个结论：这不是固定分数交易法出现的大部分问题的根源。固定分数交易法要求不同的合约数量标准有不对等的成果。更简单地说，假如你正在进行每10,000美元一个合约的交易，并且你也就是拿出了10,000美元开户进行了一个合约的交易，那么这一个合约就必须可以创造出总共所要求的能够增加到两个合约交易的10,000美元的利润。然而，一旦达到了两个合约交易的水平，那么这就要求这两个合约交易一起创造出另外一个同样10,000美元的利润，而不是只要求一个合约交易创造出10,000美元的利润（见图表5.1）。因此，要求单——个合约交易时可以创造出10,000美元的利润以增加合约数量的这种方法，现在只要求单——个合约可能创造出5000美元的利润就可以使交易的合约数量增加到3个。按照这种方法，100,000美元进行的10个合约的交易中，要想使交易的合约数量增加到11个，那么就需要这10个合约每一个都可以创造出1000美元的利润。用500,000美元进行50个合约的交易，这次交易结束后总共创造了1000美元的利润，这时候你交易的合约数量从50个增加到55个。这也就意味着，1000美元的利润增加了5个合约的交易，每增加一个合约就只需要200美元的交易。

这个问题的结果和这一章节中前面提到的那个问题的结果是一样的。根据资金管理法则,如果每一次交易承担了一个合理的风险百分比,那么较小的仓量一般情况下就需要很长一段时间的交易以后才开始获利。然而,一旦你建立了一个交易账户(10年以后),那么它就开始疯狂地增加合约数量。我们可以这样来归纳一下:交易之初,合理的固定分数需要很长的时间才可以增加利润,后来增加利润的速度就开始变快了。这就是在适宜的时间内有着适宜的利润的固定分数交易法在交易后期有着数千的交易合约的原因。

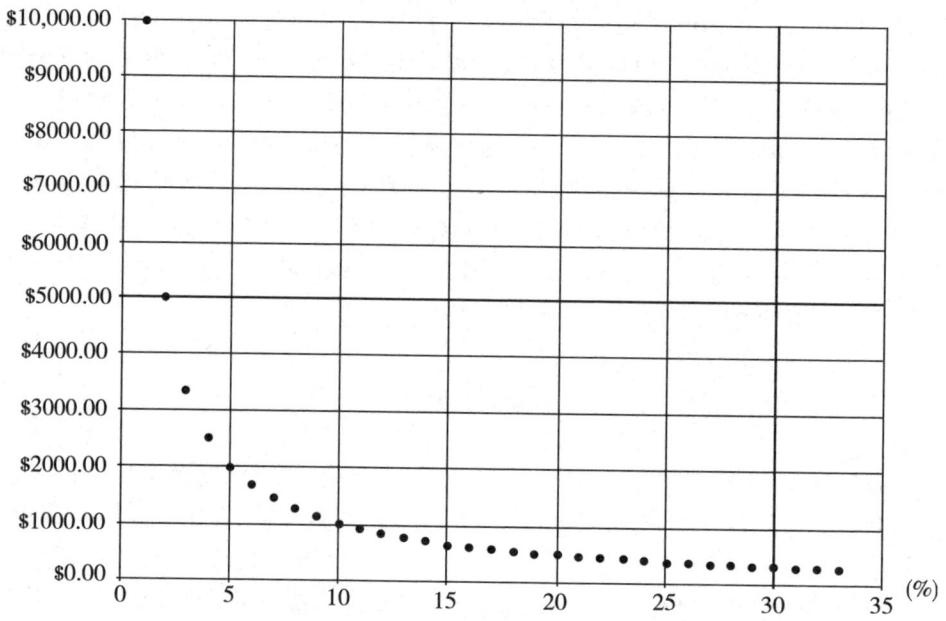

图表5.1　每增加一个合约需求的利润标准——10%

交 易 顺 序

仅就应用固定分数交易的纯理论而言,在应用了固定分数交易法之后,交易顺序不会改变最终的结果。然而,在实际应用中却不是这样。我所指的"纯理论应用"是指在不受任何外界阻碍或者影响的情况下应用这种方法进行交易。在没有限制的情况下,如果一只青蛙离一面墙有10英尺,它每跳一次可以跳这个距离的一半,那么将从来不会触碰到这面墙。然而,要想按照上述所讲条件让青蛙碰到这面墙的话,就需要这只青蛙变得更小一点。如果这只青蛙从前到后是2英寸,一旦青蛙与墙之间的距离最后还剩下不到4英

第五章 固定分数交易法

寸,下一次青蛙就可以触碰到这面墙了。当然,这个理论在实际应用中还是有限制的。(注:1 英寸 = 0.083 英尺)

青蛙长度:2 英寸(从前到后)

青蛙的后部:离墙有 10 英尺

第一次跳:60 英寸(5 英尺)

第二次跳:30 英寸

第三次跳:15 英寸

第四次跳:7.5 英寸

第五次跳:3.75 英寸

第六次跳:1.875 英寸——青蛙现在已经触碰到墙了。

在交易中也是这样的道理。如果交易商 Joe 在每一次投资中都要承担所有资金 10% 风险,那么就出现这样一个问题就是他将没有足够的资金继续进行任何投资。在应用任何一种资金管理方法时,这里存在一个同样的限制因素导致交易顺序改变最终的结果。

78～79 页的例子给我们证实了这一事实真相。交易商 Joe 决定,单独进行一个合约交易,一旦获利达到了 3000 美元,他就会在下一次交易中增加一个合约,使之成为 2 个合约。如果获利不到 3000 美元,那么他还是继续只交易一个合约。

顺序 1　(没有应用资金管理方法)

盈亏($)	累积($)
1,000	1,000
1,000	2,000
1,000	3,000
-1,000	2,000
1,000	3,000
-1,000	2,000
1,000	3,000
-1,000	2,000

顺序 2　(没有应用资金管理方法)

盈亏($)	累积($)
-1,000	-1,000
1,000	0.00
-1,000	-1,000

续表

盈亏($)	累积($)
1,000	0.00
-1,000	-1,000
1,000	0.00
1,000	1,000
1,000	2,000

顺序1连续3次获利,每次都是获利1000美元。接着第四次是一次失利的交易,亏损了1000美元,第五次获利1000美元,第六次亏损1000美元,第七次获利1000美元,最后一次亏损1000美元。这样算下来总共净收入是2000美元。顺序2同样是获利和亏损交错,第一次亏损1000美元,第二次获利1000美元,第三次亏损1000美元,第四次获利1000美元,第五次亏损1000美元,接下来三次连续获利各1000美元。这样交易最后净收入是2000美元。

顺序1 (应用资金管理方法)

盈亏($)	累积($)
1,000	1,000
1,000	2,000
1,000	3,000——下一次交易2个合约
-2,000	1,000——又只能交易1个合约
1,000	2,000
-1,000	1,000
1,000	2,000
-1,000	1,000

顺序2 (应用资金管理方法)

盈亏($)	累积($)
-1,000	1,000
-1,000	-1,000
1,000	0.00
-1,000	-1,000
1,000	0.00
-1,000	-1,000

续表

盈亏($)	累积($)
1,000	0.00
1,000	1,000
1,000	2,000

顺序1(应用资金管理方法)是第一个交易顺序。然而,根据3000美元的利润标准应用资金管理方法,由于前三次的连续获利,交易商Joe就可以顺利地增加第二个合约。可是在下一次交易中他又亏损了1000美元,因此,他就必须又只能回到从前的单一一个合约的交易。不幸的是,Joe这次的1000美元亏损是在他进行两个合约交易时发生的,因此他这次就一共亏损了2000美元。这样一来,他最后就只有1000美元的净利润,而不是在没有应用资金管理方法时候实现的2000美元的利润了。

其实要增加交易的合约数量应用哪一种资金管理方法都无关紧要。只要这种方法是一种不加倍赌注资金管理方法,相似的方法结果也相似。这个图解只显示了,在固定分数资金管理方法的实际应用中,交易的顺利不同,交易的最终结果也有很大不同。

第六章
固定比率交易法

接下来的几个章节会全面地解释,讨论,最后举例说明固定比率交易法的实际应用。这种方法是深入调查并把固定分数交易法详细分类的直接结果。然而,这两者并不一样。一些人认为固定分数和固定比率是一回事,因此这两种方法也是一样的。这种推理正如以貌取人一样是非常肤浅的。正如,单词"bear"按照读音也可以拼写成"bare",但是两个单词的意思完全不同。如果我在没有任何上下文提示的情况下说单词"bear",你就不知道我究竟是说的"bear"还是"bare"。同样的道理,专业术语"固定分数交易"和"固定比率交易"虽然有相似之处,但是各自的概念是不同的。如果你只是浏览了第五章,那么我极力推荐你再返回去认真地重新读一下这一章。即使固定比率交易法在功能和每一个其他的特征方面和固定分数交易法是完全不同的,但是,姑且把各自的利弊和成因放在一边不谈,它确实是固定分数交易法详细分类的直接结果。弄懂了固定分数交易法不仅可以帮助你理解固定比率交易法的构成,还可以告诉你为什么这种方法是唯一可行的实用性资金管理方法。

风险和回报

合理的资金管理方法应该重点考虑两点:风险和回报。一个交易商不能只着眼于一个方面而忽略另一方面,然后就期待可以利用资金管理方法在交易中获利。这是固定分数交易法出现的问题之一。任何形式的交易方法要么是着眼于资本累计增加而忽略全部的风险(比如说最优分数),要么是着眼于风险的控制(比如说,每一次交易风险率不能超过3%),这样就在不经意间使得潜在的回报变得像一只单翼的小鸟一样软弱无力。过去尝试过把注意力集中在风险和回报上面,放在3%(或者更少)和最优分数之间。然而,这种方法本身的特性证明了这样做是没有什么效果的。因此,不管应用什么样的固定分数交易法,要么是风险,要么是回报,要么是两者一起都不足以解决问题。

发展一种新的资金管理方法的目标就是投资时要同时考虑到风险和回报。正如前面所提到的,要在任何情况下都产生一个积极的结果,唯一的一种可以用的资金管理方法就是赌金不加倍资金管理方法。这就意味着,随着净值的增加,投资(交易)的规模也应该相应增加。反之,净值减少,投资(交易)的规模也应该相应减小。这种方法和赌金加倍的资金管理方法相反,赌金加倍的资金管理方法要求当净值减少时需要加大投资的规模;反之亦然。因此,赌金不加倍的资金管理方法必须和固定分数交易方法保持一致。清楚了这一点,接下来我就开始列出这种资金管理方法的优点和缺点。

优点:

1. 赌金百分比高就有可能使收益呈几何增长。
2. 较低的赌金百分比可以控制风险。

缺点:

1. 用高的赌金百分比交易会使账户遭遇巨大的风险。
2. 用低的赌金百分比交易需要很长的时间才能见效(获利速度太慢),因此效率太低。
3. 用一个不高不低的赌金百分比交易不能很好地使潜在的收益和风险成正比例。

在仔细地考虑了这些利弊之后,我知道了问题的根源在于这种方法要求不对等收益。对于固定分数交易法而言,要求一开始就从中获取较多的利润,并随着净值的增加获取的利润会越来越少,这是不符合逻辑的。我总结了,就算是有,也应该是另外一种情况。一种资金管理方法应该是要求开始时获利较少(因此这种方法比较有效),并且随着净值的增加利润就会逐渐增多(这种方法也会考虑到风险的控制)。

首先,我有过几种不同的方法来增加所需资金额度以增加交易的合约数量,可是我没有完全满足。我突然醒悟了,答案就是交易的合约数量和增加另一个合约所需的利润额度之间的关系。并且,这种关系应该比较稳定。如果资金管理方法要求 10,000 美元的利润才可以使交易的合约数量从一个增加到两个,那么要使交易的合约数量从两个增加到三个就需要另外实现 20,000 美元的利润。因此,这种关系是一种合约和所需利润额度之间的固定比例。这就是固定比率交易方法如何奏效,如何获此殊名的。

固定比率交易法只有一个变量,或者一个变量的增量(参数)。这个参数只适用于这种方法的数学公式,然后决定如何激进或者稳健地应用资金管理方法。参数越低,应用时就要越激进;参数越高,应用时就应该越稳健。固定比例交易法没有贝尔曲线。

下面是应用固定分数交易法和固定比率交易法之间交易的对比,它给出了需要增加的资金标准,也指出了它们之间是如何彼此相关的。

固定分数交易		固定比例交易	
合约数量(个)	所需的账户余额($)	合约数量(个)	所需的账户余额($)
1	10,000	1	10,000
2	20,000	2	20,000
3	30,000	3	40,000
4	40,000		
5	50,000		
6	60,000	4	70,000
7	70,000		

固定比率交易法中,随着合约数量的增加,增加另一个合约所需的利润额度确实按照一定的比例增加了。结果,风险降低了,远低于应用固定分数交易法时的风险。然而,根据这种比例,应用固定分数交易法,账户额度呈几何增长得更快。事实上,排除掉不对称杠杆的影响,应用固定分数交易法实现70,000美元的账户额度标准只需要单一个个合约获利19,375美元。用固定比例交易法,一个合约10,000美元利润,这样的话,实现70,000美元的账户额度标准只需要单一个个合约获利40,000美元。这是固定分数交易法中的两倍。

因为固定比率交易法中的风险相比较而言小得多,所以交易中可以使用一个较小的固定比例。固定分数交易法的问题之一就是在交易中应用这种资金管理方法使一个合约创造出大笔利润需要很长一段时间。而固定比率交易法降低了长期投资的风险,因此它可以在投资前期就得到利用。固定分数交易法和固定比率交易法的对比可以用一个变量(或者固定比例)来表示:

固定分数交易		固定比例交易	
合约数量(个)	所需的账户余额($)	合约数量(个)	所需的账户余额($)
1	10,000	1	10,000
2	20,000	2	15,000
3	30,000	3	25,000
4	40,000	4	40,000

第六章 固定比率交易法

续表

固定分数交易		固定比例交易	
合约数量(个)	所需的账户余额($)	合约数量(个)	所需的账户余额($)
5	50,000	5	60,000
6	60,000		
7	70,000		

上述举例,固定分数交易法应用每10,000美元一个合约的方式交易,而固定比率交易法应用一个5000美元的固定比例值。因此,要达到获利60,000美元的标准只需要20,000美元,而不是达到获利70,000美元的标准就需要40,000美元。进一步说,在固定比率交易法中,另外一个5000美元的利润就会使账户余额达到85,000美元。因此,在这个时候,我们就实现了账户余额真正的几何增长。

计算这个增加合约(或者期权,或者股票)的公式可以这样表示:

之前所需的净值 + (合约数量 × 固定比例值) = 下一个资金额度标准

开始时资金余额(第一个所需的资金额度标准) = 10,000

合约数量 = 1

变量(固定比例值) = $5,000

$10,000 + (1 × $5,000) = $15,000————增加到两个合约交易

如果账户余额增加到15,000美元以上,那么15,000就变成了等式中前一个合约所需的净值:

$15,000 + (2 × $5,000) = $25,000

$25,000 + (3 × $5,000) = $40,000

$40,000 + (4 × $5,000) = $60,000

$60,000 + (5 × $5,000) = $85,000

单词"variable"代表的是变量。它在等式中为一个参数,使用这种交易方法的人可以自由地改变它使之符合一种特定的方法或者交易风格。这也是一种可以改变交易结果的变量。一般而言,变量越小,使用资金管理方法时就该越激进;变量越大,使用资金管理方法时就该越稳健。

固定比例交易法和交易的合约数量所达到的资金额度标准存在一种关系。这种关系就是一种1:1的比例关系。固定比例值乘以合约数量,并且增加一个合约所需的资金额度也必须同样乘以这个合约数。如果比例是1:5000,那么你就该知道要使合约数量从10个增加到11个,你就必须获利50,000美元:

1 × 10 = 10

$5,000 × 10 = $50,000

这个数据和所需的账户额度不一样。这是要实现下一个资金额度标准所需的获利额度。

因为这种关系,这种方法也存在其他的一些关系以使我们大家可以从中获利。首先,因为这种关系,我们可以通过插入一些统计来评估这种方法是如何运作的。如果在债券市场采用一种特定的方法在100笔的交易后获利50,000美元,那么平均每一笔交易获利就是500美元($50,000÷100=$500)。因为固定比例交易法和交易的合约数量所达到的资金额度标准存在的这种关系,我们也知道如果我们用一个5000美元的变量每笔交易获利500美元的话,我们就会得出平均每10笔交易增加一个合约。如果10笔交易后合约数量从1个增加到2个,那么也就需要10笔交易才可以使合约数量从10个增加到11个(平均来说):

要求增加到2个合约所需的利润=$5,000

$5,000÷$500=10笔(平均交易数)

要使合约数量从10个增加到11个将需要获利50,000美元:

10个(合约数量)×$5,000=$50,000

因为我们正在进行10个合约的交易,我们知道我们的平均交易也增加了10倍。因此这个等式就可以表示成这样:

$50,000÷$5,000=10笔(交易数量)

因此呢,在100笔交易以后,我们就可以知道我们可以交易10个合约了。如果你想把这个5000美元的变量扩展到10个合约的交易,那么你就会知道单一一个合约所需的50,000美元的利润就应该产出大约225,000美元的利润。

$85,000 + (6 × $5,000) = $115,000

$115,000 + (7 × $5,000) = $150,000

$150,000 + (8 × $5,000) = $190,000

$190,000 + (9 × $5,000) = $235,000

减去开始的10,000美元,这样你就得到了大概225,000美元的利润!很显然,从整个交易顺序上看,交易本身不会是每一笔都一样均等均衡。前50笔交易可能已经有35,000美元的利润(这样每一笔交易的平均利润就是700美元),然而,第二个50笔交易只有15,000美元的利润(这样这50笔交易中每一笔交易的平均利润就是300美元)。在我们的估算中,在任何给定点位进行估算其实都没有什么区别,因为这种交易方法只是使交易的合约数量在单笔交易的平均利润就是700美元的时候比单笔交易的平均利润就是300美元的时候增加得快一点。

然而,这也只是一种估算,是在这方面自由随意的估算。这不是一成不变的理由就是不对称杠杆,这种不对称杠杆在这些估算中都没有被认真考虑。一种相对稳健保守的估算包括考虑不对称杠杆,它大约是估算利润的90%。对于不对称杠杆没有什么公式去计算,因为它像第二章讨论到的,只是由交易的顺序决定。

在应用固定比例交易法中5000美元变量获得100,000美元利润之后,我们就可以进行20个合约的交易了。交易20个合约最低的利润标准是1,000,000美元。因此,按照估算4年时间可以产出225,000美元的利润,那么接下来的4年里就可以获利750,000美元。这里要注意的是复合率要保持相对一致。225,000美元是比4年内交易单一一个合约利润的450%还要多,1,000,000美元是一直用这种交易法连续交易4年获利的225,000美元的400%。从一个合约的交易中得到的总共涨幅是1000%或者是10倍多。

我们已经谈到了投资(交易)中的潜在利润,现在我们来看看风险因素。一个240,000的交易账户,进行了10个合约交易,如果每个合约可能出现一个5000美元的跌幅额度,那么这个交易账户将减少到大约只有194,000美元,或者说减少了19%:

$240,000的交易账户,进行了10个合约交易,每一个合约按照1000美元损失额度计算,那么10个合约就是10,000美元。

$240,000 − $10,000 = $230,000——进行9个合约交易
$$9 \times (-\$1,000) = -\$9,000$$
$230,000 − $9,000 = $221,000——进行9个合约交易
$$9 \times (-\$1,000) = -\$9,000$$
$221,000 − $9,000 = $212,000——进行9个合约交易
$$9 \times (-\$1,000) = -\$9,000$$
$212,000 − $9,000 = $203,000——进行9个合约交易
$$9 \times (-\$1,000) = -\$9,000$$
$203,000 − $9,000 = $194,000——进行9个合约交易,下跌停止。

如果在单独一个合约交易中遇到同样的跌幅,那么这个跌幅就会是8.3%。因此,这时候,利润增加了450%而风险只增加了11%!当比较几个账户额度的大小时,你是愿意承担60,000美元的10%还是240,000美元的20%的风险呢?跌幅过后,你账户额度为55,000美元可以进行单一一个合约的交易,在用了固定比率交易法后仍然有一个350%的涨幅。最后的比较也是应用固定比率交易法。这次比较我们需要用每10,000美元一个合约的交易模式。用这种交易模式,在单一一个合约获利50,000美元以后,就可以进行83个合约交易,获

利增加到830,000美元。在第一次损失1000美元以后,账户余额减少了83,000美元,余额为747,000美元。在5000美元的全部跌幅过后,账户就减少到490,000美元。这种交易法还是比稳健的固定分数交易法要高一点,但是这依旧是41%的跌幅。进一步说,一个10,000美元的跌幅就会使账户余额最后减少到291,000美元。你可以想象仅仅是一个10,000美元的跌幅就会使账户从830,000美元的利润直接减少到91,000美元吗?账户收益可以达到52%,但是风险会高达65%。在这种风险—回报(收益)的关系中,最后你可能一无所获。

进一步讲,获利40,000美元(而不是50,000美元),就可以用账户中的30,000美元进行30个合约的交易。这就意味着64%的利润来源于最后的20%的操盘记录。如果在那个时候而不是在50,000美元的时候出现跌幅,那么账户就会减少到180,000美元,而最后依旧无所收益。

你也许会说可以有800,000美元的收益,用固定分数交易法交易是值得的,自己宁愿承担41%的风险和5000美元的跌幅额度,甚至认为即使跌幅额度增加到10,000美元,风险高达65%也是值得的。确实,你可以用固定分数交易法进行交易得到更快更高的收益。如果这就是你的目标的话,那么用最优分数交易吧。然而,我曾经给很多很多的交易商说过,还是几乎没有人去用最优分数交易,就是因为它的跌幅额度。大部分人不愿意为获得接近100,000美元的利润而去承担65%的风险。而且,考虑到有一个5000美元的小跌幅,这里选用的是一个非常谨慎保守的变量。把这个变量降到2500美元,同样在交易了20个合约后,50,000美元依旧会变成485,000美元,而承担的风险只是它的20%。在获利30,000美元以后,固定分数交易法只会获得100,000美元的利润,而固定比例交易法就会用一个2500美元的变量使利润增加到175,000美元。在固定分数交易法中,这个5000美元的跌幅额度会使账户减少到60,000美元,而固定比率交易法最后的账户资金则是122,500美元,是固定分数交易法带来的利润的两倍多。

正如你所看到的,这中间也是可以权衡的。然而,当同时考虑到风险和回报的时候,固定比例交易法为这两者求得一个平衡。跌幅会发生,它们还常常决定了一个交易商是否要继续进行投资(交易)。那些不想承认跌幅的交易商就不能顺利地获得更高的收益。他们将放弃这种交易方法,并且用另外一种方法取而代之,可是依旧有另外的一种跌幅。这就是多数交易商的交易链。所以,不管采用任何一种资金管理方法,你都必须同时考虑承担的风险和回报。

这又把我们带入了存在于固定比例交易法中的另外一种关系中。这种关系又是和跌幅有关。和平均交易数与变量之间的关系相类似,这里有另外一种和变量有关的跌幅。比如说,如果变量是5000美元,这种交易法期望的跌幅是

10,000美元，那么变量和跌幅之间的比例就是1∶2。你对变量所采取的措施也直接关系到跌幅。如果把跌幅除以变量（这样得到的结果是2），你就会得到这种关系，不管跌幅出现在什么点位都和交易的合约数量有关系。如果出现了一个跌幅，那么这就意味着你的账户会有一个和两个变量（或者两个合约）等值的亏损。如果我用5000美元的变量实现了10个合约的交易，然后又遇到一个10,000美元的跌幅额度，那么我减少的合约也不会多于2个。因此，在那次的跌幅中，我还可以有8个合约交易。如果我用2500美元的变量实现了10个合约的交易，然后遇到一个10,000美元的跌幅额度，那么我交易的合约也不会下降到少于6个。

$$\$10,000 跌幅额度 \div \$2,500 变量 = 4 个（合约）$$
$$10 - 4 = 6 个$$

关于这种关系还有另外一点很重要，那就是你不仅要随时知道你现在是什么交易状况，而且还要知道和你所选用的变量相比较而言，出现任何水平的跌幅时你所要承担的相对应的风险额度是多少。下面的公式可以在没有经过一个乏味的表格过程的情况下计算出每一种利润标准的合约变化：

$$[（合约数量 \times 合约数量 - 合约数量） \div 2] \times 变量 = 最小利润标准$$

如果我正交易的合约数量是10，变量是5000美元，那么最小的利润标准就是225,000美元。

$$10 \times 10 = 100$$
$$100 - 10 = 90$$
$$90 \div 2 = 45$$
$$45 \times \$5,000 = \$225,000$$

这225,000美元的利润，我将使目前的交易数量从9个合约的交易改变为10个合约的交易，并且根据我目前的交易的合约数量是多于或者是少于它，又可以使交易的合约数量从10个减少到9个。

通过简单把"-合约数量"改变为"+ 合约数量"，我可以计算出进行10个合约交易以上（较高）的利润标准。有这个标准，我就可以使合约数量从10个增加到11个，或者根据我目前的交易的合约数量是多于或者是少于它，又可以使合约数量从11个减少到10个。

$$10 \times 10 = 100$$
$$100 + 10 = 110$$
$$110 \div 2 = 55$$
$$55 \times \$5,000 = \$275,000$$

现在我已经计算出了进行10个合约交易的一个较低的利润标准

($225,000)以及一个较高的利润标准($275,000)。这两个利润标准也可以作为9个合约交易的较高利润标准,也可以作为11个合约交易的较低利润标准。因为我可以计算出这两个最小利润标准,也可以计算出任何可以减少账户额度的跌幅最大的利润标准,我就可以准确地算出在交易中任何时候所承担的风险额度了。如果我的账户交易的利润已经达到250,000美元,那么我就知道将有一个10,000美元的跌幅额度,这样我所获得的利润就不会少于进行8个合约交易的较低利润标准了。

$$8 \times 8 = 64$$
$$64 - 8 = 56$$
$$56 \div 2 = 28$$
$$28 \times \$5,000 = \$140,000$$

如果出现了10,000美元的跌幅,上述算出的是我将会获取的最低的利润额度。然而,如果我想得到更加精确的数字的话,我可以更进一步算出从10个合约到11个合约之间的距离,然后再算出从8个合约到9个合约之间的距离。

250,000美元是介于225,000美元的一个较低的利润标准和275,000美元一个较高的利润标准之间的。交易8个合约的较低和较高的利润标准之间的利润额度是160,000。这就是出现了10,000美元的跌幅,账户总额度将会减少到的程度。

$$10 \times 10 \div 2 \times \$5,000 = \$250,000$$
$$8 \times 8 \div 2 \times \$5,000 = \$160,000$$

这个等式中" - 合约数量"计算出的是较低的利润标准。" + 合约数量"可以计算出较高的利润标准。因此,去掉等式中的加号和减号就可以算出这两个等式中确切的中间数。把这三个参考数值放在一起,能确切地计算出交易中和下一个利润标准相比较,现在正交易的合约有多大的利润。例如,如果现在有一个230,000美元的账户,那么其中有20%就是这个中间值。因此等式中交易的合约数量的80%就要被减去。计算如下:

$$10 \times 80\% = 8$$
$$[(10 \times 10 - 8) \div 2] \times \$5,000$$
$$= 46 \times \$5,000 = \$230,000$$

在一次跌幅之后的对比下调额度计算如下:

$$8 \times 80\% = 6.4$$
$$[(8 \times 8 - 6.4) \div 2] \times \$5,000$$
$$= 28.8 \times \$5,000 = \$144,000$$

上述的计算方法是让你知道在一段时间的跌幅期间交易的利润期望值是

多少。我们知道了这些就已经是投资(交易)准备工作的一半了。

把固定比例交易方法应用于股票投资(交易)中

在股票交易中应用固定比例交易法,或者是应用资金管理方法的时候有一些不同。然而,这里的不同不是指股票交易市场本身所固有的与其他交易市场有一些不相似的地方。关于资金管理方法,尤其是固定比例交易法,我们需要明白的一个最重要的事实就是,股票交易是一种数字游戏。我们在股票交易市场不是想投机倒把或者是其他一些,要是这样的话,我们也没必要把资金管理方法应用到我们的投资(交易)中。我们只是把资金管理方法应用于交易市场产生的盈利或者亏损净额上,或者用于采用某种交易策略(方法)引起的盈利或者亏损上面。因此,500美元的利润是来自于IBM股票交易还是大豆交易,这都无关紧要——这500美元利润在任何交易市场价值都是一样的。

因为我们是在玩一种数字游戏,我们完全可以忽略是什么交易市场或者应用的交易方法,我们需要把注意力集中在我们交易之后得出的数字上面。然而,在股票交易市场应用固定比例交易法有些许不同,原因有两点。

首先,在保证金额度方面差别很大,比如股票交易和大宗商品交易之间的保证金差别就很大。大宗商品交易所需的保证金有时候还不到指定交易市场价值的10%。一个标普500指数合约(这是股票市场的一个期货合约)目前价值318,000美元,但是在大宗商品交易市场去交易这样一个合约的话,只需要不到20,000美元。这是保证金,仅仅只是一个合约价值的6%。另一方面来看,股票却需要一个50%的保证金比例。因此,如果你要买一只价值50,000美元的IBM的股票,你就必须拿出25,000美元的现金。接下来我们就讨论下这个保证金之间的差别是如何影响到资金管理方法在实际交易中应用的。

在实际投资(交易)应用有差别的第二个主要的原因是交易零碎股的能力。过去我们很难看见这样一个股票经纪人,他会积极地投资一种股票买了103股,或者是一种股票买了17股;现在呢,你会一天到晚都可以看到他们。零碎股就是大家乍一听就知道的,它是一种不足1股的股票而不是一个整数股票。我们最常见的是100股(一手),这是股票交易市场的一个期权,也就是说,一个期权是100股。但是,这种交易零碎股的能力需要考虑用到一种更加高效的资金管理方法。

以上就是应用固定比例交易法去进行股票交易时候的两点不同。但是在继续往下讲之前,我想重点强调下这种资金管理方法不适合买入并持有的交易策略。买入并持有是一种投资方法。你可能就把交易账户当成是一种投资行为,然而,交易本身是基于一种正常的积极的买卖关系基础之上。沃尔玛股票在20世纪70年代回购股份并且一直持有直到今天,这就确确实实是一种投资了。资金管理方法要求交易的规模随着股份的增减而增减。而买入并持有的交易策略通常不会用保证金交易,并且增加现有头寸确实会被归为金字塔交易的类型。所以,如果你现在只是在进行买入并持有股票的交易,这一部分就应该不太适用于你。

保证金的影响

资金管理方法一个让人难以置信的影响体现在它实现资金呈几何增长的能力上。很大程度上来说,在大宗商品和期货交易商场上一个较低的保证金就需要一个很大的呈几何增长的收益。因为在这些交易市场交易所需的保证金太低,它几乎是从来都起不到什么作用的。比如说,在一个玉米合约市场进行交易的保证金大约是2000美元。考虑到这个市场出现的跌幅,采用一种稳健的固定比例交易方法进行交易就需要用一个1000美元的固定比例。这也就意味着,这里潜在的亏损会同时超出保证金和资金管理增长的需求。很显然,假如在玉米交易市场只需要800美元就可以开户交易的话,因为有2000美元的潜在亏损,那么我们就要拿出2000多美元才可以开户。事实上,在拿出2000美元开户交易时,我们还要考虑加上可能由于失误而造成的损失,还有可能出现亏损的保证金额度。这样一来,至少投资4000美元开户才可能是比较明智的。按照这种思维理念去投资,即使出现了跌幅,账户中依旧还是有足够的资金继续进行投资交易的。进一步说,只有当账户中另外多了1000美元,交易的合约数量才会增加。保证金在这种情况下从来都不会起到什么作用。

目前,一个玉米合约大约价值12,000美元。假设这次玉米交易的保证金是6000美元,按照前一段落中举例那样,最后的账户该是怎样呢?在那种情况下即便是开始时投资了4000美元作为保证金也是不够的。现在要把跌幅额度算进去,再加上可能由于失误而造成的损失金额,还有可能需要再一次加入保证金额度和交易一个合约所需要的资金,这些算在一起大约就有9000美元。根据开始时的账户余额和资金管理方法应用来看,交易的合约数量要从1个增加到 2 个就需要 10,000 美元的资金。这里存在的问题是没有足够的保证金以合理地增加合约数量。我们账上还另外需要 2000 美元以充实保证金。用同样的交易方法进行股票交易,这时候保证金就开始奏效了。这里有一种最简单的方法就是保证账户中有足够的资金以弥补将来价格的上涨可能带来的损失。开户交易时你可以不拿出 9000 美元,你可以能拿出 20,000 美元开户。下面的保证金明细表指出了在玉米交易市场拿出 6000 美元作为保证金交易中,每增加一个合约所需的合适的保证金。下面的固定比例交易法交易明细表指出用 20,000 美元开户交易后,每增加一个合约需要添加多少资金才合适。

保证金交易		固定比例交易	
$6,000	1 个合约	$20,000	1 个合约
$12,000	2 个合约	$21,000	2 个合约
$18,000	3 个合约	$23,000	3 个合约
$24,000	4 个合约	$26,000	4 个合约
$30,000	5 个合约	$30,000	5 个合约
$36,000	6 个合约	$36,000	6 个合约

开始时账户中的资金并不能说明你可以承担多大风险,也不能说明这种资金管理方法的效果是不同的。它只是把账户资金余额和应用资金管理方法的能力相匹配,并没有去处理这些保证金的问题。

在股票交易市场,如果你开始时买了 100 手,并且也只是按照增加了 100 手的需要额度去准备,那么你就要采用相类似的方法去处理了。原因是因为股票价格和保证金是成比例的,这一点虽然在不同的交易市场不是完全相同,但是确实是有相似之处。如果股票的价格是每股 50 美元,那么就需要你每股至少拿出 25 美元才能交易。假设现在你正以每股 50 美元的价格交易这 50 美元的股票,你每一次交易所要承担的潜在跌幅损失是 10 美元。进行股票交易时一次小小的失误造成的资金损失大约是 40 美元。按照一种比较保守稳健的固定比例交易法来看,假设每一次每股股票价格上涨只是涨了 5 美元。这里就会出现一个问题,那就是一旦价格增长一次你的交易一股股票的保证金就会不够了,也就是还差 5 美元。这样看来,合理的开户金额应该是 75 美元,而不是 50 美元。下面的保证金明细表给出了每增加一股所需的保证金;固定比例交易法明细表给出了每增加一股的资金增长标准。

保证金交易		固定比例交易	
$25	1股	$75	1股
$50	2股	$80	2股
$75	3股	$90	3股
$100	4股	$105	4股
$125	5股	$125	5股
$150	6股	$150	6股
$175	7股	$180	7股

从固定比例交易法的角度来说，交易一个合约投资75美元开户可以让你继续交易，不会因为一次的价格上涨而导致保证金不够，它会保证你资金的增长。

计算的数学公式很简单：

所需保证金÷固定比例＝用来增加另一个合约交易所需的固定比例和保证金额度

这里，保证金＝$25，固定比例＝5

$$\$25 \div 5 = 5 \text{ 股}$$

接下来，你就可以应用一下计算公式来决定开始投资时所需的资金额度：

首先是交易5只股票所需的保证金总额：

$$5 \text{ 股} \times \$25 = \$125$$

其次是按照这个固定比例5美元来计算增加到5股所需的资金总额：

［（股票数量×股票数量）－股票数量］÷2×固定比例＝交易所需资金总额

$$[(\$5 \times \$5) - \$5] \div 2 \times 5 = \$50$$

然后，你要从所需的保证金总额度中减去交易的5只股票所需的资金总额，这就得到你开户时候所需的资金额度了：

$$\$125 - \$50 = \$75$$

一个6美元的固定比例计算如下：

$$\$25 \div 6 \approx 4$$

$$4 \text{ 股} \times \$25 = \$100$$

$$[(\$4 \times \$4) - \$4] \div 2 \times 6 = \$36$$

$$\$100 - \$36 = \$54$$

大部分交易商开仓时都不会只投入刚好够交易一只股票所需的资金。如果你开始时交易了100手，那么你可能会相应的增加所需资金。而且，你不需要一开始就按照增加100手所需额度去增加资金，你可以开始时选择先增加10

手或者50手。不管你如何选择,你都必须保证这个数字是一个单位整体。如果你选定用10手作为一个单位这种方法,你就一直要这样按照这个单位增加下去。也只有这样做了,你才可以根据100手交易出现的跌幅(而不是根据增加的这10手出现跌幅),来计算出开始时的账户额度。如果跌幅是每股10美元,那么你总共跌幅额度就是1000美元,这是根据开始时的账户额度来计算的,而不是用一个50美元的固定比例来增加10手股票来计算的。因此,可以用下面的明细表来说明:

保证金交易		固定比例交易	
$2,500	100股	$3,000	100股
$2,750	110股	$3,050	110股
$3,000	120股	$3,150	120股
$3,250	130股	$3,300	130股
$3,500	140股	$3,500	140股
$3,750	150股	$3,750	150股
$4,000	160股	$4,050	160股

正如你上面看到的,当把同样的资金管理的概念用在大宗商品和期货交易市场时,你只需要开始投资时账户中另外多加金500美元就可以解决保证金的问题。你开始的时候想多投资1000美元以防止有这样一个额度的跌幅,但是这并不影响资金管理方法的应用,因为我们的利润在增加。

一揽子股票投资有一种相类似的方式。比如说,如果你正选购了10种股票进行一揽子股票交易,这10种股票平均每种股票是50美元,那么你就要设定一个保证金并且按照同样的过程进行投资交易。设定保证金的一种最保守最稳健的方法就是对这10种股票同时假设一个头寸。我曾经同时对250种股票用了这种方法。然而,通常在一个时间里只有5个开仓头寸(持仓头寸),并且从没有超过8个。结果,我就只需要用一个比较高的平均价格最多计算10种股票。同样的,其实一次用10种股票来计算保证金是不可能的,那么你可以只用其中的5个或者6个来计算这个保证金。然后,我们可以用极端保守稳健的方法来计算,每10股一次来计算保证金:

$$5 \times \$25(平均每股所需保证金) = \$125$$

这样,交易100手股票一共就需要保证金12,500美元。

如果最后的跌幅额度是15美元,你就可以用75美元的固定比例,这样交易的股票的手数就可以从100手增加到101手了。可以用下面的明细表:

保证金交易		固定比例交易	
$12,500	100 股	$18,950	100 股
$13,750	110 股	$19,025	110 股
$15,000	120 股	$19,100	120 股
$16,250	130 股	$19,250	130 股
$17,500	140 股	$19,450	140 股
$18,750	150 股	$19,700	150 股
$20,000	160 股	$20,000	160 股

这种应用的模式是不会改变的，你只需要继续往下加入更高的保证金。一旦这个算好了，那么一切相对来说就差不多了。

如何处理不同的股票价格

在讨论资金管理方法和股票的时候我听到的问题中，有一个问题是这样的：为什么 10 美元一股的股票你要买 100 手，并且 100 美元一股的股票你也要买 100 手呢？为什么不能把它们平均分配呢？我也经常把我在大宗商品交易市场上用的同样的论据告诉他们。玉米不是标准普尔，而糖也不是可可——它们是不同的。不同的东西给我们带来的收益也就因此而多样化。如果你想要把一切都平均分配，那么为什么又要多元化呢？如果你全面考虑了这些的话，那么也就没有理由要求均衡分配股票的价格了。如果你正在进行这些股票的交易，那么进场和出场的点位应该会考虑在这些波动中弥补它们带来的差异。一只 10 美元一股的股票比一只 100 美元一股的股票遭遇一个同样大小的跌幅的机会就小得多。如果一只 10 美元一股的股票只有 2 美元的跌幅额度，一只 100 美元一股的股票有 15 美元的跌幅额度，那么按照时间顺序来看，这两只股票合在一起可能就有一个 16 美元的跌幅，绝不可能有超过 17 美元的跌幅（假设这个 2 美元和 5 美元的跌幅都分别没有被超出）。这种情况下，你就需要同时把两者都考虑进去。

第八章、第九章和第十章都广泛地涉及这个话题。我们要记住，资金管理是一种数字游戏。它不受市场和市场类别的影响，也不受这些交易市场所采用的交易方法和交易策略的影响。在你继续往下读这本书的时候，一定要牢记这一点。在接下来的章节里我会多次反复重申这一观点。最根本的也是最常说的就是把这些原则很全面地应用在市场起到杠杆作用的地方。

第七章
下降的比例

不管资金分配增长了多少百分比,它都会下降同样多的百分比的,这一说法已经成为一种标准的观点。如果说交易的账户每增加 10,000 美元风险就会提高,那么同样的,每减少 10,000 美元风险也会降低同样的比例。假如合约交易中账户资金达到 100,000 美元的时候交易的合约数量从 10 个到 11 个,那么一旦账户资金低于 100,000 美元交易的合约数量就会从 11 个减少到 10 个。

在总结得知用固定分数交易法交易风险太大之后,我开始着眼的第一件事就是寻求降低风险的方法。结果,我就研发了一种简称为"下降比例"的方法。基本上来说,下降的比例是不依赖于增长的比例的。因此,交易中风险会增加的账户资金的额度和风险会下降的账户资金的额度没有必然的关系。这种下降比例的方法有两种基本的功能:保护利润和使利润呈几何增长。也许它有另外一个更好的专业术语叫做"放弃不对称杠杆"。无论如何,在这一章我会全面地把这两个功能解说给大家。你会发现,一般情况下,鱼和熊掌无法同时兼得,这种方法也是如此。决定哪一种风险降低到可以使用,要么基于利润保护的目标,要么是基于提高利润几何增长的效率。

保 护 利 润

在跌幅期间,风险降低的速度比风险增加的速度快,这样就可以保护利润。一个交易商可能有很多种方法可以在他的交易中使风险降低的速度比风险增加的速度快。首先,这种方法可以限制跌幅的大小。如果交易的这种策略或者方法看上去会更容易遭受较大的跌幅的话,那么更快的风险降低速度就会确保跌幅变得更大的时候承受风险的资金会减少。

其次呢,这种方法可以使比较谨慎的交易商在增加再投资比例的时候更加激进大胆一点。交易商应用资金管理方法不太激进的主要原因就是担心潜在跌幅的影响。较快地降低风险而不是降低同样的比例,只有这样做出现的跌幅才会是相当小的。

伴随着较快的风险降低比例会出现很多负面事物。对于你所得到的利益其实是有一些损失的。用较快的风险降低比例最大的缺点就是增加了不对称杠杆的负面影响。随着你降低风险率速度的加快,挽回这些损失的能力也就会相应的降低。如果投资了 10 个合约交易,每一个合约的成败得失的资金额度都是 1000 美元,在一次正常的比例下降以后,交易的合约数量从 10 个减少到了 9 个,这样的话,为弥补最后的损失每一个合约所要求的资金额度就从 1000 美元增加到了 1111 美元——这一次降低风险率速度的加快会导致挽回之前损失的能力相应降低了 11%。如果为了弥补下一次交易的亏损,交易的合约数量从 10 个减少到了 8 个而不是 9 个,那么挽回上一次损失的能力就会降低 25%。为了弥补 10 个合约交易时的 1000 美元的损失,交易 8 个合约时就要获利 1250 美元才可以。很显然,如果下一次交易失败了,又亏损了 1000 美元,进行 8 个合约交易就会比进行 9 个合约交易亏损大约要少 1%。随着跌幅的继续,以更快速率降低时亏损的百分比会比以正常速率增长时亏损的百分比要小得多。

当风险以固定的比例增加时,我们发现了一种新的降低比例的数学公式,如下:

Current level:CL(当前的资金降低额度)
Previous level:PL(之前的资金降低额度)
Variable percentage:X%(变化的百分数)
CL-〔(CL-PL)×X%〕=下一次减少的资金额度

如果当前的资金额度 CL 是 275,000 美元,之前的资金额度 PL 是 225,000 美元:

$275,000-〔($275,000-$225,000)×50%〕
=$275,000-$25,000=$250,000(新的资金降低额度)

最开始的资金降低额度是 225,000 美元,而不是新的这一个资金降低额度 250,000 美元。用固定分数交易法,这也同样有效。如果增长的资金额度是每 10,000 美元一个合约,那么同样可以应用这个公式计算:

如果当前的资金额度 CL 是 100,000 美元,之前的资金额度 PL 是 90,000 美元:

$100,000-〔($100,000-$90,000)×50%〕
=$100,000-$5,000=$95,000(新的资金降低额度)

第七章 下降的比例

下面的例子就图解了在用固定比例交易法交易时,用一个1000美元的固定比例,降低风险率是增长比例的两倍时就会出现8000美元的跌幅(一种非常激进的资金管理关系)。表格7.1中开户金额20,000美元,并且账户资金不断增加。然后从交易11个合约,账户余额80,100美元开始逐步减少,列出了在8000美元跌幅额度期间,增长率和跌幅率一样时,整个账户的变化。

表格7.1 8,000跌幅,100%的减少率

增加的资金额度($)	合约数量(个)	减少的资金额度($)	合约数量(个)	跌幅额度($)
20,000~21,000	1	80,100	11	-11,000
21,001~23,000	2	69,100	10	-10,000
23,001~26,000	3	59,100	9	-9,000
26,001~30,000	4	50,100	8	-8,000
30,001~35,000	5	42,100	7	-7,000
35,001~41,000	6	35,100	6	-6,000
41,001~48,000	7	29,100	4	-4,000
48,001~56,000	8	25,100	3	-3,000
56,001~65,000	9	22,100	2	跌幅结束
65,001~75,000	10			
75,000~86,000	11			

表格7.1中基于单个单位的跌幅是8000美元,最后变成了58,000美元的跌幅,因为所用的资金管理方法的激进的特性。一定要记住,基于单——个单位的交易,要达到80,000美元的资金标准,只需要获利11,000美元。

表格7.2也和表格7.1一样给大家展示了固定比例资金管理法的增长标准。增长和减少明细表格依旧是用了一个1000美元的固定比例,开户金额是20,000美元。然而,表格7.2中设定的下跌中的比例是风险增加时比例的两倍。

表格7.2 8,000跌幅,50%的减少率

增加的资金额度($)	合约数量(个)	减少的资金额度($)	合约数量(个)	跌幅($)
20,000~21,000	1	80,100	11	-11,000
21,001~23,000	2	69,100	9	-9,000
23,001~26,000	3	60,100	7	-7,000
26,001~30,000	4	53,100	6	-6,000

续表

增加的资金额度($)	合约数量(个)	减少的资金额度($)	合约数量(个)	跌幅($)
30,001~35,000	5	47,100	4	-4,000
35,001~41,000	6	43,100	3	-3,000
41,001~48,000	7	40,100	2	-2,000
48,001~56,000	8	38,100	2	-2,000
56,001~65,000	9	36,100	1	跌幅结束
65,001~75,000	10			
75,000~86,000	11			

不像第一种情形,几乎挽回了所有的损失,第二种情形,减少的比例虽然依旧奏效但也只是保护好了原来获得的 16,100 美元的利润。进一步说,在账户恢复到盈亏平衡之前,减少较快的比例在单——个合约交易时会有额外的16,100美元的跌幅额度。因此,这种交易方法总共的跌幅额度会高达 24,100 美元,但是依旧不会亏损。这是后续力量(后劲)。

然而,真正的考验是在没有应用资金管理方法的情况下实现同样的情形。要记住,在单——个单位交易中要达到 80,000 美元的资金标准,只需要获利 11,000 美元。没有应用资金管理方法,账户中就只有 31,000 美元。在经过一次 8000 美元的跌幅额度之后,没有应用资金管理方法,账户余额就只剩下 23,000美元。这就意味着,应用比较激进的固定比例交易法降低的增长率仍然会创造 57% 的利润。在这次跌幅以后,单——个合约只能创造 3000 美元的利润,而把固定比例交易法和减少的比例法结合起来就会把之前获取的极少的 3000 美元利润转变为 16,000 多美元。

这就是用这种较快的风险降低比例的一个主要的好处。然而,为了更好地理解这种方法,我们必须要知道如果在一个 8000 美元的跌幅额度之后还有一个比较好的走势可以获利 12,000 美元的话,接下来还会怎么样呢。有着同样的增加和减少比例,回想一下账户中的资金额度从 20,000 美元到 80,100 美元然后又跌落到 22,100 美元。跌幅限制结束了,后势走好,按照每一次获利 1000 美元来算的话,账户还可以获利 12,000 美元。(见表格 7.3)

表格 7.2 中,左边一列是账户总额从 20,000 美元到 80,100 美元,然后在用了同样的减少比例以后返回到 22,100 美元。右边一列是账户总额从 20,000 美元到 80,100 美元,然后在用了较快的减少比例以后返回到 36,100 美元。在表格 7.3 中,我们随着减少的资金额度重新按照同样的增幅增加合约数量。我们要注意,同样的减少比例最后获取的利润比较快的较少比例要多,因为受到了不对称杠杆的影响。所列举的例子结果的不同就是同样的增加和减少的比例最后的账户额度是 112,100 美元,而较快的减少比例最后的账户额度只是 104,100美元。这就是说,用较快的减少比例最后要损失 8000 美元的利润,或者说要少获取多于 7% 的利润。然而,在跌幅将要结束的时候,用较快的减少比例法获得了 14,000 美元的净利润,或者说是比用同样减少比例法多获取了接近 700% 的利润!强调保护利润,不是一个坏的权衡方法。

表格7.3　在100%和50%的跌幅之后再增长

账户总额($)	增额(个)	减少的额度($)	账户额度($)	增额(个)	减少的额度($)
22,100	2	2,000	36,100	1	1,000
24,100	3	3,000	37,100	2	2,000
27,100	4	4,000	39,100	2	2,000
31,100	5	5,000	41,100	3	3,000
36,100	6	6,000	44,100	3	3,000
42,100	7	7,000	47,100	4	4,000
49,100	8	8,000	51,100	5	5,000
57,100	9	9,000	56,100	7	7,000
66,100	10	10,000	63,100	8	8,000
76,100	11	11,000	71,100	10	10,000
87,100	12	12,000	81,100	11	11,000
99,100	13	13,000	92,100	12	12,000
112,100			104,100		

表格 7.4 就是所谓的再增长迂回扭转方法。这个表格告诉我们一种比较有效的在经历了一次大好行情以后再一次增加风险投入的方法。最开始,风险的再增加标准要和它减少的标准保持一样。然而,在某些时候,应用了较快的减少比例方法以后,最初的再增加速度就会很快赶上并超过这个再增加标准。这样,最初的再增加标准就必须从一个 22,100 美元的账户余额开始投资,直到最后以 112,100 美元的账户资金额度结束。较快的减少比例方法是以 36,100 美元的账户额度开始的,这比最初的再增加标准的账户额度要多,但是到最后投资结束后却只有 104,100 美元的账户额度,比利用再增加标准的方法要少。这种方法的基本点就是要从较快的减少比例的增长标准开始到最初的再增长标准很快赶上并超过这个标准的时候,马上迂回扭转。

表格7.4 再增加迂回扭转方法

账户总额($)	增额(个)	减少的额度($)	账户总额($)	增额(个)	减少的额度($)
22,100	2	2,000	36,100	1	1,000
24,100	3	3,000	37,100	2	2,000
27,100	4	4,000	39,100	2	2,000
31,100	5	5,000	41,100	3	3,000
36,100	6	6,000	44,100	3	3,000
42,100	7	7,000	47,100	4	4,000
49,100	8	8,000	51,100	5	5,000
57,100	9	9,000(接近)	56,100	9	9,000(扭转)
66,100	10	10,000	65,100	10	10,000
76,100	11	11,000	75,100	11	11,000
87,100	12	12,000	86,100	12	12,000
99,100	13	13,000	98,100	13	13,000
112,100			111,100		

要注意,这种迂回扭转的方法为较快的减少比例法,由于不对称杠杆的影响而出现的8000美元的损失挽回了7000美元。在激进的资金管理方法中,用这种较快的减少比例法比用最初的减少比例法有一个绩效水平高的优势。然而,如果用这种迂回扭转的方法,其中有很多风险需要交易商们认真去考虑。损失的这部分利润又被挽回的原因是因为交易的合约数量一下子从5个直接就增加到了9个。如果交易中行情的走势依旧看好的话,这样做是非常好的;但是如果接下来行情扭转,走势不好会出现交易失败时,那么这一下子就要损失9个合约交易的资金,而不仅仅是只有7个。这样一来,你又一下子就要返回到只有4个合约的交易,这就更加增加了不对称杠杆的影响力度。当再增加的比例出现扭转时应用这种交易方法一定要更加小心谨慎。

另一方面,我们也知道实际交易中出现的跌幅额度并不一定经常会像我们上面所列举的跌幅那样大。如果这个跌幅在资金额度到了4000美元的时候就停止了,用最初的减少比例交易的合约数量是8个,而用较快的减少比例交易的合约数量只是6个,那么这时你就不能够用上面讲到的那种迂回扭转的方法,因为你根本不知道这个跌幅是否还将继续下去。如果在这时你要用这种方法,那么你真的就不会减少得更快了。因此,只有在大好行情开始之前我们账户资金余额出现了一个较大差距的时候,我们才可以考虑选用这种迂回扭转的方法进行交易。

利润呈几何增长（放弃不对称杠杆）

　　这里讲的是应用较快的减少比例这种方法的另一个方面。这种方法如果用得恰当的话，可以明显地提高利润。为了更好地说明不对称杠杆带来的负面影响（因此有了想放弃这种方法的想法），我们将回到第二章节所举的投掷硬币的例子上来。

　　投掷硬币中，拿出25%的固定数值进行交易，再投资到硬币的每一次翻转投掷上。通过这种方法，我们最后投掷获利达到36,100美元，而相比较之下，用10%或者40%作为最优分数获利，最后获利都仅为4700美元。我们再回想一下前面提到的贝尔曲线。不管这个最优分数左边的任何一个分数（小于最优分数的任何一个分数）或者是右边的任何一个分数（大于最优分数的任何一个分数），最终所获取的利润都没有这个最优分数本身获利高。这个贝尔曲线是因为不对称杠杆的存在而存在的。把不对称杠杆放在一边不去考虑，那么最终你就会有一个完全不同的情形。

　　不对称杠杆只是削弱一部分的挽回损失的能力。如果正在交易的合约数量是两个，因为一次亏损导致现在交易的合约数量又返回到只能是一个合约，那么要去挽回之前的这个损失的能力就降低了50%。如果每一个合约损失了1000美元，那么两个合约就一共损失了2000美元。如果下一次交易中你每个合约又获利了1000美元（但是这次交易你也只交易了一个合约），那么你还需要再一次获利1000美元才可以挽回最初交易两个合约时损失的1000美元。要去克服这个问题的一种方法就只能是你不要去减少交易的合约数量。

　　我们还是回到前面的投掷硬币的那个例子上来。在投掷硬币中，拿出账户资金的10%作为固定数值进行交易，这就是说你用这个账户资金乘以10%，把得出来的这个资金额度放在下一次的交易中作为赌金承担一定的风险。如果开始时的账户额度是100美元的话，那么乘以10%得到的10美元就是下一次交易时候的赌金，也就是这10美元在下一次交易中有风险。如果下一次交易你赚钱了，那么你每1美元的风险就要赚取2美元。如果你下一次的交易亏损了，那么你每1美元就只是亏损了1美元。获利的就把获利的金额加上原来的本金，亏损的就用原来的本金减去亏损的金额，最后得出的资金额度再一次乘以10%再放入下一次交易中这样循环交易。如果下一次的交易你获利了，那么你这时候的本金就从100美元增加到120美元。这样你在下一次交易时就可以拿出120美元的10%作为风险金额。如果在下一次交易你亏损了,那么你就会亏损12美元,你的本金就只剩下108美元。依此类推,再下一次的交易你再拿出108的10%,也就是10.8美元作为承担风险的赌金。

暂时不考虑不对称杠杆,如果这次交易中120美元的本金拿出了10%(也就是12美元)作为风险赌金,交易失败后只剩下108美元,这样的话,下一次交易你还需要拿出最初的12美元作为风险赌金。不管最后的账户余额是多少,每一次交易所承担的风险资金都是12美元。我们可以把之前提到的10%,25%,还是40%的固定分数尝试应用这种方法进行投掷硬币计算下最后的结果。

在投资计算中不考虑不对称杠杆,每一次交易用10%的风险承担赌金进行再投资,最后的利润从4700美元增加到11,526美元(见表格7.5)。每一次交易承担25%的风险赌金,最后的利润从36,100美元增加到6,305,843美元(见表格7.6)。我们要注意的是,这个运作过程没有用到不对称杠杆和贝尔曲线。承担40%的风险赌金,获得的利润是1,562,059,253美元,这不比承担25%作为风险赌金所获得的利润要低(见表格7.7)。这是在不受不对称杠杆影响的情况下,应用资金管理方法进行交易的潜在力量。只不过这里有一个条件,要求每一次获利之后接下来就要出现一次亏损的交易,然后再出现一次获利,这样亏损和获利交替出现。应用这种方法,拿出本金金额的25%作为风险赌金只要允许连续出现四次亏损,整个交易就会出现爆仓。而用40%(最开始的资金的40%)的资金额度作为风险赌金,连续出现两次亏损以后要想继续再用40%作为风险赌金进行交易就不可能了,因为这时候你的账户就只剩下20美元了。举这个例子的目的只是用来解释说明一下。

表格7.5 用10%的风险承担赌金进行再投资得到最后的利润——不减少合约数量

开始资金($)	赢的资金($)	分数增长(%)	结果($)
100	2.00	10	20
120	−1.00	10	−12
108	2.00	10	22
132	−1.00	10	−13
119	2.00	10	24
145	−1.00	10	−15
131	2.00	10	26
160	−1.00	10	−16
144	2.00	10	29

第七章 下降的比例

续表

开始资金($)	赢的资金($)	分数增长(%)	结果($)
176	-1.00	10	-18
158	2.00	10	32
193	-1.00	10	-19
174	2.00	10	35
213	-1.00	10	-21
191	2.00	10	38
234	-1.00	10	-23
210	2.00	10	42
257	-1.00	10	-26
232	2.00	10	46
283	-1.00	10	-28
255	2.00	10	51
311	-1.00	10	-31
280	2.00	10	56
342	-1.00	10	-34
308	2.00	10	62
377	-1.00	10	-38
339	2.00	10	68
414	-1.00	10	-41
373	2.00	10	75
456	-1.00	10	-46
410	2.00	10	82
501	-1.00	10	-50
451	2.00	10	90
551	-1.00	10	-55
496	2.00	10	99
607	-1.00	10	-61
546	2.00	10	109
667	-1.00	10	-67
600	2.00	10	120
743	-1.00	10	-73
661	2.00	10	132

续表

开始资金($)	赢的资金($)	分数增长(%)	结果($)
807	-1.00	10	-81
727	2.00	10	145
888	-1.00	10	-89
799	2.00	10	160
977	-1.00	10	-98
879	2.00	10	176
1,075	-1.00	10	-107
967	2.00	10	193
1,182	-1.00	10	-118
1,064	2.00	10	213
1,300	-1.00	10	-130
1,170	2.00	10	234
1,430	-1.00	10	-143
1,287	2.00	10	257
1,573	-1.00	10	-157
1,416	2.00	10	283
1,731	-1.00	10	-173
1,557	2.00	10	311
1,904	-1.00	10	-190
1,713	2.00	10	343
2,094	-1.00	10	-209
1,885	2.00	10	377
2,303	-1.00	10	-230
2,073	2.00	10	415
2,534	-1.00	10	-253
2,280	2.00	10	456
2,787	-1.00	10	-279
2,508	2.00	10	502
3,066	-1.00	10	-307
2,759	2.00	10	552
3,372	-1.00	10	-337
3,034	2.00	10	607

第七章 下降的比例

续表

开始资金($)	赢的资金($)	分数增长(%)	结果($)
3,710	-1.00	10	-371
3,339	2.00	10	668
4,080	-1.00	10	-408
3,672	2.00	10	734
4,489	-1.00	10	-449
4,040	2.00	10	808
4,937	-1.00	10	-494
4,444	2.00	10	889
5,431	-1.00	10	-543
4,888	2.00	10	978
5,974	-1.00	10	-597
5,337	2.00	10	1,076
6,572	-1.00	10	-657
5,914	2.00	10	1,183
7,229	-1.00	10	-723
6,506	2.00	10	1,301
7,952	-1.00	10	-795
7,157	2.00	10	1,431
8,747	-1.00	10	-875
7,872	2.00	10	1,574
9,622	-1.00	10	-962
8,659	2.00	10	1,732
10,584	-1.00	10	-1,058
9,525	2.00	10	1,905
11,642	-1.00	10	-1,164
10,478	2.00	10	2,096
12,806	-1.00	10	-1,281
11,526			

103

表格7.6 用25%的风险承担赌金进行再投资得到最后的利润——不减少合约数量

开始资金($)	赢的资金($)	分数增长(%)	结果($)
100	2.00	25	50
150	-1.00	25	-38
113	2.00	25	56
188	-1.00	25	-47
141	2.00	25	70
234	-1.00	25	-59
176	2.00	25	88
293	-1.00	25	-73
220	2.00	25	110
366	-1.00	25	-92
275	2.00	25	137
458	-1.00	25	-114
343	2.00	25	172
572	-1.00	25	-143
429	2.00	25	215
715	-1.00	25	-179
536	2.00	25	268
894	-1.00	25	-224
671	2.00	25	335
1,118	-1.00	25	-279
838	2.00	25	419
1,397	-1.00	25	-349
1,048	2.00	25	524
1,746	-1.00	25	-437
1,310	2.00	25	655
2,183	-1.00	25	-546
1,637	2.00	25	819
2,728	-1.00	25	-682
2,046	2.00	25	1,023
3,411	-1.00	25	-853
2,558	2.00	25	1,279
4,263	-1.00	25	-1,066

第七章 下降的比例

续表

开始资金($)	赢的资金($)	分数增长(%)	结果($)
3,197	2.00	25	1,599
5,329	-1.00	25	-1,332
3,997	2.00	25	1,998
6,661	-1.00	25	-1,665
4,996	2.00	25	2,498
8,327	-1.00	25	-2,082
6,245	2.00	25	3,123
10,408	-1.00	25	-2,602
7,806	2.00	25	3,903
13,010	-1.00	25	-3,253
9,578	2.00	25	4,879
16,263	-1.00	25	-4,066
12,197	2.00	25	6,099
20,392	-1.00	25	-5,082
15,247	2.00	25	7,623
25,411	-1.00	25	-6,353
19,058	2.00	25	9,529
31,764	-1.00	25	-7,941
23,823	2.00	25	11,911
39,705	-1.00	25	-9,926
29,779	2.00	25	14,889
49,631	-1.00	25	-12,408
37,223	2.00	25	18,612
62,039	-1.00	25	-15,510
46,529	2.00	25	23,264
77,548	-1.00	25	-19,387
58,161	2.00	25	29,081
96,935	-1.00	25	-24,234
72,701	2.00	25	36,351
121,169	-1.00	25	-30,292
90,877	2.00	25	45,438
151,461	-1.00	25	-37,865

续表

开始资金($)	赢的资金($)	分数增长(%)	结果($)
113,596	2.00	25	56,798
189,327	-1.00	25	-47,332
141,995	2.00	25	70,997
236,658	-1.00	25	-59,165
117,494	2.00	25	88,747
295,823	-1.00	25	-73,956
221,867	2.00	25	110,934
369,779	-1.00	25	-92,445
277,334	2.00	25	138,667
462,223	-1.00	25	-115,556
346,667	2.00	25	173,334
577,779	-1.00	25	-144,445
433,334	2.00	25	216,667
722,224	-1.00	25	-180,556
541,668	2.00	25	270,834
902,780	-1.00	25	-225,695
677,085	2.00	25	338,542
1,128,475	-1.00	25	-282,119
846,356	2.00	25	423,178
1,410,593	-1.00	25	-352,648
1,057,945	2.00	25	528,972
1,763,242	-1.00	25	-440,810
1,322,431	2.00	25	661,216
2,204,052	-1.00	25	-551,013
1,653,039	2.00	25	826,519
2,755,065	-1.00	25	-668,766
2,066,299	2.00	25	1,033,149
3,443,831	-1.00	25	-860,958
2,582,873	2.00	25	1,291,437
4,304,789	-1.00	25	-1,076,197
3,228,592	2.00	25	1,614,296
5,380,986	-1.00	25	-1,345,247

第七章　下降的比例

续表

开始资金($)	赢的资金($)	分数增长(%)	结果($)
4,034,740	2.00	25	2,017,870
6,726,233	−1.00	25	−1,681,558
5,044,674	2.00	25	2,522,337
8,407,791	−1.00	25	−2,101,948
6,305,843			

表格 7.7　用 40% 的风险承担赌金进行再投资得到最后的利润——不减少合约数量

开始资金($)	赢的资金($)	分数增长(%)	结果($)
100	2.00	40	80
180	−1.00	40	−72
108	2.00	40	86
252	−1.00	40	−101
151	2.00	40	121
353	−1.00	40	−141
212	2.00	40	169
494	−1.00	40	−198
296	2.00	40	237
691	−1.00	40	−277
415	2.00	40	332
968	−1.00	40	−387
581	2.00	40	465
1,355	−1.00	40	−542
813	2.00	40	651
1,897	−1.00	40	−759
1,138	2.00	40	911
2,656	−1.00	40	−1,063
1,594	2.00	40	1,275
3,719	−1.00	40	−1,488
2,231	2.00	40	1,785
5,207	−1.00	40	−2,083
3,124	2.00	40	2,499
7,289	−1.00	40	−2,916

续表

开始资金($)	赢的资金($)	分数增长(%)	结果($)
4,374	2.00	40	3,499
10,205	-1.00	40	-4,082
6,123	2.00	40	4,898
14,287	-1.00	40	-5,715
8,572	2.00	40	6,858
20,002	-1.00	40	-8,001
12,001	2.00	40	9,601
28,002	-1.00	40	-11,201
16,801	2.00	40	13,441
39,203	-1.00	40	-15,681
23,552	2.00	40	18,818
54,884	-1.00	40	-21,954
32,931	2.00	40	26,345
76,838	-1.00	40	-30,735
46,103	2.00	40	36,882
107,573	-1.00	40	-43,029
64,544	2.00	40	51,635
150,630	-1.00	40	-60,241
90,362	2.00	40	72,289
210,844	-1.00	40	-84,338
126,506	2.00	40	101,205
295,182	-1.00	40	-118,073
177,109	2.00	40	114,687
413,254	-1.00	40	-165,302
247,935	2.00	40	198,362
578,556	-1.00	40	-231,442
347,134	2.00	40	277,707
809,978	-1.00	40	-323,991
485,978	2.00	40	388,790
1,133,970	-1.00	40	-453,588
680,382	2.00	40	544,305
1,587,558	-1.00	40	-635,023

第七章 下降的比例

续表

开始资金($)	赢的资金($)	分数增长(%)	结果($)
952,535	2.00	40	762,028
2,222,581	-1.00	40	-889,032
1,333,548	2.00	40	1,066,839
3,111,613	-1.00	40	-1,244,645
1,866,968	2.00	40	1,493,574
4,356,258	-1.00	40	-1,742,503
2,613,755	2.00	40	2,091,004
6,098,761	-1.00	40	-2,439,504
3,659,257	2.00	40	2,927,405
8,538,265	-1.00	40	-3,415,306
5,122,959	2.00	40	4,098,367
11,953,571	-1.00	40	-4,781,429
7,172,143	2.00	40	5,731,714
16,735,000	-1.00	40	-6,694,000
10,041,000	2.00	40	8,032,800
23,429,000	-1.00	40	-9,371,600
14,057,400	2.00	40	11,245,920
32,800,600	-1.00	40	-13,120,240
19,680,360	2.00	40	15,744,288
45,920,840	-1.00	40	-18,368,336
27,552,504	2.00	40	22,042,003
64,289,176	-1.00	40	-25,715,670
38,573,506	2.00	40	30,858,805
90,004,847	-1.00	40	-36,001,939
54,002,908	2.00	40	43,202,326
126,006,785	-1.00	40	-50,402,714
75,604,071	2.00	40	60,483,257
176,409,500	-1.00	40	-70,563,800
105,845,700	2.00	40	84,676,560
246,973,299	-1.00	40	-98,789,320
148,183,980	2.00	40	118,547,184
345,762,619	-1.00	40	-138,305,048

续表

开始资金($)	赢的资金($)	分数增长(%)	结果($)
207,457,571	2.00	40	165,966,057
484,067,667	-1.00	40	-193,627,067
290,440,600	2.00	40	232,352,480
677,694,733	-1.00	40	-271,077,893
406,616,840	2.00	40	325,293,472
948,772,627	-1.00	40	-379,509,051
569,263,576	2.00	40	455,410,861
1,328,281,678	-1.00	40	-531,312,671
796,969,007	2.00	40	637,575,205
1,859,594,349	-1.00	40	-743,837,739
1,115,756,609	2.00	40	892,605,287
2,603,432,088	-1.00	40	-1,041,372,835
1,562,059,253			

在真正现实的投资(交易)生涯中,有很多种方法去实现。至少这种方法是其中的一种形式,但不是固定分数交易法。在选用有不对称杠杆的固定分数交易法进行交易跌幅比较大的地方,如果没有不对称杠杆,出现的跌幅就会很明显的异常变大。用资金的10%作为风险赌金,如果连续出现十次交易失败亏损,那么账户余额就已经耗尽为零。假如是保证金交易,那么这个账户老早就已经没有用处了。

然而,把这种概念应用到固定比率交易法之中,你就有了一个全新的课题。回想一下,下面的这种关系存在于跌幅,交易合约数量和交易中选用的固定比例之间。

$$预期跌幅 = \$10,000$$
$$固定比例 = \$5,000$$
$$交易的合约数量 = 10 个$$

可能会被减少到最少的合约数量是 2 个($10,000 ÷ $5,000 = 2)

$$10 - 2 = 8 个$$

从整体上来看,如果250,000美元的账户正在交易10个合约,连续亏损了10次,那么账户资金额度就减少到159,000美元。在跌幅期间没有减少,最后账户余额就会减少到150,000美元,而不是159,000美元。因此,风险额度只增加了9000美元。这样的话,总的跌幅率将是40%而不是36.4%。不考虑应用不对称杠杆,如果同样是连续获利10,000美元,账户余额就会返回到原来的250,000美元,但是考虑应用不对称杠杆交易,最后的账户余额就只是248,000美元。因此,应用保守稳健的固定比例交易法,用不对称杠杆交易挽回利润的能力相比较之下要小得多。

折中减少

到目前为止,我们已经讨论了在跌幅期间较快地减少风险的方法,也讨论了减少的比例和最初增加的比例相同的方法,还讨论了根本不减少合约数量。在这最后一个部分,我们讨论下折中减少风险,既不是和最初增加的比例一样,也不是不减少合约数量。像之前提到的那样,应用保守稳健的固定比例交易法,不减少合约数量总体的附加风险的影响要小得多。原因在于这个固定比例和最大可能跌幅之间的关系。如果固定比例的额度是最大跌幅额度的一半,那么当出现最大跌幅时,交易的合约数量减少不会超过两个。然而,假如交易中出现的跌幅已经超过了最大的跌幅额度,那么交易的合约数量也是根据跌幅超出的额度比例来减少的。

知道了这些,交易商们就可以在适当的时候好好利用这种方法进行交易。比如说,一个交易商可能想要一直保持他交易中过多的合约数量进行交易,知道在他交易中出现的跌幅额度已经超出了他预期的最大跌幅额度,他才开始考虑减少合约数量。通过用这种交易方法,这个交易商知道一直等到最后的那一分钟才减少合约数量。这也就使得交易商避免了在出现比预期出现的跌幅额度要小的所有的其他跌幅的时候去减少交易的合约数量。如果出现的跌幅超出了预期跌幅的额度,这个交易商就会从那时开始保护他所获得的利润直到这个跌幅结束。

我经常用到的另外一种交易方法就是用增加合约数量时一般的速度去减少合约数量。比如说,如果我增加合约数量的标准是10个、20个、30个、40个和50个,一旦这个合约数量超过50个我就不再增加了。一直等到交易的合约数量返回到45个,我才又开始增加。而减少的比例就是50个、40个、30个、20个和10个。如果我用一个固定比例额度正好等于最大预期跌幅额度的一半,那么我就再也不会减少一个合约,只要没有超过这个跌幅额度。

减少比例的另一种形式伴随着一种潜移默化的不对称杠杆影响。有这样一种交易,按照一种完美正确的情况交易,不对称杠杆确实可以把一个利润为50,000美元的交易变得最后不亏不赢。尽管这些情况在现实的投资交易中可能永远不会出现,那我还是给大家举例说明一下。

　　假设你投资20,000美元开户,需要账户额度增加到25,000美元就可以增加到两个合约的交易。当账户额度是23,000美元的时候,你又获取了2000美元的利润,这时候账户余额就达到了25,000美元。现在你就可以在下一次交易的时候有两个合约了。如果下一次交易你每一个合约亏损了1000美元,因为你此时进行的是两个合约的交易,那么这一次交易你就总共损失了2000美元。现在你的账户余额又只剩下23,000美元了,这也就意味着你又返回到进行一个合约的交易了。在这一次一个合约的交易中你又一次获利2000美元,你的账户余额又是25,000美元,那么你又可以进行两个合约的交易了。如果下一次两个合约的交易你每一个合约又亏损了1000美元,那么两个合约一起你总共又损失了2000美元。

　　你看到这个循环反复是怎么形成的吗？前面一种交易单——个合约的情况确实是需要20,000美元。但是,因为不对称杠杆,账户余额这下持平了。理论上讲,这种交易可以永远继续循环下去。然而,应用一种比增加合约数量要慢减少比例,你就会避免这种情况的出现。在第一次交易亏损以后,你交易的合约数量依旧是两个而并没有减少。下一次交易时两个合约一共获利2000美元,这样的话账户余额就增加到27,000美元。现在如果交易失败出现亏损,账户余额也只会减少到25,000美元,而不是23,000美元。进一步来看,在一次失利的交易以后你每一个合约获利2000美元,这样账户两个合约就获利了4000美元,此时的余额就增加到了29,000美元。应用这种减少比例我们依旧在慢慢地取得进步。在接下来的交易中,交易的合约数量就会慢慢增多到3个,除非有一连串的失败交易,否则是不会出现合约数量的减少的。

　　减少的比例可以由交易商自主选择其他的形式来替换。这个比例不一定非得和增长的比例有一定的比例关系。对于已经连续几次交易失败的交易商而言,或者对于任何一种规定了在什么时候合约数量将会减少的交易方法而言,这个比例会和它们有一定的关系。虽然我们强调要严格按照数学计算得出的比例关系进行投资(交易)才是最好的,不能盲从交易操作过程中自己悟出来的关系,但是我们在真正交易应用过程中还是没有任何限制。

第八章
投 资 组 合

投资组合是任何一种风险投资最重要的方面之一。这种古老的观念已经应用到从互惠基金投资到房地产投资等这些投资中的每一个方面。这个观念就像金钱一样古老。一种投资组合只是表明没有孤注一掷。如果你有 100,000 美元要拿去投资,你就不要拿这部分钱全部买了 IBM 的股票,或者是全部投资在另外的像互惠基金上面。你把这些钱分成几份,每一部分钱在不同的投资市场去投资,或者是不同种类的投资部分。这样做的原因用《圣经》中的一句话可以得到最好的解释:

两个人总比一个人好,因为两个人劳动同时获得美好的结果。如果其中一个人跌倒了,另外一个人还可以扶起他的同伴;但是若一个人孤身跌倒,没有别人扶起他,那么这个人就有祸了。

《圣经·旧约》

多元化经营是处理好潜在失败的一种方法。你把风险分成几份,这样的话,如果其中的一项投资失败了,那么还有其他的几项投资很可能可以挽回这个亏损或者说至少可以尽量地减轻冲击。

在如今这个投机贸易的舞台上,不管是投资期权、期货、大宗商品,还是股票投资,这些投资的道理暂且不谈是否胜出彼此,至少道理也都是大致一样的。现在有一些经纪人公司,他们给刚入行的交易商以一种理由兜售一种投资产品,又以另外一种理由兜售另一种投资产品,如此等等。民用燃料油期货是初期经纪人最常想投资市场推销的最受欢迎的投资产品之一。他们的理由就是,冬天要来了,民用燃料油的需求就会随之增加。随着市场需求的增加,价格也就随之上涨了。因为这个理由符合逻辑,也很合理,所以经纪人推销后人们或许会买这个产品,继而呢,他们就开始进入民用燃料油投资市场进行买卖交易活动了。大多数的经纪人都是以期货的形式来向人们推销他们的产品的。用这种方法,如果由于某一种原因或者另外其他一种原因,整个投资市场就会与交易商们的投资预测方向背道而驰,这样交易商们的损失就会被限制在他们刚开始购买这个期货的价格水平内。因为开始时经纪人给出的理由是符合逻辑的,风险也会被限制,所以很多投资商就会开始开户,有的是10,000美元,有的是50,000美元,甚至是100,000多美元,他们尽可能多地买这个期货。他们就是在赌博。当他们可以支付得起的时候,他们不是在进行证券交易,他们只不过是在进行一场赌博。因为市场行情走势和他们预期走势背道而驰,他们有的甚至输掉了他们所有的资金(或者是因为他们在投资时没有应用任何资金管理方法进行交易)。

在这一章,我们在两种不同的情形下分析了投资组合的优点:没有应用资金管理方法的投资和应用固定比例资金管理方法的投资。这两个例子都会用到杠杆。在没有应用任何资金管理方法的情况下进行单一一种市场投资,与之相比较而言,进行证券组合投资的好处就是它确实可以提高把资金管理方法应用到证券组合投资中的效果。正如第九章要讨论到的,保持投资比重与股价指数相对应这种投资策略很受交易商欢迎。然而,这一章中的很大部分不一定会成为交易商们交易中的惯常用法。

没有应用资金管理方法的投资组合

撇开再投资暂时不讲,投资组合是有很多好处的,原因也有很多。像之前已经提到的,首先也是最明显的一个好处就是风险的减少。创建一个投资组合最主要的目的就是假如你的一项投资或者几项投资失利亏损,它依旧能够保证你一直可以继续进行投资而不至于因资金亏损而被淘汰出局。不要把所有的风险资金都放在一个投资市场,这就自然拓展了任何一个交易商继续交易的能力。创建一个投资组合的另外一个目的和采用不同的方法投资不同市场的一个好处就是这样做很可能会提高风险或者回报的几率。

我们现在举例来证明一下这一说法,还是拿第二章用到的投掷硬币的例子来说明吧。但是我们这里对于其中的一个硬币的规定会有些许的不同。第一个硬币在一个25美分的交易市场(the quarter market)进行。对于这个交易市场,每一次硬币着落是正面朝上,投掷者就可以赢得2美元;背面朝上,投掷者就会输掉1美元。下一个硬币是在一个50美分的交易市场(the half - dollar

第八章 投资组合

market)进行。每一次硬币着落是背面朝上,投掷者可以赢得 1.5 美元;正面朝上,投掷者就会输掉 1 美元。每一个硬币有 100 次投掷机会。第一个 100 次投掷机会是在一个 25 美分的交易市场进行;第二个 100 次投掷机会是在一个 50 美分的交易市场进行。

接下来,每一个硬币有单独的一次机会去投掷 100 次,除非他们轮流投掷以 1:1 的顺序交替出现。强烈声明,我列举投掷硬币的例子确实是为了印证实际生活中的投资行为。然后,我们用同样的方法把这个例子用在不同的投资市场,这就会体现出投掷硬币的行为和实际投资交易市场之间极大的相似之处。

第一次的投掷是在 25 美分的交易市场(the quarter market)。这一次的 100 次投掷有 52 次背面朝上(交易失败)和 48 次的正面朝上(交易成功)。这样的话,这 100 次投掷后的净利润是 44 美元,有一个 12 美元的跌幅额度。第二次的投掷是在 50 美分的交易市场(the half-dollar market)。这一次的 100 次投掷中有 47 次背面朝上(每一次投掷获利了 50 美分的成功交易)和 52 次正面朝上(交易失败)。这样算来,这 100 次的投掷之后净利润总共是 18.50 美元,有一个 8.50 美元的跌幅。把这两次的投掷加在一起,总共的利润就是 62.50 美元;跌幅额度加在一起,最坏的可能就是两个跌幅同时出现,这个跌幅额度是 20.50 美元。

表格 8.1 是从第一套资金管理方案中抽出来的。所有的 25 美分的交易(the quarter market)是在单数日子进行的,所有的 50 美分的交易(the half-dollar market)是在双数日子进行的,这样做是为了交替地刺激交易市场。由于把这两种交易市场放在了一起,总共的跌幅只有 15.00 美元,而不是 20.50 美元。

表格 8.1　随机投掷硬币

日期(月/日/年)	交易市场	盈利/亏损($)	账户余额($)
1/1/1998	50 美分 -1	-1.00	-1.00
1/2/1998	25 美分 -1	-1.00	-2.00
1/3/1998	50 美分 -1	1.50	-0.50
1/4/1998	25 美分 -1	2.00	1.50
1/5/1998	50 美分 -1	-1.00	0.50
1/6/1998	25 美分 -1	-1.00	-0.50
1/7/1998	50 美分 -1	-1.00	-1.50
1/8/1998	25 美分 -1	2.00	0.50
1/9/1998	50 美分 -1	-1.00	-0.50

续表

日期(月/日/年)	交易市场	盈利/亏损($)	账户余额($)
1/10/1998	50美分-1	-1.00	-1.50
1/11/1998	25美分-1	-1.00	-2.50
1/12/1998	50美分-1	-1.00	-3.50
1/13/1998	25美分-1	1.50	-2.00
1/14/1998	50美分-1	-1.00	-3.00
1/15/1998	25美分-1	1.50	-1.50
1/16/1998	50美分-1	-1.00	-2.50
1/17/1998	25美分-1	-1.00	-3.50
1/18/1998	50美分-1	-1.00	-4.50
1/19/1998	25美分-1	1.50	-3.00
1/20/1998	50美分-1	2.00	-1.00
1/21/1998	25美分-1	-1.00	-2.00
1/22/1998	50美分-1	-1.00	-3.00
1/23/1998	25美分-1	-1.00	-4.00
1/24/1998	50美分-1	-1.00	-5.00
1/25/1998	25美分-1	-1.00	-6.00
1/26/1998	50美分-1	-1.00	-7.00
1/27/1998	25美分-1	1.50	-5.50
1/28/1998	50美分-1	-1.00	-6.50
1/29/1998	25美分-1	-1.00	-7.50
1/30/1998	50美分-1	-1.00	-8.50
1/31/1998	25美分-1	-1.00	-9.50
2/2/1998	50美分-1	-1.00	-10.50
2/3/1998	25美分-1	-1.00	-11.50
2/4/1998	50美分-1	-1.00	-12.50
2/5/1998	25美分-1	1.50	-11.00
2/6/1998	50美分-1	-1.00	-12.00
2/6/1998	25美分-1	-1.00	-13.00
2/7/1998	50美分-1	1.50	-11.50
2/8/1998	25美分-1	-1.00	-12.50
2/9/1998	50美分-1	-1.00	-13.50
2/10/1998	25美分-1	2.00	-11.50

第八章　投资组合

续表

日期(月/日/年)	交易市场	盈利/亏损($)	账户余额($)
2/11/1998	50 美分 –1	1.50	–10.00
2/12/1998	25 美分 –1	2.00	–8.00
2/13/1998	50 美分 –1	–1.00	–9.00
2/14/1998	25 美分 –1	–1.00	–10.00
2/15/1998	50 美分 –1	1.50	–8.50
2/16/1998	25 美分 –1	–1.00	–9.50
2/17/1998	50 美分 –1	–1.00	–10.50
2/18/1998	25 美分 –1	2.00	–8.50
2/19/1998	50 美分 –1	1.50	–7.00
2/20/1998	25 美分 –1	2.00	–5.00
2/21/1998	50 美分 –1	–1.00	–6.00
2/22/1998	25 美分 –1	2.00	–4.00
2/23/1998	50 美分 –1	1.50	–2.50
2/24/1998	25 美分 –1	2.00	–0.50
2/25/1998	50 美分 –1	1.50	1.00
2/27/1998	25 美分 –1	–1.00	0.00
2/28/1998	50 美分 –1	2.00	2.00
3/1/1998	25 美分 –1	–1.00	1.00
3/2/1998	50 美分 –1	–1.00	0.00
3/3/1998	25 美分 –1	1.50	1.50
3/4/1998	50 美分 –1	–1.00	0.50
3/5/1998	25 美分 –1	1.50	2.00
3/6/1998	50 美分 –1	–1.00	1.00
3/7/1998	25 美分 –1	1.50	2.50
3/8/1998	50 美分 –1	1.50	4.00
3/8/1998	25 美分 –1	2.00	6.00
3/10/1998	50 美分 –1	–1.00	5.00
3/10/1998	25 美分 –1	2.00	7.00
3/11/1998	50 美分 –1	–1.00	6.00
3/12/1998	25 美分 –1	2.00	8.00
3/13/1998	50 美分 –1	–1.00	7.00
3/14/1998	25 美分 –1	–1.00	6.00

续表

日期(月/日/年)	交易市场	盈利/亏损($)	账户余额($)
3/15/1998	50美分-1	1.50	7.50
3/16/1998	25美分-1	-1.00	6.50
3/17/1998	50美分-1	1.50	8.00
3/18/1998	25美分-1	2.00	10.00
3/20/1998	50美分-1	-1.00	9.00
3/21/1998	25美分-1	1.50	10.50
3/22/1998	50美分-1	-1.00	9.50
3/23/1998	25美分-1	-1.00	8.50
3/24/1998	50美分-1	-1.00	7.50
3/25/1998	25美分-1	1.50	9.00
3/26/1998	50美分-1	-1.00	8.00
3/27/1998	25美分-1	1.50	9.50
3/28/1998	50美分-1	-1.00	8.50
3/29/1998	25美分-1	1.50	10.00
3/30/1998	50美分-1	-1.00	9.00
4/1/1998	25美分-1	-1.00	8.00
4/2/1998	50美分-1	1.50	9.50
4/2/1998	25美分-1	2.00	11.50
4/3/1998	50美分-1	1.50	13.00
4/4/1998	25美分-1	-1.00	12.00
4/5/1998	50美分-1	-1.00	11.00
4/6/1998	25美分-1	2.00	13.00
4/7/1998	50美分-1	1.50	14.50
4/8/1998	25美分-1	2.00	16.50
4/9/1998	50美分-1	1.50	18.00
4/10/1998	25美分-1	-1.00	17.00
4/11/1998	50美分-1	-1.00	16.00
4/12/1998	25美分-1	2.00	18.00
4/13/1998	50美分-1	-1.00	17.00
4/14/1998	25美分-1	-1.00	16.00
4/15/1998	50美分-1	1.50	17.50
4/16/1998	25美分-1	-1.00	16.50

第八章 投资组合

续表

日期(月/日/年)	交易市场	盈利/亏损($)	账户余额($)
4/17/1998	50美分-1	-1.00	15.50
4/18/1998	25美分-1	-1.00	14.50
4/19/1998	50美分-1	-1.00	13.50
4/20/1998	25美分-1	-1.00	12.50
4/21/1998	50美分-1	1.50	14.00
4/22/1998	25美分-1	-1.00	13.00
4/23/1998	50美分-1	-1.00	12.00
4/24/1998	25美分-1	2.00	14.00
4/25/1998	50美分-1	-1.00	13.00
4/26/1998	25美分-1	-1.00	12.00
4/27/1998	50美分-1	1.50	13.50
4/28/1998	25美分-1	2.00	15.50
4/29/1998	50美分-1	-1.00	14.50
4/30/1998	25美分-1	2.00	16.50
5/1/1998	50美分-1	1.50	18.00
5/2/1998	25美分-1	2.00	20.00
5/3/1998	50美分-1	-1.00	19.00
5/4/1998	25美分-1	-1.00	18.00
5/5/1998	50美分-1	-1.00	17.00
5/6/1998	25美分-1	2.00	19.00
5/7/1998	50美分-1	-1.00	18.00
5/8/1998	25美分-1	-1.00	17.00
5/9/1998	50美分-1	-1.00	16.00
5/10/1998	25美分-1	2.00	18.00
5/11/1998	50美分-1	1.50	19.50
5/12/1998	25美分-1	2.00	21.50
5/13/1998	50美分-1	-1.00	20.50
5/14/1998	25美分-1	2.00	22.50
5/15/1998	50美分-1	-1.00	21.50
5/16/1998	25美分-1	2.00	23.50
5/17/1998	50美分-1	-1.00	22.50
5/18/1998	25美分-1	2.00	24.50

续表

日期(月/日/年)	交易市场	盈利/亏损($)	账户余额($)
5/19/1998	50美分-1	-1.00	23.50
5/20/1998	25美分-1	-1.00	22.50
5/21/1998	50美分-1	-1.00	21.50
5/22/1998	25美分-1	2.00	23.50
5/23/1998	50美分-1	1.50	25.00
5/24/1998	25美分-1	-1.00	24.00
5/25/1998	50美分-1	-1.00	23.00
5/26/1998	25美分-1	2.00	25.00
5/27/1998	50美分-1	1.50	26.50
5/28/1998	25美分-1	2.00	28.50
5/29/1998	50美分-1	1.50	30.00
6/2/1998	25美分-1	2.00	35.50
6/3/1998	50美分-1	-1.00	34.50
6/4/1998	25美分-1	-1.00	33.50
6/5/1998	50美分-1	1.50	35.00
6/6/1998	25美分-1	2.00	37.00
6/7/1998	50美分-1	1.50	38.50
6/8/1998	25美分-1	2.00	40.50
6/9/1998	50美分-1	1.50	42.00
6/10/1998	25美分-1	-1.00	41.00
6/11/1998	50美分-1	1.50	42.50
6/12/1998	25美分-1	2.00	44.50
6/13/1998	50美分-1	-1.00	43.50
6/14/1998	25美分-1	-1.00	42.50
6/15/1998	50美分-1	1.50	44.00
6/16/1998	25美分-1	-1.00	43.00
6/17/1998	50美分-1	-1.00	42.00
6/18/1998	25美分-1	2.00	44.00
6/19/1998	50美分-1	-1.00	43.00
6/20/1998	25美分-1	-1.00	42.00
6/21/1998	50美分-1	1.50	43.50
6/22/1998	25美分-1	2.00	45.50

续表

日期(月/日/年)	交易市场	盈利/亏损($)	账户余额($)
6/23/1998	50美分-1	-1.00	44.50
6/24/1998	25美分-1	-1.00	43.50
6/25/1998	50美分-1	-1.00	42.50
6/26/1998	25美分-1	2.00	44.50
6/27/1998	50美分-1	-1.00	43.50
6/28/1998	25美分-1	-1.00	42.50
6/29/1998	50美分-1	1.50	44.00
6/30/1998	25美分-1	2.00	46.00
7/1/1998	50美分-1	-1.00	45.00
7/2/1998	25美分-1	2.00	47.00
7/3/1998	50美分-1	1.50	48.50
7/6/1998	25美分-1	-1.00	47.50
7/7/1998	50美分-1	1.50	49.00
7/8/1998	25美分-1	2.00	51.00
7/9/1998	50美分-1	-1.00	50.00
7/10/1998	25美分-1	-1.00	49.00
7/11/1998	50美分-1	1.50	50.50
7/12/1998	25美分-1	2.00	52.50
7/13/1998	50美分-1	1.50	54.00
7/14/1998	25美分-1	2.00	56.00
7/15/1998	50美分-1	-1.00	55.00
7/16/1998	25美分-1	2.00	57.00
7/17/1998	50美分-1	1.50	58.50
7/18/1998	25美分-1	2.00	60.50
7/20/1998	25美分-1	-1.00	59.50
7/22/1998	25美分-1	2.00	61.50
7/24/1998	25美分-1	2.00	63.50
2/26/08	25美分-1	-1.00	62.50
总共净利润=$62.50			
最大跌幅=$15.00			

用投掷硬币的例子的第三种解释是来自于先是50美分的交易市场(the half-dollar market),然后再是投掷25美分的交易市场(the quarter market)。

每一次投掷中的获利和亏损都和前两个例子的结果是一样的。在这200次的投掷中,交易成功的几率是50.5%,总共获利80.00美元。同时,最大的跌幅也只是9.50美元。通过在第一套资金管理方案把两个交易市场分开,那么25美分的交易市场(the quarter market)成功交易55次,总共获利65.00美元,跌幅也只是8美元。而50美分的交易市场(the half-dollar market)交易成功的几率是46%,总共获利15美元,跌幅7.50美元。两次的跌幅加在一起才是15.50美元。这两个例子中,我们看出,把两个交易合在一起,这时候的跌幅就小一些。

现在,我们把这些同样的逻辑应用到实际的投资交易中。第一个投资市场是债券交易市场。第二个是瑞士法郎交易市场。在同一时间把同样的方法用在这两个交易市场中。每一个市场各自统计的数据显示如下(表格8.2)。

表格8.2　同样的方法在同一时间用在两个不同的市场,每一个市场统计数据显示

	债券交易市场	瑞士法郎交易市场
净利润总和($)	41,718	58,425
交易次数(次)	127	210
交易成功数量(次)	82	141
交易失败数量(次)	45	69
交易成功的几率(%)	65%	67%
获利额度总和($)	95,750	114,625
亏损额度总和($)	54,031	56,200
平均获利额度($)	1,167	813
平均亏损额度($)	1,200	814
平均交易比率(%)	0.97	1.00
平均交易盈利/亏损/跌幅($)	328	278
最大的跌幅额度($)	5,968	8,125
获利因子(>1)	1.77	2.04

我们需要更加注意的一些特定的数据是每一个交易市场中的净利润总和,成功交易的百分比和最大跌幅。债券交易市场中净利润总和达到了41,718美元,瑞士法郎交易市场中净利润总和达到了58,425美元。把这两个净利润总和加起来,我们就得到了100,143美元的净利润。在债券交易市场交易成功的几率是65%,而在瑞士法郎交易市场交易成功的几率是67%。最后,债券交易市场最大的跌幅额度是5968美元,而瑞士法郎交易市场最大的跌幅额度是8125美元。把这两个跌幅额度加在一起,总共的跌幅额度就是14,093美元。

第八章 投资组合

在债券投资市场,计算出的风险和回报比是6.99;在债券投资市场,计算出的风险和回报比是7.19。把两个交易市场的两个净利润和跌幅加在一起,经过计算,得出的结果也就是风险和回报比是7.09。如果你把6.99和7.19加起来然后再除以2,这样计算得出的数字和刚才的是一样的:

$$(6.99 + 7.19) \div 2 = 7.09$$

这两个交易市场的运行记录现在按照时间顺序结合在一起,形成新的统计数据图。这也只是说,如果每个星期一进行债券交易和每个星期二进行瑞士法郎交易,每一次债券交易之后就是瑞士法郎交易,每一次瑞士法郎交易之后是债券交易。表格8.3就给出了这个综合数据。

表格8.3 债券交易市场和瑞士法郎交易市场中单个合约的综合数据

净利润总和($)	100,413
交易次数(次)	337
交易成功数量(次)	223
交易失败数量(次)	114
交易成功的几率(%)	66%
获利额度总和($)	210,375
亏损额度总和($)	110,231
平均获利额度($)	943
平均亏损额度($)	966
平均交易比率(%)	0.98
平均交易盈利/亏损/跌幅($)	297
最大的跌幅额度($)	7,025
获利因子(>1)	1.90

值得注意的是,这里的净利润总和也就是把单独的债券交易和瑞士法郎交易的净利润总和相加,得出的数据是一样的。这里交易成功的几率是债券交易市场和瑞士法郎交易市场交易成功的几率的平均数。从另外一方面来看,综合数据中的跌幅既不是上述两个交易市场出现的跌幅数据之和,也不是这两个数据的平均数,这个数据就是自己本身,一个完全独立的数据。(虽然,其实这个跌幅数据和上面两个交易市场跌幅数据的平均数非常接近,但是其实它们之间没有任何关系。)这样一来,风险和回报比就一路上升一直增加到了14.26。这也是投资中创建投资组合获得的最大利润。

进行投资组合后进行市场交易的跌幅,比把两个单独投资市场交易出现的跌幅额度相加得出的跌幅要低得多。原因是这两个单独的投资市场要出现最大跌幅的时间间隔需要两年,这两个投资市场是不会同时出现最大跌幅的。而单独两个投资市场的跌幅之和代表两个投资市场可能出现的最大跌幅额度,这个跌幅之和只可能在这两个投资市场同时出现最大跌幅的时候才会出现。即使这两个投资市场的最大跌幅只是部分同时出现,那么最后的跌幅额度也不会是两个投资市场分开交易出现的跌幅之和14,093美元,它只会是一个比这个跌幅之和要小的一个数据。

由于存在这样的必须条件,那么你在准备投资时组合的投资市场越多,所有这些组合的投资市场单独交易时的跌幅相加所得出的跌幅之和发生的几率就越少。为了检验这种可能性,我们用两个硬币来解释。我们每一个硬币投掷两次,背面朝上就代表是跌幅。这两个硬币必须要在同一时间投掷出去。第一次投掷后会出现四种可能的结果:

1. 第一个硬币:正面朝上;第二个硬币:正面朝上。
2. 第一个硬币:正面朝上;第二个硬币:背面朝上。
3. 第一个硬币:背面朝上;第二个硬币:正面朝上。
4. 第一个硬币:背面朝上;第二个硬币:背面朝上。

上面就是可能出现的四种结果,每一种结果出现的机会都是均等的。因此,每一个结果要发生的几率都有25%。如果背面朝上代表跌幅,那么两个跌幅同时发生的几率也只是25%。如果再加入另外一个硬币(比如,另外一种投资市场),那么三个跌幅同时出现的可能性就只是12.5%。如果这三个硬币同时被投掷出去,这样就会出现八种可能的结果:

1. 第一个硬币:正面朝上;第二个硬币:正面朝上;第三个硬币:正面朝上。
2. 第一个硬币:正面朝上;第二个硬币:背面朝上;第三个硬币:正面朝上。
3. 第一个硬币:背面朝上;第二个硬币:正面朝上;第三个硬币:正面朝上。
4. 第一个硬币:背面朝上;第二个硬币:背面朝上;第三个硬币:正面朝上。
5. 第一个硬币:正面朝上;第二个硬币:正面朝上;第三个硬币:背面朝上。
6. 第一个硬币:正面朝上;第二个硬币:背面朝上;第三个硬币:背面朝上。
7. 第一个硬币:背面朝上;第二个硬币:正面朝上;第三个硬币:背面朝上。
8. 第一个硬币:背面朝上;第二个硬币:背面朝上;第三个硬币:背面朝上。

上面就是可能出现的八种结果,每一种结果出现的机会都是均等的。因此,每一个结果要发生的几率都有12.5%。如果背面朝上代表跌幅,那么它们同时出现背面朝上的几率也就只是12.5%。每加一个硬币,跌幅同时出现的几率就会减少一半,因此当你在实际投资中投资了10种市场交易,那么跌幅同时出现的几率就还不到1%的0.1。也就是说,跌幅同时出现的几率就是千分之一。即使出现的跌幅加在一起的总和会继续减少,从每一个交易市场获得的利

第八章 投资组合

润也会增加。也就是说,从长远来看,风险和回报的比例值会继续升高。

前面是用硬币来举例子的,这个例子被局限在现在要出现或者现在不出现的跌幅上面。在真正的投资(交易)中,仅仅只进行这两个投资市场的交易的可能性是非常小的。当我们投掷硬币的时候,我们同时把硬币投掷出去,可能会是背面朝上(出现跌幅),又可能不是背面朝上(没有出现跌幅)。在真正的投资(交易)中跌幅出现的时间是不同的。每一次投掷硬币,硬币着落背面朝上就会被看成是出现最大跌幅。然而,在投资(交易)中,最大的跌幅只会出现一次(在假设的测验中)。换句话说,在债券投资交易市场和瑞士法郎投资交易市场给出的测试时间是五年。如果在每一个交易市场中最长的跌幅持续的时间每次三个月,那么这五年的时间按照三个月一次的话就需要被分成20个相等的次数。因为最大的跌幅只会出现一次,那么这五年中出现最大跌幅的概率就是1/20,或者说是5%的机会,这个最大的跌幅会出现在任意规定的三个月时间中的任意时间。这也就意味着,如果是两个投资交易市场交易历时五年,那么40次中出现最大跌幅的机会就是两次,两个交易市场要同时出现最大跌幅的几率就是$1/400(1/20 \times 1/20)$。也就是在任意一个历时三个月的跌幅期同时出现跌幅的可能性就是1%的1/4,一个交易市场将要出现最大跌幅的同时,在这三个月期间另一个交易市场也会出现最大跌幅。如果再另外多一个投资市场,这时候三个投资市场同时出现跌幅的几率就会变成$1/8000(1/20 \times 1/20 \times 1/20)$。如果是四个投资市场组合,同时出现跌幅的几率就会变成1/160,000。每一次多一个投资市场,同时出现跌幅的几率就会变成前一次的1/20,这样一来,交易以后的净利润总和就又会增加100%的利润。

这些数据表明进行投资组合看上去是相当有前景的。虽然这些信息都是很准确的,我们还是需要进一步地讨论另外一些统计数据以更好地提示下这个话题。在这之前,我们只是讨论了最大跌幅,并且这还是建立在假设的系统测试基础之上。然而,这里有一点,或许大家都是有所闻但不是很多投资商都非常清楚的,那就是交易中出现的跌幅的资金比例都是在60%~75%之间的。这就意味着只有25%~40%的资金可以用来创出新高(利润)。如果我们从"最大的跌幅"中去掉形容词"最大的",那这就变成一个完全不同的概念了。

在用三个硬币进行投掷(交易)的例子中,每一次的投掷中至少有一个出现跌幅(背面朝上)的可能性是88.5%,它们中任意两个同时出现跌幅(背面朝上)的可能性是50%。

1. 第一个硬币:正面朝上;第二个硬币:正面朝上;第三个硬币:正面朝上。
2. 第一个硬币:正面朝上;第二个硬币:背面朝上;第三个硬币:正面朝上。
3. 第一个硬币:背面朝上;第二个硬币:正面朝上;第三个硬币:正面朝上。

4. 第一个硬币:背面朝上;第二个硬币:背面朝上;第三个硬币:正面朝上。
5. 第一个硬币:正面朝上;第二个硬币:正面朝上;第三个硬币:背面朝上。
6. 第一个硬币:正面朝上;第二个硬币:背面朝上;第三个硬币:背面朝上。
7. 第一个硬币:背面朝上;第二个硬币:正面朝上;第三个硬币:背面朝上。
8. 第一个硬币:背面朝上;第二个硬币:背面朝上;第三个硬币:背面朝上。

再多一个投资市场进行交易,它们中的一个出现跌幅的几率就和它们同时出现跌幅时的几率降低的比例是一样的。又多了第四个投资市场,那么四个硬币中的一个出现跌幅的几率就是 93.75%,四个硬币中任意两个同时出现跌幅(背面朝上)的可能性是 68.75%,四个硬币中任意三个同时出现跌幅(背面朝上)的可能性是 31.25%。那也是后来的事情了。然而,你需要知道的是,在任何时候一个或者多个投资市场在交易时没有出现跌幅的可能性是和这些投资市场交易时出现跌幅的可能性是一样的。

我需要再一次申明,实际的投资(交易)并不是像投掷硬币一样。像前面提到的那样,大多数的交易中出现的跌幅资金比例都是在 60% 到 75% 之间的(这些就不会生产出利润资金了)。这样以免你认为一些好的投资就不会有那么高的跌幅率。下面是一个经过优化以后的原油交易统计:

净利润总和 = $60,690

成功/失败的交易 = 29 次/54 次

盈利的概率 = 53.70%

最大的跌幅 = $3,750

平均交易额 = $1,173

盈利/亏损比值 = 3.25

这些数据并不比之前的好。然而,上述的数据中表明只有 35% 资金可以创造出利润。这也就意味着这次交易中出现的跌幅比例都是 65%。你说这些数据意味着什么。我们知道资金创新高必须由一次成功的交易而来。然而,一次成功的交易并不一定就会创出资金的新高。因此,创新高的资金比例很可能和盈利的概率相等。因为很显然,从定义上来看,成功的交易并不是一个资金创新,所以一些成功的交易也不会创出资金的新高。上面列举的原油交易中,盈利的概率只是 53%,这就意味着除非每一次单独的交易都可以创出一个资金新高,否则创出新高的资金比例就不可能超出盈利的概率。

进一步说,盈利的概率比较高并不代表你资金出现新高的几率也比较高。一般来说,盈利的概率和盈利、亏损的比例值有关。盈利的概率越高,平均盈利和平均亏损的比例值就越小(也有一些例外的情况,这里没有给出固定的数据——这只是一般规律)。这个规律后面的论据就是:有一个较高的盈利概率的交易方法意味着基于每一次交易风险基础上获得的利润会相对比较高。我有一种方法在标普中它可以让你获得 650 美元的利润,但是这个方法会使整个交易走势和我预测的相反,以使整个利润额度高达 1250 美元。虽然盈利的概率是 85%,但是它只是创造了 33% 的资金收入。这种方法虽然赚钱,但是它只是用更多的成功的交易来弥补单一的损失。

由于这种单一的统计数据,甚至有一些更高的可能性出现,也就是说在一个投资组合中一项或者几项投资会遭遇跌幅。在这本书中这样说不是为了打击人们,让大家不要进行投资组合。在这里说这些是为了让大家更加全面地了解投资组合。从本质上来说,进行投资组合是会大量地增加长期的风险或者回报的。进一步来说,资金管理方法不是以交易中跌幅的数量为基础的,而是以最大跌幅额度为基础的。因此,最大跌幅的额度越小,应用的资金管理方法就越奏效。

再继续往下讲之前我需要最后一次提醒大家:在我们前面假设的测试中得出的最大的跌幅,不管怎么样,它都不代表在将来的投资(交易)中这个跌幅不会被超过。再进一步说,对于假设的结果,不管看上去是多么有利可图的,要确保这种方法确实可以使交易商获取大量的利润是完全不可能的。方法并不是数学的必然。一般来说,把应用数学公式应用到价格行为中,然后计算出将来投资中可以赚取多少利润。价格行为不需要和应用的任何数学参数相一致。交易市场行情变化了,价格移动的方向和交易的价格也就随之变化了。因此,从性能角度来说,你不可以根据这些统计的数据和可能性来决定一些具有决定性的事物。

投资组合和固定比例资金管理法

你对固定比例资金管理法理解得越多,你就会越了解跌幅对最后的交易结果影响有多大。潜在的跌幅决定了需要投入的资金额度,也决定了交易商在应用资金管理方法的时候是应该更激进还是更稳健。最大预期跌幅越低,应用资金管理方法进行交易的潜在回报就越高;最大预期跌幅越高,应用固定比例资金管理方法进行交易的潜在回报就越低。原因就是跌幅越低,可变化的固定比例就越小,那么固定比例交易法对交易的影响就越快;跌幅越高可变化的固定比例就越大,固定比例交易法对交易的影响就越慢。

这一点和改变资金管理方法的风险因素没什么关系。如果最大的跌幅额度是 5000 美元,按照跌幅和固定比例额度之间 2∶1 的比例关系计算,这个固定比例额度就是 2500 美元。如果最大的跌幅额度是 10,000 美元,按照跌幅和固定比例额度之间 2∶1 的比例关系计算,这个固定比例额度就是 5000 美元。增加的资金标准和潜在跌幅额度之间的关系其实都是一样的。然而,如果每一个交易都可以有同样数量的资金额度,应用较低的固定比例作为变量应该比应用较高的固定比例作为变量获得的利润要高出很多。

而且,通常来说,你对资金管理方法和利润呈几何增长了解得越多,那么你就会越了解这样一个道理:应用资金管理方法在交易后期获利要比在前期获利更要明显可见。这确实是和减少回报的法则完全不同。如果你已经有好多天没有吃东西了,然后你走进了一家汉堡店,用 5 美元买了一个最大的、最厚的,以及你可以想象到的所有的和汉堡相关的汉堡,那么这第一个汉堡就会发挥出它最大的价值,并且是最让人满意的。如果你在吃完了第一个汉堡以后仍然还是有一点儿饿,你就决定去买第二个,那么你可能就吃不完第二个汉堡了。因此,第二个汉堡不像第一个汉堡那样让你非常满意,并且,第二个汉堡发挥的价值也没有第一个大。这样看来,第三个汉堡对你来说价值有多大呢? 其实根本没有价值了。应用了资金管理方法,那确实就完全不一样了。第一次增加资金投入创造的利润最小,因为第一次增加资金后获利比较小。你经历的风险增加得越多,获利也就越大。

应用数学方法计算出这个增加风险的标准,当应用这种资金管理方法后用一个 5000 美元的固定比例使交易的合约数量达到了 5 个的时候,我们可以决定账户的资金额度是多少了。

$$5 \times 5 = 25$$
$$25 \div 2 = 12.5$$
$$12.5 \times \$5,000 = \$62,500$$

$\$62,500 + \$20,000 = \$82,500$($20,000 是开户时账户的资金额度)
现在计算出进行 10 个合约交易的最小的账户资金额度:

$$(10 \times 10 - 10) \div 2 = 45$$
$$45 \times \$5,000 = \$225,000$$

$\$225,000 + \$20,000 = \$245,000$($20,000 是开户时账户的资金额度)
现在计算出进行 15 个合约交易的最小的账户资金额度:

$$(15 \times 15 - 15) \div 2 = 105$$
$$105 \times \$5,000 = \$525,000$$

$\$525,000 + \$20,000 = \$545,000$($20,000 是开户时账户的资金额度)
现在计算出进行 20 个合约交易的最小的账户资金额度:

$$(20 \times 20 - 20) \div 2 = 190$$

$$190 \times \$5,000 = \$950,000$$
$$\$950,000 + \$20,000 = \$970,000（\$20,000 是开户时账户的资金额度）$$

因此,从交易 5 个合约到交易 10 个合约总共获利 162,500 美元($245,000 - $82,500 = $162,500);从交易 10 个合约到交易 15 个合约又另外总共获利 300,000 美元($545,000 - $245,000 = $300,000);最后,从交易 15 个合约到交易 20 个合约也另外总共获利 425,000 美元($970,000 - $545,000 = $425,000)。

如果要达到这里的每一个标准水平确实需要每一组合约交易要进行上述同样数量的交易,并且获得上述同样的利润额度,那么最后一组的交易要比单独一组合约可以获得同样利润的第一组交易要多出 262,500 美元的利润。

资金管理方法的三个阶段

由于这个影响,我决定把资金管理原则分为三个阶段。第一个阶段就是播种阶段。也就是说,当账户里面的资金额度正好是可以进行最小交易的资金额度的时候,开始应用资金管理方法。这时候的账户资金只能够进行最小单位的交易。在此期间,交易商只能从资金管理方法中获取最小的利润好处,并且还会面临着遭遇不对称杠杆的最大影响。

第二个阶段是生长阶段。这个阶段,在资金管理方法的帮助下,账户开始出现最大的增加,不对称杠杆的影响会越来越小,交易商的交易开始到了一个获利的关键时刻(临界点)。换句话说,通过应用合理的资金管理方法,即使正在交易的这种方法要化为泡影了,其实这个交易商仍然还有利可图。

第三个阶段是丰收阶段。在这个阶段,交易商因为合理应用了资金管理方法,因此在交易中获取大量的利润。不对称杠杆已经几乎不存在了,不仅交易商到了一个获利的关键临界点,而且即使交易的这种方法已经不再奏效,交易商也会获取大量的利润。

在投资组合中应用固定比例交易法交易解决了两个主要的障碍。第一点,因为风险和回报比例值已经大量提高,这也就允许交易商可以很快从资金管理方法中获利。资金管理方法增加风险的速度越快,交易商通过第一个播种阶段的速度也就越快。第二点,投资市场或者交易方法的组合不会减少最后交易获取的利润,因此交易商可以应用不同交易市场或者交易方法的潜在利润,以更快地使交易达到生长和收获的阶段。

因此,应用固定比例交易法的目的就是把它应用到尽可能小的风险和回报比例值中。通常情况下,我们会进行不止一个交易市场的投资。这样的话就会出现这样一个问题:资金管理方法是应该分别用到每一个单独的交易市场,还是应该用在组合后的投资(交易)市场。我们已经给出了这个问题的答案,但是真理来自于实践,或者说实践出真理。因为从长远来看,较小的跌幅需要考虑到更加有效的资金管理结果,较高的单一单位的利润可以提高资金管理的结果,因此把不同的交易市场和交易策略组合起来并把应用资金管理方法作为一个单独的整体应用到这个组合投资市场,这样做是合乎逻辑的,也是资金管理方法最有效的应用。我们将以前面用到的例子开始,这个例子是关于债权交易市场和瑞士法郎交易市场的单一合约结果(表格8.2)。

接下来,资金管理方法将会被分别单独应用到债权交易市场和瑞士法郎交易市场中。这个固定比例是通过把最大跌幅额度的1/2上舍入或者下舍入得出的最接近的整数来决定,是500美元。这也就意味着,债权交易市场将用一个3000美元的固定比例;瑞士法郎交易市场将用一个4000美元的固定比例。我们可以在下面的表格8.4得到这个结果。

表格8.4　债权交易市场和瑞士法郎交易市场各自的结果

	债权交易市场	瑞士法郎交易市场
交易结束时总资金	$271,544	$365,092
合约交易总数量	14	14
目前最大的风险百分比	20%	20%
目前最大的美元风险额度(跌幅)	$55,144	$75,075

以上这些数据只是基于利润得出的。对于这些数字而言,没有开始的账户资金额度,因此,这些风险都只是存在于有风险的利润基础之上。这两个交易市场的净利润总共是636,636美元,可能的跌幅额度总共是130,219美元,而这个跌幅总额度也只是利润的20%。

我们再来看一下前面的债权交易市场和瑞士法郎交易市场单个合约的综合数据(表格8.3)。我们注意到了,此时的最大跌幅额度是7025美元,这也就意味着,用固定比例资金管理法计算出的这个固定比例额度是3500美元。同时,这里的净利润总和也就是把单独的债券交易和瑞士法郎交易的净利润总和相加在一起得出的100,143美元。

下面的表格8.5就是把固定比例资金管理方法应用到了组合市场后的数据显示结果(如下图)。

第八章 投资组合

表格 8.5 应用固定比例交易法的债权交易和瑞士法郎交易组合市场的交易结果

	组合后结果
交易结束时总资金	$ 1,327,536
合约交易总数量	28
目前最大的风险百分比	13.5%
目前最大的美元风险额度（跌幅）	$ 129,822

上面的这些显示结果是让人难以置信的。然而，这些数据和交易数量表明了与单一的交易市场应用资金管理方法的结果相比较，在组合市场应用资金管理方法的效果。我们注意到了，这里的净利润总和 $ 1,327,536，这比两个投资市场净利润总和加起来的两倍还多，而最大跌幅额度却比单一交易市场应用自己管理方法后的跌幅额度要低。进一步讲，这些数据还只是在五年交易内的两个市场交易的结果。

交易的合约数量是 28 个，这就意味着，两个市场都交易了 28 个合约。如果下一个入场的信号是一次债券交易，那么就要进行 28 个合约交易；如果下一个入场的信号是一次瑞士法郎交易，那么也要进行 28 个合约交易。如果这两个市场都同时有入场的信号，那么两个市场都要进行 28 个合约交易。其实很多交易商觉得这种概念的理解都比较困难。理由就是按照逻辑推理在这种情况下是要在每一个市场进行 14 个合约的交易。然而，这也是当每一个交易市场都分别应用了资金管理合约时，每一个交易市场单独交易的数量。进一步讲，交易的合约数量要根据市场交易过程中利润的增加而增加，这还要考虑到市场组合后最大的预期跌幅额度。

在单一交易市场应用资金管理方法后有风险的利润百分比是每一个市场 20%。每一个交易市场和进行 28 个合约交易一样风险承担的百分比只是 13.5%。如果每一个市场交易的合约数量是 14 个，那么这时候承担的风险百分比就是 6.75%。因此，投资组合是急剧增加固定比例资金管理方法效果的巨大工具。

第九章
市场权重

前一章投资组合的讨论是进入这一章节主题问题的开始。要是讨论中的两个市场分别是玉米投资市场和标准普尔投资市场,那又会怎么样呢?那时每一个市场都要进行28个合约的交易吗?或者说这两个市场中每一个标准普尔交易市场都要用三个或者四个玉米合约进行加权吗?每一次我在研讨会上提到这个话题,这个问题都会经常有一个很响亮答案"绝对的!"来回答。有一些与会者认为这两个交易市场交易同样的合约数量是不可能的,他们甚至会针对这个算术问题争执到面色发青。

然而,事实上,我们可以对两个交易市场从各个方面提出我们的任何要求。如果正在进行交易的这两个交易市场最后得出了某种数据,那么它们在数学上结果也是一样的。每一个交易市场除了创造利润都没什么区别。这是一个数字游戏,我们需要根据实际情况来操作。如果我今天创造了500美元的利润,你可以告诉我究竟是哪一个交易市场创造出的500美元的利润吗?两个都不是。这两个正在进行的交易市场或者交易策略是完全独立的,你在应用资金管理方法进行交易时,一切都要平等对待。

然而,下面的这个解释是为那些依旧不相信你可以和标准普尔交易市场交易同样数量的合约的人准备的。在我们的投资组合中,我们有一种方法可以在玉米交易市场进行长期交易。如果头寸是在白天进场的,我们也有一种日终标准普尔交易在收盘的时候出场。玉米交易市场的这种长期交易方法跌幅额度是5000美元,而标准普尔的这种日终交易方法的跌幅额度是15,000美元。两个投资市场组合后的跌幅额度是12,000美元。

根据通常的加权惯例,这个投资组合中每一个标准普尔合约需要进行三个玉米合约的交易,因为标准普尔合约的潜在跌幅是玉米合约潜在跌幅的三倍,这就需要"均衡"这个交易市场。在把这种逻辑应用到交易中之前,首先必须先

第九章 市场权重

回答这个问题:均衡这个交易市场会有什么好处呢?交易商们应用这种方法只是因为这种说法非常符合逻辑。但是均衡这个交易市场会有什么好处呢?唯一可能的好处就是由于增加了交易的合约数量而增加了最后的利润收入。然而,如果这是决定应用这种方法的真实目的的话,那么我们为什么要去均衡这两个交易市场呢?我们为什么不再另外进行一个标准普尔合约交易呢?更适合逻辑的答案就是,如果你另外再进行一个标准普尔合约交易,那么仅仅在标准普尔交易中存在的潜在跌幅就是30,000美元。这是对的。那么我们来一起看看当你进行一个标准普尔合约交易和三个玉米合约交易时,结果会是如何。

正如之前讲到的那样,把标准普尔交易和玉米交易按照时间顺序组合在一起的跌幅只是12,000美元。这个跌幅额度是12,000美元而不是20,000美元的原因就是两个投资市场的最大跌幅不可能同时发生。然而,再增加一个玉米合约,这个玉米合约的跌幅就一定和前面的那个玉米合约的跌幅同时出现。因此,再增加3个玉米合约进行交易,这3个玉米合约交易的潜在跌幅现在就是15,000美元,而不是5000美元。所以,这样的话,不相关的跌幅就大大减少了。

下面这个表格中显示的结果是在标准普尔交易市场中,这一天的日终交易的开盘和收盘的买卖情况。唯一一个出场的规则就是保护性止损,这个止损是为了使损失合理化而设置的。

标准普尔交易
净利润总和:$59,212.50
成功交易比例(118÷203):58%
盈利与亏损比例值:1.45
平均交易额度:$291
最大跌幅额度:$9,100

接下来的一组结果是来自于在玉米交易市场进行的长期交易:

玉米交易
净利润总和:$21,925
成功交易比例(28÷52):53%
盈利与亏损比例值:2.72
平均交易额度:$421
最大跌幅额度:$2,662.50

接下来的一组结果是把玉米交易市场和标准普尔交易市场进行投资组合后得出的：

> **玉米交易和标准普尔组合投资**
> 净利润总和：$81,137.50
> 成功交易比例（146÷255）：57%
> 盈利与亏损比例值：1.64
> 平均交易额度：$318
> 最大跌幅额度：$8,925

从上面我们可以看出在进行投资组合后净利润总和就是前面两个市场单独分别进行交易的净利润总和的简单相加。交易成功和失败的比例也和盈利与亏损比例值相同。然而，投资组合后最大跌幅是8925美元，比单独的标准普尔交易的最大跌幅要低，比单独的玉米交易的最大跌幅要高。标准普尔交易市场的跌幅与玉米交易市场的跌幅比大约是3.4，这就意味着标准普尔交易市场的跌幅是玉米交易市场的跌幅的3.4倍。一次，为了平衡这两个市场，每进行1个标准普尔合约的交易就需要进行3个玉米合约的交易。这个结果在下面的表格显示。

> **增加2个玉米合约**
> 净利润总和：$124,978
> 成功交易比例（146÷255）：57%
> 盈利与亏损比例值：1.8
> 平均交易额度：$490
> 最大跌幅额度：$11,325

通过增加2个玉米合约，跌幅至少增加了1个合约。这样，我们就损失了这些合约中的1个合约的不相关跌幅的利益。我们没有损失这两个另外增加的合约的利益的原因就是在标准普尔交易市场最大跌幅期间出现的主要跌幅，而不是玉米交易市场最大跌幅期间出现的主要跌幅。在两个交易市场各自的最大跌幅期间出现的最大跌幅的机会都是一样的。如果我们在标准普尔交易市场增加3个合约而不是在玉米交易市场增加，那么结果将如下面表格显示的那样：

第九章 市场权重

增加 3 个玉米合约

净利润总和：$199,562

成功交易比例（146÷255）：57%

盈利与亏损比例值：1.56

平均交易额度：$789

最大跌幅额度：$24,375

增加 3 个玉米合约的跌幅是把玉米交易和标准普尔交易进行投资市场组合后的跌幅的 2.74 倍。我们因此就把跌幅增加了 2.74 倍，也就是另外增加 2 个合约。通过单独进行标准普尔交易，跌幅额度就已经是 27,300 美元。这其中各有一半（50∶50）的机会，用增加玉米合约得出这个结果。

根据这个跌幅额度和资金管理方法对低跌幅额度比较有效的事实，我们要做的一件比较符合逻辑的事情就是交易一个标普合约同时交易一个玉米合约。如果说均衡交易市场的目的是增加潜在利润的话，那么在现行市场另外增加一个不同的交易市场而不是增加另外一个合约，用这种方法来提高利润也许更好。通过这种方式，你可以不断增加投资组合的净利润，也可以增加一些不相关的跌幅机会。下面这个表格中显示的结果是用和玉米交易市场以及债券交易市场一样的投资方法得出的：

债券交易市场

净利润总和：$67,781

成功交易比例（32÷73）：43%

盈利与亏损比例值：3.18

平均交易额度：$928

最大跌幅额度：$6,093

下面的表格显示的结果是把玉米交易市场，债券交易市场和标准普尔交易市场中的每一个单独的合约组合后的结果：

玉米交易市场，债券交易市场和标准普尔交易市场组合

净利润总和：$148,918

成功交易比例（178÷328）：54%

盈利与亏损比例值：1.95

> 平均交易额度:$454
> 最大跌幅额度:$9,168

需要特别指出的是,这三个交易市场的投资组合应该与进行3个玉米合约交易和一个标准普尔合约交易进行比较。我们注意到了,这里的净利润总和比交易3个玉米合约时的利润总和要多24,000美元,而跌幅却小2000美元。这看起来似乎不是一大笔资金,但是在一个只有非常小的误差幅度的交易市场,这将会是一笔不小的资金。进一步说,资金管理的结果将会把差距放大很多。通过应用固定比例交易法中的固定比例额度(跌幅额度的一半),接下来的结果就出来了:首先是来自于在投资组合市场中增加的玉米合约,接着是单个的玉米合约、债券合约和标准普尔合约。

> **应用资金管理方法进行3个玉米合约和1个标准普尔合约的交易:**
> 净利润总和:$1,113,700
> 成功交易比例(146÷255):57%
> 最大跌幅额度:$128,175(利润的11.5%)
> 持有的最多合约数量:20

在8年的测试期间,净利润差距超过775,000美元。那就像仅仅是因为交易市场股权比重问题,让你错失了大约100,000美元的年收入。进一步说,在跌幅过后,三个投资市场组合利润将达到1,624,175美元,而3个玉米合约交易和1个标准普尔合约交易组合利润只是985,000美元。在跌幅过后,这个净利润呈60%的增长!

一些交易商可能会发现这一章太难消化了。这个逻辑看起来与数学互无联系。然而,如果你站在数学角度去看一下这个逻辑,不是分析这个交易市场或者是这个交易市场的历史波幅,你会发现它给人一种非常完美的逻辑的感觉。不论如何,如果在理解过程中你还存在什么困难的话,我想下一章会给你提供进一步的帮助。

第十章
在实施资金管理过程中权衡投资，不是在此之前进行

第九章处理了在应用资金管理方法之前权衡投资的问题。这里有一种方法可以在应用资金管理的过程中把不同的权重分配到不同的投资市场。这个过程不会和第九章中图解的标准普尔合约交易和玉米合约交易相混淆。当资金鼓励方法被应用于已经权重的投资组合市场，风险的增加就意味着我们所权重的市场股权一定会有相同程度的增加。当股权超过了第一个风险增加的标准，即将交易的标准普尔合约的数量就会增加到 2 个，而交易的玉米合约的数量就必须是 6 个！因此，当组合市场中正在进行 20 个合约的交易的时候，玉米合约市场就已经在进行 60 个合约的交易了，因为在进行组合投资权重时，进行 1 个标准普尔合约的交易就需要进行以 3 个玉米合约为一个单位的玉米合约交易。因此，当组合市场中正在进行 20 个合约的交易的时候，在玉米交易市场就进行着 20 个单位的玉米合约的交易，也就是进行着 60 个玉米合约的交易。

在应用资金管理的过程中进行市场权衡是不同的。相反的是，每一个投资市场都是以同样数量的单一合约开始进行交易的。不同的是，每一个投资市场增加投资的合约数量的比例是不同的。通过应用资金管理最初的方法，只要股权超过了一个标准，投资的风险就会全面增加，不管正在进行投资（交易）的是什么市场，因为组合后的投资市场的跌幅已经被全部考虑过了。换句话说，组合投资市场已经失去自己的特性。对于形成不同数字的市场而言，它只不过是变成了一种与这个市场毫无关联的数字游戏。（理所当然地，因为资金曲线不能够区分出一个投资市场产出了什么数字。）

在应用资金管理的过程中进行市场权衡要试着接受每一种投资市场或者投资方法的不同特点，也要考虑到每一种投资市场组合后的影响（效果），还要

根据每一个市场不同的运作把资金管理方法应用到每一个不同的投资市场,这样才可以从正在投资的其他的投资市场或者投资方法中受益。如果现在正在进行三种不同市场的投资——债券投资市场,标准普尔投资市场和玉米投资市场,其中每一个不同的投资市场都有它自己的运作过程记录。不同的投资市场我们需要注意的唯一特性就是出现的最大的预期跌幅。如果债券投资市场的最大预期跌幅是 8000 美元,而标准普尔投资市场的最大预期跌幅是 12,000 美元,玉米投资市场的最大预期跌幅是 4000 美元,那么在应用资金管理的过程中进行市场权衡时就会在每一个不同的投资市场采用不同的固定比例额度。这样,将从三个不同的投资组合市场中创造出每一个增长标准的利润。

比如说,如果三个投资市场组合后的跌幅是 12,000 美元,那么最开始的资金管理方法就会在三个投资市场都用一个 6000 美元的固定比例额度来增加这三个市场交易的合约数量。然而,进行投资组合后的这个 12,000 美元跌幅的 75% 都来自于标准普尔投资市场,而债券投资市场和玉米投资市场只占有这个跌幅中剩余的 25%。因此,在这个跌幅期间,标准普尔进行的合约交易数量就会和另外两个跌幅份额较少的投资市场交易的合约数量一样多。这样一来,标准普尔投资市场就会根据一个 6000 美元的固定比例额度来增加交易的合约数量,债券投资市场就根据一个 4000 美元的固定比例额度来增加来交易的合约数量,玉米投资市场就根据一个 2000 美元的固定比例额度来增加交易的合约数量。按照这个固定比例额度,玉米投资市场就会第一个增加合约数量,其次就是债券投资市场,最后就是标准普尔投资市场。事实上,玉米投资市场将增加到 3 个合约的交易,以同样的标准,标准普尔会增加到 2 个合约的交易。但是在任意一个投资市场,开始的时候都不会有超过 1 个的合约交易。

这种方法的结果不应该和在应用资金管理方法之前的市场权衡相混淆。在应用资金管理方法的过程中进行股权权衡不是要均衡不同的投资市场,而是根据不同投资市场的风险程度来应用不同的股权。如果一个投资市场的风险程度很小,我们就不用增加这个风险以适应另外一个投资市场的风险程度。当然,我们允许投资市场增加交易的合约数量比这个市场风险程度更加有效(更快)。因此,我们根据创造出的利润来权衡市场的潜在利润。要记住,所有的投资市场开始的时候交易的合约数量都是一样的,因此,我们并没有增加投资的风险。

当我们在应用资金管理的过程中进行市场权衡,我们需要考虑很多事情。首先,这是资金管理方法中的一种很有效的形式。因为它允许某些投资市场比另外一些投资市场增加得更快。利润呈几何增长的效果就是一个增长的累积速率。其次,即使每一个正在进行投资的交易市场没有均衡风险,但是潜在的

第十章　在实施资金管理过程中权衡投资，不是在此之前进行

跌幅还是慢慢地增长了。这导致大部分组合跌幅的市场可能会以较慢的速率增加，并且不会像其他投资市场一样进行很多合约的交易了，但是当出现跌幅的时候，其他的投资市场正在进行更多合约的交易。这样一来，新增的效率就会使交易商全部用一个比较保守的固定比例额度进行投资（交易）。交易商可能用一个额度等于每一个跌幅额度的 3/4 的额度作为固定比例额度，而不是用一个额度等于每一个投资市场最大跌幅的 1/2 作为固定比例额度。当我们使现在的跌幅保持和开始应用固定比例方法时一样的跌幅水平，这时就更有潜力创造出更多的利润了。

表格 10.1 是进行原油交易，债券交易以及日元交易的一个虚拟的交易记录。下面的这些数据是虚拟的，我们只是为了展示每一个投资市场是同时进行投资（交易）的。进一步讲，在这个虚拟的记录中没有亏损，每一个投资市场都成功交易获利 500 美元。相应的，这 18 次交易，这个图解中的净利润在没有应用任何资金管理方法的时候是 9000 美元。

表格 10.1　三个交易市场的交易历史记录

原油 = $300		债券 = $600		日元 = $900	
进场日期（月/日/年）	出厂日期（月/日/年）	交易市场	盈亏*（$）	账户余额（$）	合约数量（个）
1/1/1998	1/1/1998	债券	500	500	1
1/2/1998	1/2/1998	日元	1,000	1,500	2
1/3/1998	1/3/1998	原油	1,500	3,000	3
1/4/1998	1/4/1998	债券	1,500	4,500	3
1/5/1998	1/5/1998	日元	1,500	6,000	3
1/6/1998	1/6/1998	原油	3,000	9,000	6
1/7/1998	1/7/1998	债券	3,000	12,000	6
1/8/1998	1/8/1998	日元	2,500	14,500	5
1/9/1998	1/9/1998	原油	5,000	19,500	10
1/10/1998	1/10/1998	债券	4,000	23,500	8
1/11/1998	1/11/1998	日元	3,500	27,000	7
1/12/1998	1/12/1998	原油	6,500	33,500	13
1/13/1998	1/13/1998	债券	5,500	39,000	11
1/14/1998	1/14/1998	日元	4,500	43,500	9
1/15/1998	1/15/1998	原油	8,500	52,000	17
1/16/1998	1/16/1998	债券	6,500	58,500	13

续表

原油=$300		债券=$600		日元=$900	
进场日期 (月/日/年)	出厂日期 (月/日/年)	交易 市场	盈亏* ($)	账户余 额($)	合约数量 (个)
1/17/1998	1/17/1998	日元	5,500	64,000	11
1/18/1998	1/18/1998	原油	10,500	74,500	21

*所有在"盈亏"一列的交易数值都是在单一一个合约获利500美元基础之上算出的。

这个表格的数据显示,应用固定比例资金管理方法进行投资,每一个投资市场都选用了一个不同的固定比例额度。每一个投资市场选用的固定比例额度分别是:原油投资市场是300美元,债券投资市场是600美元,日元投资市场是900美元。换句话说,一旦资金额度增加到300美元以上(不管创造出利润是哪个投资市场)原油投资将进行增加一个合约交易(即进行两个原油合约交易)。然而,债券投资市场和日元投资市场都仍然只是进行一个合约的交易。如果资金额度减少到300美元以下的利润标准,那么原油投资市场进行的原油合约交易数量又返回到了一个。直到账户中至少有了600美元,我们才可以进行两个债券合约的交易。如果有必要的话,这也可以从交易两个原油合约的利润中获取。一旦资金额度达到了600美元,原油交易市场依旧是进行两个原油合约的交易,债券交易市场交易的债券合约数量也增加到了两个,而日元交易市场只有等到资金额度增加到了900美元才能进行两个合约的交易。

> 针对表格10.1:
> 第1列和第2列:交易进出场日期
> 第3列:交易市场
> 第4列:每一个单一市场获利金额(这个利润值是用第6列的交易的合约数量乘以500美元所得的数字。500美元是进行一个合约交易的获利额度。)
> 第5列:账户余额净值累加
> 第6列:交易的合约数量
>
> 针对表格10.2:
> 第7-9列:每一个交易市场增加交易的合约数量所需的资金标准

第十章 在实施资金管理过程中权衡投资,不是在此之前进行

> 比如说,第7行第10列的数字是8。这就意味着,交易的合约数量要增加到8个,原油市场最少需要资金8,400美元,债券市场至少需要资金16,800美元,日元市场至少需要25,200美元。
>
> 第10列:每一个资金标准可以交易的合约数量(已经在第7列列举的例子中给出)。

在这种情况下,进行单一一个合约的交易就使一个9000美元的利润纪录增加到74,000美元!相比较之下,如果这三个投资市场都只选用一个900美元的固定比例额度进行投资(交易),那么最后的利润总额就会从74,500美元减少到只有45,000美元;如果这三个投资市场都只选用一个600美元的固定比例额度进行投资(交易),那么最后的利润总额就只是62,500美元;如果这三个投资市场都只选用一个300美元的固定比例额度进行投资(交易),那么最后的利润总额就会是111,500美元。在这三个投资市场中,最接近的,用以权衡每一个投资市场股权效果的就是每一个投资市场都用475美元作为固定比例额度,这样可以在三个投资市场进行了17个合约交易后创造出77,000美元的净利润。

表格10.2 有效地应用比例价值方法的固定比例参考

原油标准 a($)	债券标准 b($)	日元标准 c($)	合约数量(个)
300	600	900	2
900	1,800	2,700	3
1,800	3,600	5,400	4
3,000	6,000	9,000	5
4,500	9,000	13,500	6
6,300	12,600	18,900	7
8,400	16,800	25,200	8
10,800	21,600	32,400	9
13,500	27,000	40,500	10
16,500	33,000	49,500	11
19,800	39,600	59,400	12
23,400	46,800	70,200	13
27,300	54,600	81,900	14
31,500	63,000	94,500	15
36,000	72,000	108,000	16

续表

原油标准 a($)	债券标准 b($)	日元标准 c($)	合约数量(个)
40,800	81,600	122,400	17
45,900	91,800	137,700	18
51,300	102,600	153,900	19
57,000			20
63,000			21
63,300			22
75,900			23
82,800			24
90,000			25

注：a 原油市场所需资金
　　b 债券市场所需资金
　　c 日元市场所需资金

再一次强调一下，这里的关键是潜在的跌幅。如果一个投资市场或者一种投资方法有形成更大跌幅的趋势，那么这个市场可能也会"阻止或者限制"其他的投资市场，因为交易中的这个固定比例额度是基于不寻常的大跌幅的基础之上的。假设这个投资市场都用一个固定比例额度475美元进行交易，如果这个市场进行了17个合约的交易而不是像表格10.1和10.2中的只有13个合约的交易，那么这个市场可能就要为接下来出现的跌幅的一大部分份额负责了。因此，这个投资市场面临的风险就会慢慢提高。同时，其他投资市场交易的合约数量就会增加得很快，然后自然而然地通过其他的投资市场提升的能力来弥补这个跌幅额度。

这种方法每一次不会用一个较低的跌幅额度创造出较多的利润额度。然而，基于这一章节前面所给出的一个理论，增加回报（收益）的交易记录应该是非常乐观的。一般来说，由于这种方法的实施而导致的利润呈几何增长应该很快就会开始，因为跌幅较小的这个投资市场会比用一个固定比例额度的交易市场利润增长得快。如果你想彻底地检验一下，这种方法在最新升级的资金管理软件操作步骤中是行得通的。

第十一章
其他的利润保护措施

在第二章我们简单地讨论了资金管理的几种类型,以及合理的资金管理和不合理的资金管理方法的一些特点。我说过,合理的资金管理方法可以:(1)用数学方式来证明;(2)处理的是风险和回报的问题。接下来的这些方法没有被认为是纯理论性的资金管理技巧,因为这些方法确实被归为这两类之中。下面要讲到的资金管理方法中没有一种是可以用数学方式来证明的,并且这些方法要处理的唯一的问题就是下降趋势。因此,在你个人实际的投资中要应用这些方法之前,你应该认真地考虑下这些方法。

连续成功/失败的交易

我已经思考了很久,比较稳健的成功或者失败的交易会为交易商提供另外一些投资的机会。这些机会会以不同的形式出现。最常见的一种观点就是连续数次的交易失败后确实可以提高下一次交易成功的可能性。另外一部分人则认为,如果应用一种资金管理方法已经促使了连续几次的成功交易,那么很可能下一次的交易会遭遇到失败。因此,这些交易商会一直等到这种交易方法至少造成了几次交易失败之后才会再开始投资(交易)。

这个理论是来自于生活中的很多领域,只要涉及投资(交易),没有一个领域可以用数学方式来证明。一些领域对这种连续的结果的假设是成立有效的。然而,这个理论必须要有另外某些条件的支撑才站得住脚(合情合理)。这一章节处理了一些领域的问题,在这些领域,这种说法是正确合理的,并且,我们也给出了合理的理由。在投资(交易)领域,这个理论也探索了这些说法的数学有效性。最后,这一章节给出了投资市场和这个理论之间的一些可能性的关系。

这个理论虽然没有任何数学实例证明,但是关于它有一些有趣的想法,这些想法都是涉及如何在一些实际的投资情形中应用这一理论的问题。

我猜想,大多数的连续成功或者失败的交易理论从赌博行业进入到了投资领域。赌博是一种线性(概率)游戏。任何一个职业赌博者都会告诉你没有一种方法可以使机会为你所用。因此,赌博者们所用的某种资金管理方案来自于控制好这种方法中输赢的概率。在这本书的前面,我就举了用投掷硬币打赌的例子,在这个例子中期望值是不容乐观的。有很多次机会根据输赢的概率来操控这次下注的多少(赌金额度)都可以增加赌博最后的收益(根据这些概率)。然而,有些情况下,因为概率的问题结果更坏。我并没有公开表示说我很擅长赌博游戏和概率统计。我不会因为赌博有赚钱的可能性而去赌博,也不会因为赌博有很大的乐趣而去赌博。我不是那种人,可以从做一件保证赚钱的事情中去经历一种疯狂的感觉。我发现玩一种不规则(不公平)的游戏对我没有任何兴趣或者激动而言。假设你喜欢拳击,但是你不是一个职业拳击手,进一步说,你就是一个拳击业余爱好者;你只是喜欢和那些没有任何拳击经验的拳击手去打,这些没有经验的拳击手的上半部头脑只会受到你无谓的打击。如果要你去和比如像 Mike Tyson(前重量级拳王)这样的拳击手进行搏击,你还愿意吗?如果这次拳击中获胜者可以赢得 2,500,000 美元,那么你认为谁会获胜呢?你获胜的可能性有多大呢?这就是我所认为的不规则的游戏。不规则某种程度上也可以被认为是不公平。我在想,这次赌博胜算的几率有多少。非常坦诚地说,我甚至还不知道你的身份,我会明确地,没有任何犹豫地说,我会把我的钱押在 Mike Tyson 的身上(赌 Mike Tyson 赢),因为我认为这是非常保险的投资。

另一方面讲,赌场上会把大量的资金押在他们认为是一次保险的投资上面。不管我在赌博游戏、规则以及胜算概率这方面话题上是不是缺少经验,我也还确实了解一些东西;并且这也就是为什么我不会把大量的资金押在那些像老虎机或者轮盘赌上面。胜算概率方面没有数学保证。

线条(概率)理论

在投掷硬币中概率非常有趣。大家都认为,如果我在空中投掷一个硬币,它就会连续六次着落时正面朝上,并且大家还会认为在第七次投掷时硬币着落背面朝上的可能性已经大大增加了。这种错误的数学推理是这样来的:用 100% 除以总共投掷的次数(包括下一次投掷)得出的概率,然后再从这 100% 中间减去前面的概率。

第十一章 其他的利润保护措施

如果投掷着落时有三次连续背面朝上,那么下一次投掷着落时正面朝上的几率就是75%:

$$100\% \div 4 = 25\%$$
$$100\% - 25\% = 75\%$$

因此,投掷的次数越多,从100%中减去的数字就越小。按照这个逻辑,100次连续的投掷就意味着下一次投掷时可能出现相反结果的几率就是99.01%($100\% \div 101 = 0.99\%$;$100\% - 0.99\% = 99.01\%$)。

如果事实确实是这样的话,那么我们就都可以在赌场上赚钱成为富人了……但是事实上并不是这样。

我们开始投掷硬币的时候就说了硬币着落时有50%的机会是正面朝上,50%的机会是背面朝上。我们投掷后,硬币着落是背面朝上。有这样一个假设:因为这次投掷后硬币着落背面朝上,所以下一次投掷硬币着落正面朝上的可能性要大一些。用于支撑这一假设的数学推理就是在接下来的两次投掷中,着落是有可能一次是正面朝上,一次是背面朝上。因为第一次是背面朝上,那么接下来的这两次投掷后结果顺序将会是先正面朝上然后才是背面朝上。投掷以后再一次出现背面朝上。现在按照数学推理计算就是 $50\% \times 50\% \times 50\% = 12.5\%$。

这种错误的思维模式表现出了一些根本不存在的事情:一种结果的依赖事态。意思就是说,下一次投掷硬币的结果在某种程度上取决于前一次投掷硬币的结果。依赖的定义就只是因为受外界力量或者影响而不能够自成规则。独立是和外界的力量或者影响没有什么关系的。在连续投掷后出现了一种结果,那么这对下一次投掷结果的可能性是增是减,这有一定的依赖性。这种依赖性不存在于投掷硬币中。每一个硬币投掷都有一个完全独立的结果,这个结果从来不受前一次投掷结果的数量影响,也和这个数量结果无关。

表面上来看,这似乎是不可能的。比如说,如果前面999,999次投掷的结果都是正面朝上,那么下一次投掷时赌背面朝上胜算的几率是多少呢?假设,从某种程度上来说,投掷硬币的游戏是公平的,理所当然胜算几率是50:50,不管前面999,999次投掷的结果都是正面朝上,下一次投掷硬币着落时,背面朝上的可能性是,并且也通常会是50:50。下面的图解会证明这一说法:

我们投掷两次硬币,不多不少。那么这两次的投掷后会出现四种可能的结果:

1. 正面朝上,正面朝上;
2. 正面朝上,背面朝上;
3. 背面朝上,背面朝上;

4. 背面朝上,正面朝上。

以上就是两次投掷后会出现的四种可能的结果。每一种结果出现的机会都是平等的或者说出现的可能性是一样的。如果只有一种可能的结果,那么每一个结果出现的几率都是25%。

第一次投掷后背面朝上,这样就有两种可能。因此,第一次投掷后正面朝上的两种可能性结果就会被认为是不可能的。这样,两次投掷后第一次投掷后背面朝上就又出现了两种可能的顺序:要么是先背面朝上,再背面朝上;要么是先背面朝上,再正面朝上。换句话说,下一次投掷正面朝上和背面朝上的机会都是50:50。前一次的投掷结果不会影响到下一次投掷结果的可能性。这就是规则,不管这个图解中出现了多少次投掷。如果我们进行了四次硬币投掷,那么将有16种可能的结果(顺序如下):

h:正面朝上;t:背面朝上。

1. h,h,h,h;
2. t,t,t,t;
3. h,h,h,t;
4. h,h,t,h;
5. h,t,h,h;
6. t,h,h,h;
7. t,t,t,h;
8. t,t,h,t;
9. t,h,t,t;
10. h,t,t,t;
11. h,h,t,t;
12. t,t,h,h;
13. h,t,t,h;
14. h,t,h,t;
15. h,t,t,h;
16. t,h,h,t。

上面就是唯一可能的结果。在投掷硬币之前,每一种结果出现的可能性都是6.25%(1÷16)。只要第一次投掷完成,那么这些可能出现的结果中就有8种结果将会自动被排除。如果硬币第一次投掷的结果是背面朝上,那么第一次投掷后是正面朝上的可能性结果都要被排除掉。因此,现在只有下面这8种可能性的结果会存在:

1. t,t,t,t;

第十一章 其他的利润保护措施

2. t,h,h,h;
3. t,t,t,h;
4. t,t,h,t;
5. t,h,t,t;
6. t,t,h,h;
7. t,h,h,t;
8. t,h,t,h。

每一种可能性现在出现的几率都是12.5%（1÷8）。这8种可能出现的结果中有4种结果有12.5%的几率在下一次投掷后（第二次）会是背面朝上，有12.5%的几率下一次投掷后会是正面朝上。因此，下一次（第二次）投掷后出现正面朝上和背面朝上的可能性仍旧是50∶50（12.5%×4=50%）。因此下一次的投掷后又可以排除4种可能性。如果下一次投掷后又是背面朝上，那么上面的8种可能出现的结果中又有4种可能出现的结果要被立即排除。剩下的这4种可能出现的结果是：

1. t,t,h,h;
2. t,t,t,h;
3. t,t,h,t;
4. t,t,t,t。

在上面的四种可能出现的结果中，有两种结果在下一次投掷中出现正面朝上的几率是25%，有两种结果在下一次投掷中出现背面朝上的几率是25%。因此，下一次投掷硬币都有平等的机会出现正面朝上或者是背面朝上。这种可能性仍旧是50∶50。如果下一次（第三次）投掷后依旧是背面朝上，那么就要立刻排除两种可能出现的结果，剩下的两种可能出现的结果就是t,t,t,h和t,t,t,t。这就是唯一两种可能出现的结果，他们出现的几率都同样是50%，这只是因为前一次的投掷并没有消除或者削减下一次投掷中正面朝上或者是背面朝上的能力。

这就是为什么在连续999,999次正面朝上或者背面朝上的投掷后，并没有增加下一次投掷是正面朝上或者背面朝上的可能性。即使这999,999次的投掷都是背面朝上，在这1,000,000次的投掷中也会出现两种可能的结果：一种是999,999次背面朝上，1次正面朝上；另一种是1,000,000次全部背面朝上。前面一种和后面一种结果出现的可能性都是均等的。

用依赖性提高可能性

依赖性是独立性的对立面(我没有别的意思)。下面的解释就给出了依赖性其实是如何提高可能性的。假设我们有 20 张扑克牌。其中有一张梅花王牌。那么第一张牌是这张梅花王牌的可能性有多大呢?1÷20=5% 的可能性。第一张牌亮出以后,它是一张红方块 10。这张牌就要被拿开,这样的话总共就只剩下 19 张扑克牌了。因此,现在来看,下一张扑克牌是这张梅花王牌的可能性就是 5.25315%(1÷19=5.25315%)。如果下一张扑克牌是红桃 2,那么它又要被拿开,这样接下来一张扑克牌是这张梅花王牌的可能性就是 5.5555%(1÷18=5.5555%)。如果接下来又亮出了 8 张扑克牌还是没有这张梅花王牌,那么现在就只剩下 10 张扑克牌了。这 10 张扑克牌中有一张就是这张梅花王牌,直到下一张扑克牌被拿开,每一张扑克牌是这张梅花王牌的几率都还是相等的。这样一来,下一张扑克牌是这张梅花王牌的几率就提高到 10%(1÷10=10%)。如果接下来这 10 张扑克牌中又有 8 张不是这张梅花王牌,然后被拿开以后,就只剩下 2 张扑克牌了,这样 2 张扑克牌中还有两次机会可以知道哪一张扑克牌是这张梅花王牌:要么是接下来的这一次是这张梅花王牌,要么是接下来的这一次的下一次是这张梅花王牌。因此,最后这两次机会中有一次是这张梅花王牌的可能性就从 5% 提高到了 50%。如果接下来的这一次不是这张梅花王牌,那么最后一次是这张梅花王牌的几率就是 100% 了。每一次从这些扑克牌中拿开一张,这个可能性(概率)就会提高。因此,这个可能性是依赖于前一次亮牌的结果。

这里存在依赖性是因为亮出的每一张不是梅花王牌的这一张牌影响了剩余的这些牌是这张梅花王牌的可能性。这也就是为什么算牌术在赌场上是不合法的原因。(对于他们来说,想出方法操纵赢你钱的可能性是合法的;但是对你而言,想出方法操纵赢他们钱的可能性就是不合法的!)如果一张牌在被亮出以后(因为不是这张梅花王牌)又被放回原来的扑克牌中,重新洗牌,那么下一张扑克牌是这张梅花王牌的可能性通常或者说永远就是 5%。

在实际的投资(交易)中,唯一可能相似的一种情况就是像投掷硬币的例子。如果你认为在一连串的失败交易以后,用数学方法可以证明下一次交易是成功的可能性会增加,那么我们只要简单地用一次成功的交易代替每一次投掷硬币中的背面朝上,用一次失败的交易代替每一次投掷硬币中的正面朝上。最后每一次的结果都会是一样的。

然后会出现这样一个问题：经过长期的证明，要是这种方法证明了最后的交易成功的几率是75%，这会怎么样呢？答案就是用同样的逻辑去推理。假设，这里有这样一个游戏。在这个游戏中，我们可以赌连续三次投掷一样才算对方赢。这样一来，我们会输的就是这样的投掷顺序：h, h, h 和 t, t, t。如果最后投掷硬币着落是另外其他的结果，那么我们就赢了。要记住，这样的投掷只有 8 次可能的结果。这 8 种可能的结果中只有 2 个结果是我们输，另外 6 个结果都算是我们赢（$6 \div 8 = 75\%$）。每一次我们完成了投掷 3 次硬币，顺序可能是我们赢，也可能是我们输。之后，3 次投掷再重复投掷，所有的这 8 个可能的结果都存在。因此，每一次投掷我们都有 75% 的几率获胜，不管前面一次投掷的结果如何。这个逻辑仍然是一样的。

这就引导我们进入到了历史交易记录的话题上来了。历史的交易记录在准确传递给我们任何一种交易方法胜算的可能性时可靠性如何？很多时候，杠杆交易市场，在很大程度上都是依赖于交易记录。但是这个问题的答案不在于交易记录本身，而是在这个市场能够有一种可以揭露或者脱离偏差的交易。如果之前的 100 次交易成功的可能性是 75%。失败的可能性是 25%，而这些数字本身也可以让我们知道这 100 次交易中，成功的可能性是 75%。这里有一组让人震惊的统计数据，我个人也认为这些数据大部分都很令人吃惊。除了市场中存在的这些偏差以外，在接下来的 100 次交易中成功的可能性是 75% 或者更高的可能性只是 31.25%。

你可能会说："怎么会这样呢？"除非市场中真正的有一个偏差已经开始产生影响了，否则，在接下来的 100 次交易可能出现的结果中，就会出现 126 + 30 种"零式结果"。这也只是唯一的可能，这种可能就是所有这些可能的126 + 30种"零式结果"都需要是成功交易的结果！只要第一次交易失败了，那么所有的这 100 次交易都是成功交易的可能性就是零了。因此，至少有一种可能性被排除了。我们可以像前面一样来这样计算，但是这将花费太多的时间和空间，所以我们可以转到一些时间稍微短些的事情上。

如果有 4 次交易，那么这 4 次交易就可能会出现 16 种结果。假如我们要求这 4 次交易中有 3 次交易是成功的交易，这样我们就可以排除 11 种可能出现的结果。然后这就只剩下了 5 种可能出现的结果了，或者出现这个可能性就是 31.25%。为了更好地解释这种情况，我们还是回到前面讲到的 4 次投掷硬币的例子中来。这 4 次的投掷后可能出现 16 种结果。全部的这些可能出现的结果中，至少有 3 次背面朝上（或者更多），那么这样之前可能出现的 16 种结果中就只剩下 5 种结果可能出现了。

这可以用于任何几次交易的计算。每次交易的次数增加一次，最后可能出现的结果就会比前一次交易可能出现的结果多出一倍。如果只投掷一次硬币，可能出现的结果也就只有 2 个；如果投掷 2 次硬币，可能出现的结果也就只有 4 个；如果投掷 3 次硬币，可能出现的结果也就只有 8 个；每一次投掷的数量增加一次，那么最后可能出现的结果就会比前一次投掷可能出现的结果多出一倍。这也就是为什么说进行 100 次交易后，可能出现的结果太多的原因。然而，不管每一次交易后可能出现的结果有多少种，这一次交易成功的可能性依旧是 75%，不会改变。

100 次交易的交易记录显示只有 30% 的交易会成功，与之相比较，在接下来的 100 次交易中，排除市场中可能出现的任何偏差，有 75 次交易成功的几率就只是 31.25% 了。排除市场交易中存在的偏差之后就会出现这样一些统计数据：在接下来的 100 次交易中成功交易的可能性至少是 30%，甚至更多，也许会超出 89%。如果我们把一个硬币在空中投掷 6 次，那么可能出现的结果就有 64 种。为了争取这 30% 交易成功的机会，那在这个投掷结果中争取 33% 的交易成功率就至少必须有两次投掷的结果是背面朝上（交易成功）。只有 7 个结果没有至少两次是背面朝上（交易成功）：7 ÷ 64 = 10.9%，可能出现的结果是 100% − 10.9% = 89%。这也就表明，在交易市场没有出现偏差影响交易成功的几率。

这也就引发了另外一个疑问：市场偏差到底是指什么呢？这个问题是可以用一只猫的前后两面来解释的。如果这只猫被扔向空中，那么这只猫最后落地时可能会是肚皮朝上还是背部朝上？如果这只猫被扔向空中，那么它最后落地时可能会是肚皮朝上也可能是背部朝上（侧面落地就需要重新扔）。因为存在两种可能性，这每一种可能性自然而然就有一个平等的机会吗？当然不是。这个例子中存在一个偏差。假如打赌的是我个人，我每一次都会把这个赌金押在"落地时背部朝上"的这个结果上面，不管前面统计结果显示是什么——除非这只猫死了，在这个时候我会考虑这个统计结果。

这只是在结果中出现偏差的一个例子。这个偏差就是：它一定存在一种物理规律，按照这个物理规律，活着的猫着陆时都是两脚着地，肚皮朝下的。市场中的偏差不是那么显而易见。只有当投资市场买者比卖者多的时候，或者是当一种大宗商品的供求出现不平衡的时候，又或者是当市场中存在一种或者很多种数不清的可能的刺激因素（催化剂）的时候，这时，市场中的偏差才会存在。因此，当我们在分析这个历史交易记录的时候，不是要看这 75% 交易成功的方法，也不是自然而然地去猜测下一次交易中成功的记录也会是 75%，而是要去看下这种方法最基本的逻辑。这个数字本身不会告诉你任何相关的有价值的东西。

第十一章 其他的利润保护措施

市场结果的依赖性

在投资市场的结果中去讨论可能的依赖性,我想很清楚地提前申明一下,我充其量是怀疑这个理论,并且这只是额外包含在内的。在以后投资(交易)的结果中可能(我强调的是"可能")存在对前面的投资(交易)的结果有一种依赖关系。没有什么数学方式可以证明这个说法。只有逻辑和潜在的警示可以在这种理论中起到主要的引导作用。

如果谈到这之间存在依赖性,那么在下一次交易的结果中成功或者失败的可能性一定会降低。就像前面玩儿扑克牌游戏那样,如果有20张牌,其中已经亮出来有10张牌都不是那种梅花王牌以后,那么下一张牌亮出后不是这张梅花王牌的可能性就会从95%降低到只有80%。至于说到在交易中结果的顺序中存在依赖性,继续交易失败的可能性也一定有一个相关的减少,而这个继续交易失败是由于市场行为的原因引起的。比如说,当我在写到这一章节的时候,民用燃料油市场已经非常接近30年以来的新低了。今天民用燃料油的价格在大约36美分的价位收盘,这个30年以来的新低就正好在30美分以下。那么按照逻辑推理,如果采用一种投资方法,要继续购买民用燃料油,那么最终,这个价位不会继续往下跌,最后实际上价格就在那时候开始回升,而后促成了这次交易的成功。民用燃料油价格移动越是接近零,那么这个民用燃料油达到它中期低点的短期点位的可能性就越大。因此在这个投资市场买入这种民用燃料油比卖出这种民用燃料油交易成功获利的可能性更大。

这个例子没有真正地表明在交易中存在一种依赖性,但是交易的结果对市场行为确实存在这么一种依赖关系。我们可以证明:这种依赖性确实存在于市场行为中。回想下1987年10月19日,那天星期一,世界股市崩溃。道·琼斯工业平均指数在短短一天时间里大幅度下跌500多个点(508个点)。在今天,一个500点的下跌就会被认为是相当大的跌幅,但是远不如那个时候的(产生的影响大)。这个下跌表明在一天以内有20%的跌幅。如果你看下之前的图表,你就会发现在接下来的一天(星期二),整个市场弹回上扬了150多个点。如此的一个上扬直接和前一天的下跌幅度有关,并且是依赖于前一天的下跌才会出现如此一个上扬。假如在星期一的时候这个股票市场上升了10个点,那么确信无疑,这个市场第二天(星期二)不会有150个点的回升或者上扬。市场行为中存在依赖性是因为有以前市场行为做基础。明天的市场行为没有摆脱了外界的力量或者影响。外界的力量确实就是那些推动整个市场的东西。某种依赖得以在投资市场(交易)顺序中存在的唯一的方式就是,是否市场中的这种依赖性由于某种原因被转移到了正在进行的投资交易中。这不是一件容易完成的任务。

资金曲线的移动平均线交易

关于资金曲线的移动平均线交易如何运作有很多种说法,也有很多种可能性,这里就有一个关于它的话题。资金曲线的平均指数交易可以呈现出各种各样的形式。这种方法的计算方法就是把前面10天的股价点位(或者收盘指数)加在一起,然后再用这个数除以10(或者是任意其他的数字或者说是"时间周期")。这就是资金曲线的移动平均值。一般来说,当股价上扬,这个平均值就会在实际股价的下方;如果股价下滑,这个平均值就自然会在实际股价的上方。因此依靠这种方法的交易商就只会考虑两点:当实际股价在资金曲线平均值上方的时候,他就会进场进行交易;当实际股价在资金曲线平均值下方的时候,他就会停止交易。即使交易商没有进行任何交易,他也会密切关注资金曲线的走势,当这个资金曲线反弹回到移动平均线水平以上的时候,他就会立刻进场开始交易。

利用资金曲线的移动平均线进行交易是最常见的一种用法。这一章节将阐述这一种方法,以及很多种可能的方法。这一章节也检验了这种方法的有效性,并检验了这种方法应该或者不应该使用,最后还给我们大家提供了一些运作这种方法的几种方式。

首先,我们必须回答这样一个问题:应用资金曲线的移动平均线交易的方法是一种像这本书中定义的那样的资金管理方法吗?资金曲线的移动平均线交易没有强调像定义中讲到的投资资金的数额。它强调了是否应该进行下一次交易这个问题。这是进行交易选择(贸易选择)的一种形式。交易选择没有一种数学方式来证明它的有效性,或者说,关于这一点,也没有一种数学方式可以证明这种方法的无效性。因此,应用资金曲线的移动平均线交易的方法不能被视为是资金管理方法的一种真正的形式。并且,如果这不是资金管理方法的一种真正的形式,那么它又是什么呢?我会把这种方法列为风险管理的一种形式。资金管理和风险管理这两者不是一样的。风险管理只是采取措施试图去控制风险敞口(风险暴露)。风险管理是一种安全的措施,它是交易商在应用资金管理方法的时候另外采取的一种额外措施。

像之前提到的那样,资金曲线的移动平均线交易只是说,如果股价在资金曲线移动平均线的上方,交易商才会开始进行交易;如果股价在资金曲线移动平均线的下方,交易商就不会进行交易。在交易或者投资中要尝试应用像资金曲线的移动平均线交易方法这样的方法唯一的目的就是使投资(交易)的风险最小化。这种方法在任何时候绝不会被看成是一种提高利润的方法。但是这并不意味着这种方法就不能提高利润;有时候,这种方法也可能会提高利润。而这也就是经常发生的附带利益罢了。资金曲线交易方法试图把交易商从较大跌幅的风险中引开,然后当这种方法中显示股价开始回转时再把交易商引入一个可以获利的点位。

  投资(交易)就是关于一件事件:风险和回报的较量。有一些可以折中的交易。一个交易商想投资 X 美元的资金以得到 Y 美元的回报。在进行投资之前,这个交易商一定认为这次投资潜在的回报比较大,是值得为这次风险投资的。但是这种资金曲线交易的方法却是恰恰相反。风险是那部分潜在的不会创造利润的那部分资金,而回报是那部分潜在的不会被亏损掉的那部分资金。交易商一定认为为这些潜在的风险资金去投资以获取更多的回报来保护现有资本是值得的。

  要想把资金曲线交易的方法应用到你的交易账户中,你就必须算出 X 天的资金曲线平均值,然后密切关注和实际的资金曲线走势本身一样的表格。图形 11.1 就显示了一个按照研制的第一种方法运作得出的假设的交易记录的资金曲线走势图。实际的资金曲线是粗体线,而资金曲线平均线就是在资金曲线下方的较细的线。下面的这个图形就是从实际的交易中即刻得出的资金曲线图,图中显示了一个在资金曲线的移动平均线以下的一个下跌。

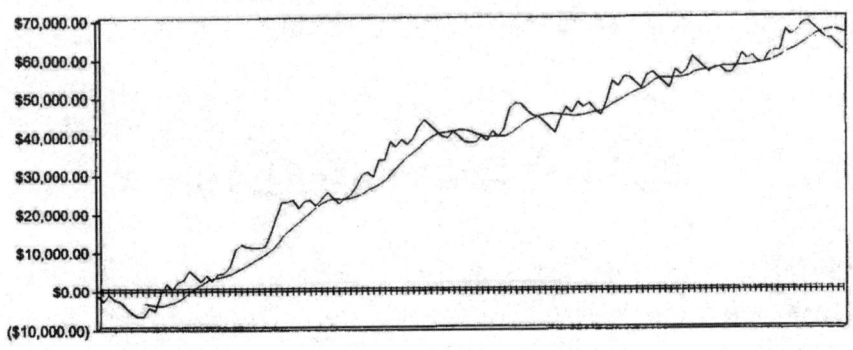

图形 11.1 资金曲线的移动平均线交易
紧接着资金曲线的移动平均线以下的一个下跌趋势后从交易中即刻截取的资金曲线走势图

在这个例子中，一共有132次交易没有根据资金移动平均曲线来操作。这些交易中有47%的交易是获利的，总共获取利润超出61,000美元，最大跌幅额度是7,625美元。在应用一种9个点式的资金移动平均线和9个条纹式的移动平均线交易以后，最后的净利润就会减少到39,500美元，并且只有105次交易。交易成功的几率相对来说和前面是一样的，但是跌幅额度确实就比较高，超过了8400美元……比没有应用资金移动平均曲线来操作的要超出很多！

但是，在你完全抛弃这种交易方式之前，我会告诉你我举这个例子的一个原因。这是用于投资市场交易的一种方法，并且这也是你在任何单一的交易市场以及交易方法中应该看到的大概是最差的一次下跌。完全出人意料的是，选择的这条移动平均线却被挑选出来做例子了。不管怎么说，这个例子其实没有任何的改进（优化）。我选择这个来举例是为了告诉大家用这种方法交易是有风险的。这些风险不一定就存在于你可能亏损的那部分资金中，但是它也许就存在于你可能会赚取的那部分资金中。你可能也注意到了你正在保护你的账户，以免你的账户受到最意想不到的却似乎要发生的两件事情的不好影响。保护账户以免受到不好影响的第一件事情就是交易方法的全部的完全的失败。如果某种交易的方法遭遇到了完全的失败，账户就不会再进行导致这次交易失败的大部分的交易。我知道很多客户交易中都用了一种很特殊的交易方法，这种交易方法可以在今年通过避免一个巨大的30,000多美元的跌幅额度来获取更大的利润。这种方法也可以保护你内心的平静。

交易失败的一个原因就是资金不足。我也认为交易失败的一个原因就是资金数额的问题。交易的资金不足就不足以抵挡在杠杆交易市场出现的较大的跌幅。他们可能有抵抗跌幅的资金，但是他们却没有抵抗跌幅的风险资金。通过在交易账户中为扩大的跌幅承担足够的风险，账户中的资金才会有一个比较长的使用寿命。

资金曲线移动平均线的分析

我们再进一步地看看资金曲线的移动平均线交易，这种交易方法的逻辑性问题就开始浮现了。在前面的例子中，图表显示的交易记录中确实出现了因为使用了资金曲线的移动平均线导致的利润减少。表格11.1是最开始的132次交易中一个资金曲线的逐笔瓦解崩溃，应用了9个点式的资金移动平均线，然后告诉我们进行了什么交易，以及为什么进行这个交易。如果在交易旁边有一个">"，那么接下来的这次交易就可以进行，因为这个股价要高于平均值；如果在交易旁边有一个"<",那么接下来的这次交易就不可以进行,因为这个股价要低于平均值。我们注意下,第 21 行的跌幅把股价拉伸到足够低以至于交易商无法进行下一场交易。第 22 行中显示的交易是成功的交易,获利 1718.50 美元,而这就是那一场无法进行的交易。因为那一场交易,资金曲线又反弹回移动平均线以上,这样交易可以重新开始。这在第 43 和 44 行再一次发生了类似的情况。就在你交易到了第 63~72 行时,这种同样的情况再一次重复了很多次,每隔几次资金曲线又反弹回移动平均线以上,然后资金曲线又回到移动平均线以下。每一次移动平均线移动到了资金曲线的下方,就意味着交易商要停止进行交易,这似乎表明接下来将立即会有一次成功的交易。资金曲线移动到了移动平均线的上方,接下来的交易就会失败,失败之后资金曲线移动到了移动平均线的下方。

表格 11.1 资金曲线的逐笔瓦解崩溃

盈亏($)	账户余额($)	平均9个点波动($)	"<"或">"	支出盈亏($)	新账户余额($)
-1,406.25	-1,406.25			-1,406.25	-1,406.25
-1,406.25	-28,12.50			-1,406.25	-2,812.50
1,750.00	-1,062.50			1,750.00	-1,602.50
-1,406.25	-2,468.75			-1,406.25	-2,468.75
-468.75	-2,937.50			-468.75	-2,937.50
-1,406.25	-4,343.75			-1,406.25	-4,343.75
-1,406.25	-5,750.00			-1,406.25	-5,750.00
-937.50	-6,687.50			-937.50	-6,687.50
62.50	-6,625.00	-3,788.19	<	62.50	-6,625.00
2,125.00	-4,500.00	-4,131.94	<	2,656.25	-3,968.75
-750.00	-5,250.00	-4,402.78	<	-1,406.25	-5,375.00
4,406.25	-843.75	-4,378.47	>	1,718.75	-3,656.25
2,656.25	1,812.50	-3,902.78	>	687.50	-2,968.75
-1,406.25	406.25	-3,531.25	>	2,312.50	-656.25
1,718.75	2,125.00	-2,818.50	>	-1,406.25	-2,062.50
687.50	2,812.50	-1,861.11	>	-1,406.25	-3,468.75
2,312.50	5,125.00	-548.61	>	1,562.50	-1,906.25
-1,406.25	3,718.75	600.69	>	-1,406.25	-3,312.50
-1,406.25	2,312.50	1,357.64	>	250.00	-3,062.50
1,562.50	3,875.00	2,371.53	>	1,750.00	-1,312.50
-1,406.25	2,468.75	2,739.58	<	4,406.25	3,093.75

续表

盈亏($)	账户余额($)	平均9个点波动($)	"<"或">"	支出盈亏($)	新账户余额($)
1,718.75	4,187.50	3,003.47	>	1,250.00	4,343.75
250.00	44,37.50,	3,451.39	>	-687.50	3,656.25
1,750.00	6,187.50	3,902.78	>	-156.25	3,500.00
4,406.25	10,593.75	4,767.36	>	0.00	3,500.00
1,250.00	11,843.75	5,513.89	>	343.75	3,843.75
-687.50	11,156.25	6,340.28	>	3,187.50	7,031.25
-156.25	11,000.00	7,305.56	>	4,343.75	11,375.00
0.00	11,000.00	8,097.22	>	4,000.00	15,375.00
343.75	11,343.75	9,083.33	>	0.00	15,375.00
3,187.50	14,531.75	10,232.64	>	562.50	15,937.00
4,343.75	18,875.00	11,836.81	>	-2.187.50	13,750.00
4,000.00	22,875.00	13,690.97	>	1.875.00	15,625.00
0.00	22,875.00	15,055.56	>	218.75	15,843.75
562.50	23,437.50	16,343.75	>	-1,406.25	14,437.50
-2,187.50	21,250.00	17,465.28	>	1,687.50	16,125.00
1,875.00	23,125.00	18,812.50	>	1,687.50	17,812.50
218.75	23,343.75	20,184.03	>	-1,406.25	16,406.25
-1,406.25	21,937.50	21,361.11	>	-1,406.25	15,000.00
1,687.50	23,625.00	22,371.53	>	968.75	15,968.75
1,687.50	25,312.50	23,086.81	>	2,062.50	18,031.25
-1,406.25	23,906.25	23,210.39	>	2,906.25	20,937.50,
-1,406.25	22,500.00	23,159.72	<	937.50	21,875.00
1,187.50	23,687.50	23,187.50	>	-1,406.25	20,468.75
968.75	24,656.25	23,965.97	>	4,437.50	24,906.25
2,062.50	26,718.75	23,965.28	>	0.00	24,906.25
2,906.25	29,625.00	24,663.19	>	4,750.00	29,656.25
937.50	30,562.50	25,621.53	>	-1,406.25	28,250.00
-1,406.25	29,156.25	26,236.11	>	2,000.00	30,250.00
4,437.50	33,593.75	27,156.25	>	-1,406.25	28,843.75
0.00	33,593.75	28,232.64	>	1,718.75	30,562.50
4,750.00	38,343.75	29,993.06	>	2,937.50	33,500.00
-1,406.25	36,937.50	31,465.28	>	1,812.50	35,312.50
2,000.00	38,938.50	33,052.08	>	-1,406.25	33,906.25
-1,406.25	37,531.25	34,253.47	>	-1,406.25	32,500.00
1,718.75	39,250.00	35,332.92	>	-1,406.25	31,093.75
2,937.50	42,187.50	36,614.58	>	-1,406.25	29,687.50

第十一章 其他的利润保护措施

续表

盈亏($)	账户余额($)	平均9个点波动($)	"<"或">"	支出盈亏($)	新账户余额($)
1,812.50	44,000.00	38,263.89	>	-1,406.25	28,281.25
-1,406.25	42,593.75	39,263.89	>	-1,406.25	26,875.00
-1,406.25	41,187.50	40,107.64	>	1,687.50	28,562.50
-1,406.25	39,781.25	40,267.36	<	5,437.50	34,000.00
-437.50	39,343.75	40,534.72	<	1,437.50	35,437.50
1,687.50	41,031.25	40,767.36	>	-31.25	35,406.25
-1,406.25	39,625.00	41,000.00	<	-1,625.50	33,781.25
-1,406.25	38,218.75	40,885.42	<	-1,406.25	32,375.00
-281.25	37,937.50	40,413.19	<	-343.75	32,031.25
93.75	38,031.25	39,750.00	<	-1,406.25	30,625.00
1,781.25	39,812.50	39,440.97	>	-1,406.25	29,218.75
-1,406.25	38,406.25	39,131.94	<	2,812.50	32,031.25
2,625.00	41,031.25	39,270.83	>	-1,406.25	30,625.00
-1,406.25	39,625.00	39,302.08	>	1,156.25	31,781.25
1,687.50	41,312.50	39,333.33	>	-1,843.75	29,937.50
5,437.50	46,750.00	40,125.00	>	-1,406.25	28,531.25
1,437.50	48,187.50	41,232.64	>	5,093.75	33,625.00
-31.25	48,156.25	42,368.06	>	-1,406.25	32,218.75
-1,625.00	46,531.25	43,312.50	>	2,375.00	34,593.75
-1,406.25	45,125.00	43,902.78	>	0.00	34,593.75
-343.75	44,781.25	44,611.11	>	-1,406.25	33,187.50
-1,406.25	43,375.00	44,871.53	<	-1,406.25	31,781.25
-1,406.25	41,968.75	45,131.94	<	3156.25	34,937.50
-1,406.25	40,562.50	45,048.61	<	906.25	35,843.75
3,906.25	44,468.75	44,795.14	<	-1,406.25	34,437.50
2,656.25	47,125.00	44,677.08	>	-1,406.25	33,031.25
-1,406.25	45,718.75	44,406.25	>	-1,406.25	31,625.00
2812.50	48,531.25	44,628.47	>	1,250.00	32,875.00
-1,406.25	47,125.00	44,850.69	>	3,687.50	36,562.50
1,156.25	48,281.25	45239.58	>	-1,406.25	35,156.25
-1843.75	46,437.50	45,579.86	>	-1,406.25	33,750.00
-1,406.25	45,031.25	45,920.14	<	-1,406.25	32,343.75
3,750.00	48,781.25	46,833.33	>	3,312.50	35,656.25
5,093.75	53,875.00	47,878.47	>	-1,406.25	34,250.00
-1,406.25	52,468.75	48,472.22	>	718.75	34,968.75
2,375.00	54,843.75	49,486.11	>	-1,406.25	33,562.50

续表

盈亏($)	账户余额($)	平均9个点波动($)	"<"或">"	支出盈亏($)	新账户余额($)
0.00	54,843.75	50,187.50	>	-375.00	33,187.50
-1,406.25	53,437.50	50,888.89	>	2,531.25	35,718.75
-1,406.25	52,031.25	51,305.56	>	625.00	36,343.75
3,156.25	55,187.50	52,277.78	>	0.00	36,343.75
906.25	56,093.75	53,506.94	>	5,437.50	41,781.25
-1,406.25	54,687.50	54,163.19	>	-1,406.25	40,375.00
-1,406.25	53,281.25	54,097.22	<	1,187.50	41,562.50
-1,406.25	51,875.00	54,031.25	<	1,843.75	43,406.25
4,781.25	56,656.25	54,232.64	>	375.00	43,781.25
-1,406.25	55,250.00	54,277.78	>	-1,406.25	42,375.00
1,250.00	56,500.00	54,618.06	>	-1,406.25	40,968.75
3,687.50	60,187.50	55,524.31	>	-1,406.25	39,562.50
-1,406.25	58,781.25	55923.61	>		
-1,406.25	57,375.00	56,065.97	>		
-1,406.25	55,968.75	56,208.33	<		
1,218.75	57,187.50	56,642.36	>		
0.00	57,187.50	57232.64	<		
-1,406.25	55,781.25	57,135.42	<		
-93.75	55,687.50	57,184.03	<		
1,906.25	57,593.75	57,305.56	>		
3,312.50	60,906.25	57,385.42	>		
-1,406.25	59,500.00	57465.28	>		
718.75	60,218.75	57,781.25	>		
-1,406.25	58,812.50	58,097.22	>		
-375.00	58,437.50	58,236.11	>		
2,531.25	60,968.75	58,656.25	>		
625.00	61,593.75	59,302.08	>		
0.00	61,593.75	59,958.33	>		
5,437.50	67,031.25	61,006.94	>		
-1,406.25	65,625.00	61,531.25	>		
1,187.50	66,812.50	62,343.75	>		
1,843.75	68,656.25	63,281.25	>		
375.00	69,031.25	64,416.67	>		
-1,406.25	67,625.00	65,437.50	>		
-1,406.25	66,218.75	66,020.83	>		
-1,406.25	64,812.50	66,378.47	<		

续表

盈亏($)	账户余额($)	平均9个点波动($)	"<"或">"	支出盈亏($)	新账户余额($)
-187.50	64,625.00	66,715.28	<		
-1468.75	63,156.25	66,284.72	<		
-1,500.00	61,656.25	65,843.75	<		

一般来说,资金曲线的移动平均线交易的方法不能被认为是单纯的资金管理方法,这还有另外一个原因。因为各种交易之间其实都不存在依赖性,因此,只要资金曲线移动到了移动平均线的下方,那就没有一种方法可以预测接下来的交易中会出现什么样的结果。这里有一种非常普及的概念:这一种交易方法确实是可以让你幸免于跌幅的不良影响。它是基于这样一个理论:回升导致下降,下降引起回升。如果你一看到行情开始下滑了你就停止交易,那么你就是在最糟糕的时候停止了交易。那么像这样用这种方法交易的动机就不是为了增加潜在的净利润了。而且,这里也还有一些一个跌幅导致进一步跌幅的例子。

尽管存在这些问题和争论,我们仍然还是有一些可以改进这种交易方法的方式。这里提到的这些问题的一个原因就是移动平均线要求交易停止为时过早。要更正这个问题的一种很明显的方法就是用一种长期的移动平均线来指导交易。然而,这并不可以解释清楚这种方法存在的问题的另外一个原因。一条移动平均线确切地说就是一条由过去的股价点位构成的移动平均线。它是远远滞后的。如果这条移动平均线是一条较长时期的移动平均线,那么这种滞后就会变得更加大了。因此,为了尊重最初使用移动平均线交易的理由,接下来的几种方法都是努力解决前面提到的这两个问题和争论的结果。

有消极预期结果的资金曲线移动平均线交易

这里有一个很有趣的交易环节。通观这本书,大家已经有这样一种共识:资金管理方法可以把一种消极的预期结果变成一种积极的预期结果。这是一种绝对正确的说法,尽管对于这种说法并没有数学方式可以去证明。然而,不能用数学方式去证明并不代表这种情况不能或者不会发生。在赌博交易中,赌博者能够在连获胜算之后,适可而止,然后就停止交易。其实这个赌博者本身就是一个胜者。即使资金曲线移动平均线交易不能被比作赌博交易,但是用这种方法进行交易在一些情况下还是可以有积极的结果(获利),尽管用这种方法进行的所有的投资（交易）最终是亏损的。交易商是不会卷进这样的投资市场或者说这些交易方法之中，因为这样的话他们可能就会亏损——相反的是，他们都有一个积极的预期结果，他们都希望赚到钱。不管他们对于进行的交易预期是多么积极，或者说不管他们期望从交易中获取多少利润，他们所选用的投资（交易）方法不会总是顺从他们的意愿每次都能获利。现在我们来看看下面的这个交易：

100	100
100	100
100	−110
−110	−110
100	100
100	100
100	100
100	100
−110	−110
−110	−110
100	100
−110	−110
100	净利润总和是 500 美元
−110	

在这 26 次的交易中，有 16 次交易是获利的，有 10 次的交易是亏损的，最终算下来这 26 次交易后净利润总和是 500 美元。那么这种交易方法的数学期望值是多少。这 26 次的交易中，有 62% 的获胜几率，获利系数是 1.45，这些看上去都表明这 26 次交易是有积极的预期效果的（是获利的）。这就错了！这种方法可以按照以下的方式来看：我投掷了一枚硬币 26 次，如果着落时正面朝上，我可以赢得 100 美元；如果是着落时背面朝上，我可以就输掉 110 美元。这样看来，其实这个预期值是消极的（是个负数），并且也经常就是消极的。但是，由于保持了良好的势头，我们最终已经取胜（获利）。

现在，我们接着来分析上面的 26 次交易剩下的一些问题。假如我们依旧继续进行接下来的 26 次投掷，我们就会走下降趋势，最终出现高达 760 美元的亏损。这样一来两个 26 次的交易以后，第一个 26 次获利 500 美元，第二个 26 次亏损 760 美元，最终总共是亏损了 260 美元。那么我们是如何得到这样的答案的呢？如果我们用的是 4 期资金曲线的移动平均线，只要资金曲线在移动平均线的上方,那么交易以后的结果就会是获利 620 美元,成功交易的几率就会高达 65%。但是这种几率不是每一次交易都会发生。交易的顺序和用资金曲线的移动平均线交易最后的结果有很大的关系。然而,即使在一次消极(负面)的预期交易中,移动平均线也确实给出了交易商是如何保证交易中一次积极的胜算的方法。

连续两次在移动平均线下方收盘

这种方法不仅要求资金曲线要在移动平均线的下方,而且要求确保接下来的收盘点位要在移动平均线的下方。表格 11.2 就是把这种交易方法应用到最初的资金曲线的移动平均线交易方法中所出现的结果。通过落实连续两次收盘这个规定,我们就能够使利润上涨到 47,000 美元,并且一直保持着和前面例子中一样的跌幅额度。进一步说,这个附加的要求只是把原来的 132 次交易数量稍微减少到了 117 次交易。

表格 11.2 连续两次收盘以后的资金曲线移动平均线

盈亏($)	账户余额($)	平均9个点波动($)	"<"或">"	盈亏($)	新账户余额($)
-1,406.25	-1,406.25			-1,406.25	-1,406.25
-1,406.25	-2,12.50			-1,406.25	-2,812.50
1,750.00	-1,062.50			1,750.00	-1,602.50
-1,406.25	-2,468.75			-1,406.25	-2,468.75
-468.75	-2,937.50			-468.75	-2,937.50
-1,406.25	-4,343.75			-1,406.25	-4,343.75
-1,406.25	-5,750.00			-1,406.25	-5,750.00
-937.50	-6,687.50			-937.50	-6,687.50
62.50	-6,625.00	-3,788.19	<	62.50	-6,625.00
2,125.00	-4,500.00	-4,131.94	<	2,125.00	-4,500.00
-750.00	-5,250.00	-4,402.78	<	2,656.25	-1,843.75
4,406.25	-843.75	-4,378.47	>	-1,406.25	-3,250.00
2,656.25	1,812.50	-3,902.78	>	1,718.75	-1,531.25
-1,406.25	406.25	-3,531.25	>	687.50	-843.75
1,718.75	2,125.00	-2,818.50	>	2,312.50	1,468.75

续表

盈亏($)	账户余额($)	平均9个点波动($)	"<"或">"	盈亏($)	新账户余额($)
687.50	2,812.50	-1,861.11	>	-1,406.25	62.50
2,312.50	5,125.00	-548.61	>	-1,406.25	-1,343.75
-1,406.25	3,718.75	600.69	>	1,562.50	218.75
-1,406.25	2,312.50	1,357.64	>	-1,406.25	-1,187.50
1,562.50	3,875.00	2,371.53	>	1.718.75	531.25
-1,406.25	2,468.75	2,739.58	<	250.00	781.25
1,718.75	4,187.50	3,003.47	>	1,750.00	2,531.25
250.00	44,37.50,	3,451.39	>	4,406.25	6,937.50
1,750.00	6,187.50	3,902.78	>	1,250.00	8,187.50
4,406.25	10,593.75	4,767.36	>	-687.50	7,500.00
1,250.00	11,843.75	5,513.89	>	-156.25	7,343.75
-687.50	11,156.25	6,340.28	>	0.00	7,343.75
-156.25	11,000.00	7,305.56	>	343.75	7,687.50
0.00	11,000.00	8,097.22	>	3,187.50	10,875.00
343.75	11,343.75	9,083.33	>	4,343.75	15,218.75
3,187.50	14,531.75	10,232.64	>	4,000.00	19,218.75
4,343.75	18,875.00	11,836.81	>	0.00	19,218.75
4,000.00	22,875.00	13,690.97	>	562.50	19,781.25
0.00	22,875.00	15,055.56	>	-2,187.50	17,593.75
562.50	23,437.50	16,343.75	>	1,875.00	19,468.75
-2,187.50	21,250.00	17,465.28	>	218.75	19,687.50
1,875.00	23,125.00	18,812.50	>	-1,406.25	18,281.25
218.75	23,343.75	20,184.03	>	1,687.50	19,968.75
-1,406.25	21,937.50	21,361.11	>	1,687.50	21,656.25
1,687.50	23,625.00	22,371.53	>	-1,406.25	20,250.00
1,687.50	25,312.50	23,086.81	>	-1,406.25	18,843.75
-1,406.25	23,906.25	23,210.39	>	1,187.50	20,031.25
-1,406.25	22,500.00	23,159.72	<	968.75	21,000.00
1,187.50	23,687.50	23,187.50	>	2,026.50	23,062.50
968.75	24,656.25	23,965.97	>	2,906.25	25,968.75
2,062.50	26,718.75	23,964.28	>	937.50	26,906.25

第十一章 其他的利润保护措施

续表

盈亏($)	账户余额($)	平均9个点波动($)	"<"或">"	盈亏($)	新账户余额($)
2,906.25	29,625.00	24,663.19	>	-1,406.25	25,500.00
937.50	30,562.50	25,621.53	>	4,437.50	29,937.50
-1,406.25	29,156.25	26,236.11	>	0.00	29,937.50
4,437.50	33,593.75	27,156.25	>	4,750.00	34,687.50
0.00	33,593.75	28,232.64	>	-1,406.25	33,281.25
4,750.00	38,343.75	29,993.06	>	2,000.00	35,281.25
-1,406.25	36,937.50	31,465.28	>	-1,406.25	33,875.00
2,000.00	38,938.50	33,052.08	>	1,718.75	35,593.75
-1,406.25	37,531.25	34,253.47	>	2,937.50	38,531.25
1,718.75	39,250.00	35,332.92	>	1,812.50	40,343.75
2,937.50	42,187.50	36,614.58	>	-1,406.25	38,937.50
1,812.50	44,000.00	38,263.89	>	-1,406.25	37,531.25
-1,406.25	42,593.75	39,263.89	>	-1,406.25	36,125.00
-1,406.25	41,187.50	40,107.64	>	-437.50	35,687.50
-1,406.25	39,781.25	40,267.36	<	-1,406.25	34,281.25
-437.50	39,343.75	40,534.72	<	-1,406.25	32,875.00
1,687.50	41,031.25	40,767.36	>	-1,406.25	31,468.75
-1,406.25	39,625.00	41,000.00	<	2,625.00	34,093.75
-1,406.25	38,218.75	40,885.42	<	-1,406.25	32,687.50
-281.25	37,937.50	40,413.19	<	1,687.50	34,375.00
93.75	38,031.25	39,750.00	<	5,437.50	39,812.50
1,781.25	39,812.50	39,440.97	>	1,437.50	41,250.00
-1,406.25	38,406.25	39,131.94	<	-31.25	41,218.75
2,625.00	41,031.25	39,270.83	>	-1,625.00	39,593.75
-1,406.25	39,625.00	39,302.08	>	-1,406.25	38,187.50
1,687.50	41,312.50	39,333.33	>	-343.75	37,843.75
5,437.50	46,750.00	40,125.00	>	-1,406.25	36,437.50
1,437.50	48,187.50	41,232.64	>	-1,406.25	35,031.25
-31.25	48,156.25	42,368.06	>	-1,406.25	33,625.00
-1,625.00	46,531.25	43,312.50	>	2,812.50	36,437.50
-1,406.25	45,125.00	43,902.78	>	-1,406.25	35,031.25

续表

盈亏($)	账户余额($)	平均9个点波动($)	"<"或">"	盈亏($)	新账户余额($)
-343.75	44,781.25	44,611.11	>	1,156.25	36,187.50
-1,406.25	43,375.00	44,871.53	<	-1,843.75	34,343.75
-1,406.25	41,968.75	45,131.94	<	-1,406.25	32,937.50
-1,406.25	40,562.50	45,048.61	<	3,750.00	36,687.50
3,906.25	44,468.75	44,795.14	<	5,093.75	41,781.25
2,656.25	47,125.00	44,677.08	>	-1,406.25	40,375.00
-1,406.25	45,718.75	44,406.25	>	2,375.00	42,750.00
2812.50	48,531.25	44,628.47	>	0.00	42,750.00
-1,406.25	47,125.00	44,850.69	>	-1,406.25	41,343.75
1,156.25	48,281.25	45239.58	>	-1,406.25	39,937.50
-1843.75	46,437.50	45,579.86	>	3,156.25	43,093.75
-1,406.25	45,031.25	45,920.14	<	906.25	44,000.00
3,750.00	48,781.25	46,833.33	>	-1,406.25	42,593.75
5,093.75	53,875.00	47,878.47	>	-1,406.25	41,187.50
-1,406.25	52,468.75	48,472.22	>	-1,406.25	39,781.25
2,375.00	54,843.75	49,486.11	>	4,781.25	44,562.50
0.00	54,843.75	50,187.50	>	-1,406.25	43,156.25
-1,406.25	53,437.50	50,888.89	>	1,250.00	44,406.25
-1,406.25	52,031.25	51,305.56	>	3,687.50	48,093.75
3,156.25	55,187.50	52,277.78	>	-1,406.25	46,687.50
906.25	56,093.75	53,506.94	>	-1,406.25	45,281.25
-1,406.25	54,687.50	54,163.19	>	-1,406.25	43,875.00
-1,406.25	53,281.25	54,097.22	<	1,218.75	45,093.75
-1,406.25	51,875.00	54,031.25	<	0.00	45,093.75
4,781.25	56,656.25	54,232.64	>	-1,406.25	43,687.50
-1,406.25	55,250.00	54,277.78	>	3,312.50	47,000.00
1,250.00	56,500.00	54,618.06	>	-1,406.25	45,593.75
3,687.50	60,187.50	55,524.31	>	718.75	46,312.50
-1,406.25	58,781.25	55923.61	>	-1,406.25	44,906.25
-1,406.25	57,375.00	56,065.97	>	-375.00	44,531.25
-1,406.25	55,968.75	56,208.33	<	2531.25	47,062.50

续表

盈亏($)	账户余额($)	平均9个点波动($)	"<"或">"	盈亏($)	新账户余额($)
1,218.75	57,187.50	56,642.36	>	625.00	47,687.50
0.00	57,187.50	57232.64	<	0.00	47,687.50
−1,406.25	55,781.25	57,135.42	<	5437.50	53,125.00
−93.75	55,687.50	57,184.03	<	−1,406.25	51,718.75
1,906.25	57,593.75	57,305.56	>	1,187.50	52,906.25
3,312.50	60,906.25	57,385.42	>	1,843.75	54,750.00
−1,406.25	59,500.00	57465.28	>	375.00	55,125.00
718.75	60,218.75	57,781.25	>	−1,406.25	53,718.75
−1,406.25	58,812.50	58,097.22	>	−1,406.25	52,312.50
−375.00	58,437.50	58,236.11	>	−1,406.25	50,906.25
2,531.25	60,968.75	58,656.25	>		
625.00	61,593.75	59,302.08	>		
0.00	61,593.75	59,958.33	>		
5,437.50	67,031.25	61,006.94	>		
−1,406.25	65,625.00	61,531.25	>		
1,187.50	66,812.50	62,343.75	>		
1,843.75	68,656.25	63,281.25	>		
375.00	69,031.25	64,416.67	>		
−1,406.25	67,625.00	65,437.50	>		
−1,406.25	66,218.75	66,020.83	>		
−1,406.25	64,812.50	66,378.47	<		
−187.50	64,625.00	66,715.28	<		
−1,468.75	63,156.25	66,284.72	<		
−1,500.00	61,656.25	65,843.75	<		

回调30%的跌幅额度

这种方法不是用资金曲线的一个移动平均线交易,而是因为资金曲线的一个逻辑和推理恰恰都是一样的。当我们判断是否要停止交易的时候,我们不是用移动平均线作为评判标准,而只是用一种固定的跌幅标准作为判断标准:当这个跌幅额度超出了交易时的这个标准时,交易就会暂时停止,这时就要求在重新开始恢复交易之前跌幅的额度要回调30%。比如说,如果假设最大的跌幅额度是8000美元,那么我们就可以制定这样一个规则:一旦跌幅额度超过了9000美元,我们就必须停止交易;如果跌幅额度已经达到12,000美元,并且这时跌幅额度在以30%的幅度回调,那么我们就可以重新开始交易了。这也就意味着,这个跌幅额度必须从12,000美元降低到8400美元。我们不管这种交易方法中投入了多少资金,这个资金数量一定要至少和这个假想的交易记录中资金数量一样。

应用这种方法进行债券交易的例子中,我们不但从来没有因此而停止交易,相反,还因此获得总共61,000美元的利润,并且在跌幅额度没有达到20,000美元甚至更多的时候,我们是不会进场的。

趋势线和资金曲线

把趋势线用在资金曲线上面是另外一种减少较大损失的方法。用任何交易方法或者交易策略导致的亏损资金都可以应用这种方法控制损失额度。趋势线是连接资金曲线上的两个最近期的低点,然后继续延长到未来的某个交易时刻,它可以和资金曲线一起使用。如果资金曲线突破趋势线,交易需要暂停;一旦资金曲线又退回到趋势线以上,那么就需要一条新的延伸到未来某个交易时刻的趋势线,这样的周期不断地循环着。这种方法也和连续两次在趋势线下方收盘是相辅相成的。

从前面的解释中我们可以看出,有很多潜在的工具(方法)可以帮助我们完成整个交易过程。然而,这一章中给出的解释和交易方法并不能用数学方式去证明可以提高交易效率。这里有很多例子,在这些例子中,应用了很多种不同的交易策略或者说是交易方法使我们在出现无法预测的跌幅和数次交易失败时不至于被迫出场。基于这个理论,就只为了这个目的而应用这些交易策略或者交易方法是最好的。

第十二章
爆仓的风险

我曾经很犹豫是否要在这本书中提出这个侧重于提供实际的资金管理知识和应用的话题。我经常接到一些想知道关于这一切的人们的电话,他们很理智地讨论着某种投资(交易)方法,然后提出了爆仓的风险的话题。基本上来说,我的第一反应就是:"谁在乎呢?"爆仓的风险在投资(交易)中绝对是没有实际用途的。通过数学计算来决定某种特定方法的爆仓的风险额度也是没有用的。不像这本书中的大部分的其他的方法应用一样,它没有理由和爆仓的风险一起运作奏效。它只是一种统计数据。在投资领域,大概也只是为了注重每一种可能的细枝末节才计算出的这一种统计数据的,大多数都是没什么用的。我看到后很可能会说:"噢,我不知道呢!"但是除了从我们这边得到这样一个"噢",这些数据对我们而言再也没有更多的价值。这就是我所说的爆仓的风险。

所以,如果作为一个统计数据它没什么价值,那么我们还要在这本书中提到它吗?我的目的只是让你信服"你不应该把你所有的时间或者精力都投放在这个风险上面。通过在这本书的这一部分谈论这些,我希望我们大家要更直面这个话题的一些误解。我也希望可以在将来挽救那些具有统计头脑的人们的一些宝贵的时间。对于那些从来都没有爆仓风险意识的人们来说,你们可以做一些对你们自己有好处的事情,不要把时间花在这一章节的内容上面。然而,我非常确定好奇心不会让你这么做。

破产风险的定义就是一种可能性,也就是账户资金可能会减少到一种无法进行任何交易的资金状态。举个例子说明下:在债券交易市场要求每一个合约交易需要 3000 美元的保证金,某个交易商开户资金为 5000 美元。如果这5000美元的账户资金最后亏损到还不到 3000 美元,那么这个账户就爆仓了,那么也就必须要暂时停止债券交易了。爆仓风险额度的计算要考虑到交易成功和交易失败的先后顺序,当出现了成功或者失败的交易以后,就需要重新基于现有的盈亏资金额度来计算接下来爆仓的风险额度。账户中的资金总额超出3000美元所需保证金的数额越大,爆仓的可能性就越小。(这只是一个粗略的例子,但是这确实是和我们要得到的答案是一样地接近实际。)

我已经在一个地方看到了关于这个话题的广泛的讨论,那就是拉尔夫·文斯(Ralph Vince)的《投资组合管理公式》一书中讲到的。如果由于某些原因读者想要掌握这个统计数据背后的数学公式,那么我建议还是去好好看看那本书吧。我们现在这章只是用了最简单的数学例子大概地解释了爆仓的风险额度是如何发挥作用的,以及为什么我说爆仓的风险额度对投资来说没什么用。为了解释爆仓的风险是什么,我们往回看,再以投掷硬币的游戏为例来说明。在投掷硬币的游戏中,在投掷输了一次以后,假设没有减少下一次赌注的额度,那么我们承担的风险资金额度是全部的100美元赌金的25%。这样的话,我们在接下来的四次投掷中,不管是输赢,我们都承担着25美元的风险。对于这100美元的总资金额度,要想出现爆仓的情况(比如说投掷输了以后剩余的资金几乎没有了,或者是说剩余的资金太少而不够使投掷继续进行),那么我们就需要在投掷中连续出现四次投掷失败。

这种情况下我们可以很容易地计算出这个爆仓的风险概率。对于前三次交易(投掷),爆仓的风险是零。假设这些数字和规则不变的话,不管账户余额减少多少,不能进行第四次交易(投掷)是不可能的。然而,一旦我们考虑到了第四次交易(投掷)的可能性问题,第四次出现爆仓的风险率也就变成了6.25%。100美元开仓交易(总共赌金),按照之前出的赌注,不管输赢连续投掷四次后,会出现16种结果。然而,这些结果中,只有一种可能性的结果使账户崩溃(爆仓)。这个结果就是:输(第一次),输(第二次),输(第三次),输(第四次)。

任何其他的输或者赢的结果都不会导致整个账户崩溃(爆仓)。因此,按照之前的打赌,我们爆仓的可能性是6.25%(1÷16=0.625)。然而,这里发生了一些有趣的事情:在这种情况下,这个爆仓风险率从不会变得更小。即使出现了连续100次成功交易(投掷),在没有任何失败交易而导致账户资金减少的情况下,账户中仍然需要拿出来25%的资金当做赌注,这个事实不会使整个账户在接下来的连续四次交易(投掷)中出现爆仓的可能。进一步说,只要发生一次投掷失败,爆仓的风险率立刻就上升到了12.5%,因为四次投掷中知道了第一次的结果后,剩余的三次投掷就只有8种可能的结果出现。在这些结果中也只有一种会导致账户爆仓,那就是:输(第二次),输(第三次),输(第四次)。这接下来的三次投掷除了这个结果,没有任何其他的结果会导致爆仓的结果。如果

第十二章 爆仓的风险

第二次的投掷依旧失败了,爆仓的风险率立刻就上升到了25%;如果第三次的投掷依旧也失败了,爆仓的风险率立刻就上升到了50%,因此,如果接下来的一次投掷(第四次)还是失败了,那么账户就彻底崩溃了。如果前面连续三次投掷失败而第四次投掷成功,那么就不会出现这个过程的循环。相反的,因为这种情况下四次连续投掷后经常会出现爆仓的现象,那么这就无法进行第五次的投掷,这样的话,我们至少需要扭转第四次投掷失败的现实,转败为胜,使整个四次连续的投掷结果变为:输(第一次),输(第二次),输(第三次),赢(第四次)。

回想一下我们每输一次,按照一次1美元的赌注来算,每一次输就输掉1美元;但是赢的话,按照一次1美元的赌注来算,每一次赢可以赢得2美元。如果前面的顺序是前四次投掷硬币的结果,那么我们的账户余额将从100美元到75美元到50美元到25美元,最后一次如果投掷成功的话账户余额又回到75美元。因为75美元的25%比最开始打赌时的25美元赌金(没有减少的情况下)要少,那么我们接下来赌注依旧是25美元。因此接下来三次投掷出现爆仓的风险率又降低到了12.5%(也就是说,也只会有连续三次的投掷失败才会出现爆仓。)

这样解释可能你还是不能很好地理解。你考虑交易的次数越多,爆仓的可能性也就越高。在这个例子中,我们偶然碰到这样一种情况,可以在连续投掷七次以后(而不是四次)才会出现爆仓:输,输,输,赢,输,输,输。也就是按照这样的顺序账户的余额会从100美元减少到最后为零:

开始时:100美元;
第一次:75美元;
第二次:50美元;
第三次:25美元;
第四次:75美元;
第五次:50美元;
第六次:25美元;
第七次:0美元。

事实上,交易的次数越多,出现爆仓的可能性会越大。我们想想如果是进行六次连续交易而不是四次连续交易,和之前进行的任何交易相比,这时候出现爆仓的可能性就从6.25%增加到了9.375%。如果是进行了连续七次的交易,爆仓的可能性就增加到了12.5%,这其中也包含前面的几种可能出现的结果(除了那连续四次就导致爆仓的结果以外)。

我之所以应用这个例子来解释说明是因为这个例子不是现实生活中进行投资时交易商的一种选择。这不是交易商们现实生活中投资的一种选择,其原因是真正的爆仓的风险是非常大的。那么决定不去进行这次荒谬可笑的交易所需的爆仓金额到底是多少呢？

如果一个在交易中具有爆仓风险意识的交易商把他的账户额度定位在绝对不可能出现一丁点儿爆仓机会的位置，那么这个账户其实是非常小的（资金额度很小）。这就是爆仓风险的唯一的用途。我们不要把爆仓风险当成是一种统计数据，而是要看它是否存在于交易限制范围以内。这个不需要什么专家或者天才就可以计算出用 5000 美元开户进行债券交易，交易一个债券合约的保证金是 3000 美元，这种情况下这个交易账户出现爆仓的风险几率是 99.9%。

但是，这里出现了这样一个问题：要是一个交易商只用 5000 美元开户怎么办？会出现什么情况呢？计算出的爆仓风险结果难道对更好地决定在这种情况下进行何种市场投资以及应该用什么交易方法都不重要吗？通常情况下，可能是这样的。然而，对于爆仓风险的计算结果，这里出现了一个问题。事实上，爆仓风险对将来的交易是没有影响的。你可以把这个爆仓风险的计算结果应用在特定的交易之中，然后你会得出一个爆仓风险率，比如说是 28%。接下来你就把这个 28% 的爆仓风险率应用到接下来的交易中，你可能又会算出一个 23% 的爆仓风险率。那么究竟是哪一个爆仓风险率会决定你整个交易呢？答案很明显，不是吗？应该是这次有 23% 的爆仓风险率的交易。所以你就又开始进行交易，并且只要你开始交易，行情一旦出现跌幅，那么你就会有爆仓的可能。同时，计算出有 28% 的爆仓风险率的那次交易还运转得很好，并且这次交易已经把爆仓风险率降低到只有 10% 了，因为这时候交易商账户的资金总额度已经增加了。

在这种情况下，计算出的爆仓风险率其实根本就不能对你的交易起到任何的帮助作用，因为你计算出的这个结果只能是针对已经过去的交易而计算得出的。这就有点儿像是最优化（见第十四章）或者是最优分数（见第五章），这里的整个计算都是基于前面已经过去的交易数据的基础之上进行的。从过去的交易数据和计算中出现的一个很小的误差值可能会和现实有很大的偏差。更进一步说，这个计算考虑到了已经过去了的交易中的很长一段历史记录数据。如果你要从交易数据中挑出最糟糕的一年的数据，而不是取出整个交易历史中的数据，那么你可能就会发现这些统计数据中的爆仓风险率是 50%，这个爆仓风险率也就是说你目前的交易中存在的爆仓风险率。在处理这几种数字问题的时候，你会最终发现，这其实就是一次赌博游戏。交易商们在考虑小账户金额交易适合选用什么样的交易方法的时候，他们会更好地应用自己的常识和逻辑来解决。

还有一点要注意的是，我对小账户交易的建议是紧随交易，深入交易，从交

第十二章 爆仓的风险

易中赚钱;还有就是你正进行的交易要有一个比较高的赚钱可能性。这不包括系统交易。它包括在某种交易情形中的不一致的地方,还包括不经常出现的比较特别的机会。比如说,在 1997 年的一月份,白金的价格下跌了,并且降至黄金价格以下。没有涉入这种机会的人,只要知道这是千载难逢的好事情就够了。白金交易价格比黄金交易的价格每盎司平均多 50 美元到 100 美元。利用这个好机会,你就只需要买入白金,卖掉黄金(事实上,你需要买入两手白金合约,因为每个白金合约只是 50 盎司,而每个黄金合约是 100 盎司)。

也有其他一些像这样的难得的机会:小仓量交易,风险小,成功的几率高,获利的机会多。当我试图去决定进行这样的交易或者说是试着去进行隔夜债券交易时,5000 美元的仓量跌幅额度是 3000 美元,这样我当然不需要计算出爆仓风险率是多少。一点小的常识和逻辑就会把你的思维带到更远的空间,比计算爆仓的风险率要远。

第十三章
关于交易方法

到目前为止,我们已经全部讲到了在杠杆交易中那些切合实际的以及不切合实际的一些资金管理方法。这些方法可以被用到任何交易市场,在这些交易市场所需进行交易的(最低的)资金额度实际上比正在交易的市场实际价值要少。然而,在杠杆交易中没有交易方法,所有的资金管理都会无济于事。这就像没有马的马车,没有台球的台球桌,没有房子的房顶。它们的存在都是为了它们自己的目的而存在,但是根本就没有考虑到一种伴随和协调目的。对于所有的切合实际的投资意向和投资目的而言,没有投资市场或者交易方法,以及策略的资金管理是根本没有作用的。

大部分人都认为,交易策略或者交易方法是可以自给自足的,也就是说,一个交易商可以有自己的交易策略或者交易方法,而没有必要一定要用资金管理方法。在过去10年里,交易策略和交易方法已经进入了交易重要性的主流之中,而合理的资金管理已经基本上被忽略了。这个问题有一部分是这样的:我们现在生活在一个"必须现在有它"的社会,如此一来,为了自己的舒适或者为了个人的获得,他们宁愿去放弃一些我们所认为对的东西,这些从白宫传出来的丑闻已经得到了证实。但是民意调查显示我们不应该参与总统私人生活的讨论。这是为什么呢?因为该国经济形势被看好。我敢保证,假如我们生在高失业率和银行利率飙升的日子里,那么投票选举人也许就会没有那么宽宏大量了。当然了,总统的私人生活和任何事情没有任何的关系。这都是关于金钱的。

同样地,很多人对投资市场开始感兴趣了,因为他们已经听说了,杠杆投资市场可以让他们赚钱发财致富。他们只是奔着这个目的去投资,投资的资金很少,并且投资前的调查也是尽可能的少。因为投资前进行多点的调查和学习是很花费时间的。在"必须现在有它"的社会,时间确实是最没有耐性的

第十三章 关于交易方法

东西。因此,他们带着投资所提供的东西去投资致富:投资策略,投资方法,震荡指标,以及一些与之相匹配的知识,还有一些不胜枚举的东西。同时,他们也完全忽略了长线成功投资的关键——资金管理。这些都是确信无疑的,如果他们要坚持进行足够长的时间交易,那么他们就需要去学习,我确定!

就像资金管理需要方法或者策略一样,这些方法或者策略也需要资金管理。

这一章节的目的不是给交易者提供可以立即应用到投资中开始交易的真正的策略或者方法。关于这个投资交易的话题,有很多的相关书籍和学习资料可供参考,比投资商的数量还多。这一章节的重点就是改变这一行业中的大众的观点和看法,然后告诉大家其实是可以用简单、有逻辑的、很普通的交易方法或者交易策略来实现长线交易的成功。用来描述这种交易方法或者交易策略的一种普遍的说法就是说实现最大的成功就是制胜的法宝。这是一种很徒劳的探索。有这样一种交易策略或者方法:它几乎不会随着非常小的跌幅的减小而消失,它也绝不可能会随之摇摇欲坠,这种方法是很多交易商花费了很多时间去寻求探索得到的。并且,这些交易商在投资市场经常是抱着一种很天真的,很不现实的梦想——没有风险,且可以快速赚钱。可能,这会儿你会在想为什么我对这些交易商了解这么多呢,那是因为我也是这样的交易商中的一员。我只是看到了市场的潜力,但是对市场上真实存在的风险视而不见;我也无数次为这付出了代价;我也曾经是那些获得制胜法宝的交易商中的一员;是的,在很多场合也都承诺过,但是从来都没有实现过。通过很多次实验和很多次调查,我已经得出这样一个结论:交易商的制胜法宝——一是不存在;二是不需要。

当我在投资时试着去决定一种方法是否适合这次的投资(交易),我经常会用到的两种法则。但我在寻找交易方法的时候,我经常会去思考资金管理是如何去影响一种方法或者策略或者已经交易的历史统计数据的呢。因此,我首先会去检验这个数据的稳健性。接下来,我就会去观察是什么导致出现这些统计数据的。当我在交易的时候,我一定对这种方法有足够的自信,尤其是在出现跌幅的时候。我一定会很自信地认为这种交易方法背后的逻辑一定最终会获胜。在我们进一步分析这两个法则的时候,我提供了一些非常简单且有逻辑的方法以证明我之前关于制胜法宝的那个结论确实属实。

稳健的数据

在我对这种交易策略或者交易方法进行进一步调查之前,这些数据是首先要考虑的事情。在多长时间内,这种交易方法创造出了多少的利润?在过去的10年时间里,这种交易方法被用了多少次呢?和成功的几率相比,用这种方法进行交易盈亏的比例是多少?用这种方法交易会有一种什么样的跌幅?这个跌幅现实吗?这些就是我们需要特别关注的一些统计数据方面的问题。在进入逻辑推理之前我分析这些数据是因为我已经发现并检查了很多符合逻辑的方法,但是都失败了。我试图把一个相对完美的看上去是合理的逻辑放进我的投资(交易)中,但是我发现我大错特错了。通常情况下,我们对什么起作用以及什么不起作用这样的成见会和现实之间有很大的差距。我从来都不会忘记我那次介绍期货期权的投资知识。那天大约是十月中旬吧,冬天也快来了,我想试着通过帮助一个妻子和她的孩子来挣钱圆满地完成我的大学学业。我已经被她们雇佣了去用沙子堵塞并且粉刷房子的外墙。可是就在我干活的时候,我突然从收音机里面听到了一个完全合乎逻辑的买民用燃料油的说法。需求——这就足够了。在这个冬天,人们对民用燃料油将会有很大的需求。通过购买民用燃料油期权,我不仅可以减轻自己的压力,还可以从中获取无限的潜在利润。从我交易股票期权的经验来看,我对交易期权很熟悉,也很惬意。所以,我开了一个很小的2500美元的仓,并且按照这个承担额度买了尽可能多的债券期权(或者是除了民用燃料油之外的其他的一些投资市场的产品,具体是什么,我现在记不清楚了)。这是那种老一套的"偷梁换柱"法或者是"转移销售法",他们已经说服我去开仓进行民用燃料油交易,但是在他们拿到我的钱之后,就又说服我去开仓进行另外一种投资交易。因为我听了他们的话,所以我被"卖了"。

我既没有去听也没有去调查的一部分必然相关的消息就是:民用燃料油现在已经在以相当高的价格进行着交易。这一点是我在听收音机的时候遗漏没有听到的。同样的,我们经常会想,一种方法本身是完全合乎逻辑的,并且因为某种必然的联系而被售用,但是这种方法不能看见或者忽略其他的一些影响这种必然联系的事实。这就是我为什么我首先要考虑这些数据的原因。如果这些数据不存在的话,又有谁会关心这种必然的因果关系呢?这最有可能出现错误了。那么最终我的投资结果呢?民用燃料油行情在那一年下跌,我买的期权根本就没有赚到钱。

某些数据比另外一些数据更有价值。在一些不同的领域,某些数据也比另外一些数据更有价值。因此,最好是去分析一系列数据而不是只看看两三组数据。接下来的部分描述了我观察的这些数据,我所探索的东西,以及我为什么要探索这些。这些数据没有按照任何重要程度排序,因为要把这些数据从其他一个或者更多的数据关系中单独列出来作为单个的数据来排列等级,这是很难的。

净利润总值

这个净利润总值是由毛利润总值减去亏损额度得到的。这个数据会告诉你这种交易方法或者交易策略所能够起到的最大的作用。直到它被交易中花费的多年的时间或者时间周期所打败(也就是交易后基本亏损),净利润总值才没有价值可言。比如说,在债券投资市场一种交易方法在给定的某一年很少会出现单一一个合约可以创造出 5000 美元到 8000 美元的利润的。因此,如果某种交易方法在过去的 10 年里只获取了 20,000 美元,那么归结到最后简单地说就是每一年获利 2000 美元。这很明显是低于平均水平的。在通过最后的定论之前,其他的数据还需要认真地斟酌考虑一下。

最大跌幅额度

关于跌幅额度的定义之前已经有了一些争论。下面是正确的定义:紧接着股值的高点出现了一个最低点,直到出现了另一个新高之前的这一段股值差额。换句话说,如果目前的股值是 50,000 美元,但是一周之前有一个创历史纪录最高点 60,000 美元,那么按照这种说法,目前就有一个 10,000 美元的跌幅额度。这个跌幅将会一直持续到出现一个超过前面 60,000 美元股值的一个新高点。如果在出现这个新高之前当前的股值不再低于 50,000 美元,那么我们依旧是看做有 10,000 美元的跌幅额度。按照前面的这个算法,如果之前出现了一个 20,000 美元的股值额度,接着在没有继续超过这个 20,000 美元之前就又减少到了 8000 美元,那么最大的跌幅额度就是 12,000 美元,而不是 10,000 美元。

在投资领域,这个数字并不是最有帮助的数字。首先,可能还会有四五个将近 10,000 美元的跌幅,因此就会瞬间出现较大的跌幅额度。或者说,如果所有其他的跌幅额度或许都还不到3000美元,那么这就表明10,000美元的跌幅是不会经常出现的。再进一步说,仅仅是一个10,000美元的跌幅额度并不意味着,在将来交易中的某个时刻,会莫名其妙地出现一个超过这个数字的更大的跌幅额度。跌幅额度本身是不能预料到自己会在某个点位就停止了的,它们甚至自己都不知道它们当前会是一个1000美元的跌幅还是一个100,000美元的跌幅。无论如何,跌幅额度可以帮助交易商做出一个有根据的猜测:当衡量了这种交易方法会出现的整体风险时,你可以预测接下来会发生什么情况。

我已经从一些人那里学到了一种好的用数据预测的方法,那就是用利润净值去除以这个数据,如果得出来的数字还不到利润净值的10%,那么说明这很可能是一种好方法。但是我发自内心地不赞同这种说法。如果用一个20,000美元的利润净值来检测一种方法两年了,期间的跌幅额度是10,000美元,那么根据这个逻辑,推算出来这种方法确实非常不好。然而,如果某种方法被检测了10年,创造出来100,000美元的利润,但是跌幅额度从来也没有超出10,000美元,那么我们就可以把这种方法视为一种好的交易方法。但是这里出现了一个问题,那就是我可以在测试中使交易的时间足够长,创造出的利润额度足够高,以使这个利润数字和这个数字相吻合。仅仅因为我进行了长达10年的测试并不能把这种交易方法从不好转变为好。要是跌幅正好在你刚刚开始建仓交易的时候出现怎么办呢?那么出现的比率是多少?如果你没有创造任何的利润收益,那么这个比率就是无限的。要用的一个较合适的比率就是平均的跌幅和平均年收益之间的比例,这将在平均跌幅的数据中讨论到。

数学结果(期望值)

这个数据在第二章中的正面的和负面的数学预期值这一节已经讲到。当这个数据被用来预测历史交易记录的后续交易趋势的时候,我们不能把这个数据当成一个期望值,因为这种可能性从来都不会一直维持到将来的交易中。然而,和其他的数据相比,这个数据可以告诉你交易运行的走势。一般情况下,交易的时候我喜欢看0.6以下的任何数据。要记住,数字越大,利润增长就越强劲;数字越低(零以下),交易结果越不理想。

下面这个等式仅供参考,它是被用来计算交易的预期结果的:

$$[1+(盈利平均值 \div 亏损平均值)] \times 交易成功率 - 1$$

第十三章 关于交易方法

平均交易值

这就是一个实际得到的数值。这个平均交易值只是用净利润总额除以交易的次数得到的。因此，你每交易一次，平均上来说，这就是你可以得到的实际收入。这个数据最好的用处就是去预测你的误差幅度是多少。如果一种交易方法可以在五年时间获利 100,000 美元，但是确实是经过了 1000 次的交易以后才获得的，那么平均每一次交易的盈利额度就只是 100 美元。在投资市场，像标普投资市场，100 美元需要有 4 个整点跳动！你可以看看大屏幕，再环视四周像变戏法一样的交易，一转眼间投资市场的行情已经跳动了 4 个点。在这里不允许太多的误差幅度。因此，平均交易值越高，误差的幅度空间也就越大。一般来说，如果一种交易方法或者交易策略无法保证每一次交易后的平均交易值至少达到 250 美元，我甚至是不会考虑选用它的。

平均盈亏比例值和获利百分数

这两个数值，如果要考虑的话，它们本身是没有什么价值的。然而，当我们把这两个数值放在一起考虑，它们的价值就会非常的大。如果我要把这列数值排列一下等级，那么这两个数值的结合很可能会位居榜首。事实上，如果我可以看见的只是唯一的一个东西，其他的任何东西都不能起到任何决定性的作用，那么这就是这个组合后的数据了。这种方法交易的精髓就在这场数字游戏之中了。就像平均交易值一样，这两个数据的组合可以帮你预测误差的幅度空间。它们也可以告诉你很多关于这种交易方法的逻辑联系。看图表 13.1，图表中最开始的点也被标注出了。快速总结下之前说的这些，任何时候，一种交易策略或者交易方法胜算，如果按照是 1（100%）来看，那么平均盈亏比例值正确或者错误的可能性都只有 50%，这是一种无盈亏的保本情形。如果一种交易方法交易成功的概率只是 50%，那么平均盈亏比例值一定大于 1（在已经被减掉佣金和下降亏损的资金以后）。交易成功的概率（获利百分数）越高，要保持盈亏的概率就越低；交易成功的百分数越低，要保持盈亏平衡的数值就越高。如果获利百分数是 20%，那么盈亏比例值就比较大，从 4 到 1，或者是从 4 到 0（不亏不赢）。如果获利百分数是 80%，那么盈亏比例值就只是 0.25（也就是说平均盈利额只需要是 1000 美元，而平均亏损额度就高达 4000 美元）。

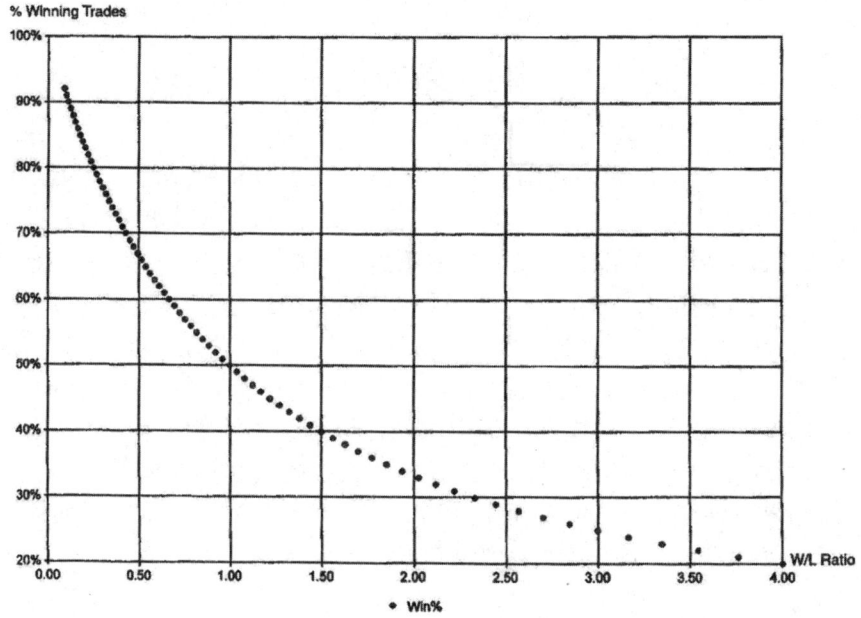

图表 13.1　盈亏值

一种好的交易方法的标准就是需要在交易中有一个较低的 10% 的获胜几率,保持一个较好的 1.0 的盈亏比例值。如果我有一种可以保证 70% 交易成功的交易方法,我就会把这个百分数降低到 60%,然后要求这个盈亏比例值要大于 1。这也就意味着,这个盈亏比例值将至少需要是 1.70,获利百分数是 70%。如果这个百分数是 50%,那么这个盈亏比例值就需要是 2.50。如果这两者你结合得好,也都存在的话,那么你就无异于得到了交易投资的制胜法宝了。

平均跌幅额度

平均跌幅额度不同于最大跌幅额度。平均跌幅额度是把所有的跌幅额度加在一起算出它们的平均值。当交易中开始出现跌幅的时候,你可以把这种方法当成一种指南,告诉自己什么点位需要自己开始更加密切地关注。最好不要去考虑把任何跌幅当成是不到或者刚好是一次失败交易的平均亏损额度的三倍。这就是我用于决定平均跌幅额度的一套交易计划中的标准。进一步来说,把这个数字比作最大跌幅的数字也是比较好的。一般来说,我喜欢看最大跌幅和平均跌幅成 2∶1 的比率。如果这个比率最终还不到 2∶1,那么说明最大跌幅很可能是大得多的。

另一种可以给出一些有价值的见解的比率是平均跌幅额度和平均年收益的比率。这就是一种比较常见的经验方法,会让你知道你可以不断地去期望什么。如果平均年收益是 5000 美元,平均跌幅额度是 4000 美元,那么对于跌幅期望值和利润期望值之间的整体关系,你可以有一个比较好的见解吧。一般情况下,我要求这两者之间至少是一个 1∶1 的比率或者说更高一点。最理想的结果就是平均年收益和平均跌幅比例是 2∶1。

最大盈利额和平均盈利额的比例

这个数值也包含了最大亏损额和平均亏损额的比例。这个数值的价值在于可以从底部附近开始排列等级,但是我却把这个数值看成是可以用来预测交易中最大的盈利是否正好是全凭运气交易,而这个交易我之前是从来都不敢去真正地期望出现的,或者说,可以推测是否会出现一个在这个点位附近的其他获利的合适的机会。如果最大的盈利额度比平均盈利额度的三四倍还大,你不要指望这种情况会出现;如果最大的盈利额度不到平均盈利额度的三倍,那么你就更有机会看到用这种方法交易会出现一些更大的交易。如果最大亏损的额度是平均亏损额度的三倍或者四倍,这就意味着它很可能会在出现行情下滑或者跳空缺口或者一些如此类似的情况的时候发生。在这个范围内出现损失的机会是基本不可能的。如果这个最大亏损比例值还不到平均亏损额度的三倍,那么出现较大的损失就是司空见惯的事情,并且也应该会预测到会出现较大的损失。

获 利 因 子

最后一个数值(当然不是我要讲到的最小的数值)就是获利因子。这个数值是用毛利润除以毛损失。如果用某种交易方法交易后,成功交易获利的资金总和是 100,000 美元,失败交易亏损的资金总和是 50,000 美元,那么此时的获利因子就是 2.0。(交易后的净利润总和也是 50,000 美元。)对我来说,这是一个确信无疑的数值。如果有其他的一些数值和这个数值有关,那么我会考虑看这个数值,并且要求最小是 2.0。我的意思是说，我交易成功的机会是交易失败机会的两倍。这个数值和平均盈亏比例值以及获利百分数数值有非常紧密的联系。比如说，获利百分数是50%，平均盈亏比例值是2.0，获利因子也同样是2.0，在这种情况下，如果我得到了一个比2.0还好的获利因子，那么我可能更愿意去稍微逃避对获利百分数和平均盈亏比例值的要求。

很多其他的数值可以被生成，然后被分析。然而，从某种程度上来说，这种探索变得有些过分和多余。我想去挑选一些像风险和回报，以及关于它们之间对比的一些东西来讲。如果所有的东西都被集中在那些数值上，那么其中就会有很多东西也被集中在另外一些数值上面。我已经做过研究了。不管你考察研究了多少数值，也不管其中有多少数值正好符合你特定的要求，这些数值都不会改变你选择的交易方法在交易中的运作。我从不喜欢用这些数值去预测在交易中我用任何一种交易方法会赚到多少钱，相反的，我喜欢用这些数值去预测什么时候我该是收手认输，什么时候我该继续持仓交易。

交易方法的逻辑原理

不要把你全部的投资都寄托在一个未知的"黑盒子"方法上。"黑盒子"方法是这样一种方法，用了这种方法进行交易，你根本就不知道为什么会随之产生这些交易的。如果用这些"黑盒子"方法产生的这些统计数据看上去是如此乐观而不敢信以为真的话，那么这些统计数据很可能也就是这样。对于一个交易商而言，可以证明这种方法或者策略的真实稳健性的唯一一种途径就是自己亲身体验来证实。我可以给出任何你想看到的数据，我也可以根据这些统计数据提供各种交易方法进行交易的制胜法宝。但是我"不能用一角钱去进行交易"。有一种专业术语叫做"曲线拟合"，通过拟合观测这些交易数据，然后用拟合的曲线方程分析这些数据和投资市场的关系，这样就会产生这些统计数据了。另外还有一种专业术语叫做"最优化"。我们将在第十四章全面地解释这个最优化。

了解了一种交易策略或者交易方法的逻辑原理不仅会帮助你知道是否已经把这种交易方法优化到和这些数据相吻合，而且也可以提高你交易中应用这种方法获利的自信，尤其是在出现跌幅的时候。不管这种交易方法是如何利用这种投资市场的优势，坚持这些数据就是最合理的逻辑。最合理，最稳健，最有逻辑的交易方法指的是那些可以快速结束亏损的交易，让利润滚滚而来。这是在交易和投资领域最陈旧的说法之一，但是这也是最好的说法之一。有很多人在获得了他们的数学和经济学的博士以后试图想战胜这些投资市场,他们认为他们所接受的教育以及他们超乎常人的智慧可以击败这些投资市场,所以他们非常确信他们可以做到这些。但是我告诉你一个完全没有受过教育的、没学问的、非常不适合的人,如果能够做到按照基本的规则实现"快速切断亏损的交易,让利润奔跑",那么他们也很可能会和那些专家一样可以打败市场了。因为这样看上去很简单,所以大多数人都忽视了这个问题。可以确定的是,有更多可以战胜投资市场的人,绝对有,但是还是像刚才前面提到的那样的人。

我研究这个已经有段时间了,我可以告诉你一些关于遭遇巨大损失的投资商的一些"荣誉"故事,这些交易商根本不相信"快速切断亏损的交易,让利润奔跑"的说法。事实上,在他们的内心他们是知道这样一个简单的事实的,但是一旦市场中有利可图时候,他们必定想获得利润。如果他们正遇到亏损,这是因为他们确定市场行情将有好转。况且,有一点更加确信无疑,只要你无法获得更多的利润,他们就会认输。现在,我们有很多模糊逻辑,人工智能,混沌理论,随机采样,以及交易困惑,并且谁又知道有多少种其他的逻辑是基于这样一个信仰:投资市场是具有可预见性的。并且,如果这些专家中有一个专家发明的这种方法被证明是可行的,那么这个发明者就会说:"看看吧,我告诉过你这种方法是奏效的。"我敢打赌:如果这种方法可以一直奏效的话,那是因为这种方法可以"快速切断亏损的交易,让利润奔跑"。我想他们也只是想证明下他们的学识和技术比一种简单的规则产生的效果要有价值得多吧。虽然其他的一些逻辑理论也可能会奏效,但是在交易方法中,这种"快速切断亏损的交易,让利润奔跑"的说法才是王者之道。这种方法是所有应用的交易方法中最可靠的逻辑。

我要探索的逻辑原理的下一个目标就是要知道进行交易的基础是什么。这是一种趋势追踪的方法吗?是一种突破方法吗?是一种从上到下(从高到低)的选择器吗?这种方法会试着利用短线的冲量或者回落的优势吗?这种方法是基于周期性或者是季节性的吗?其实交易方法中大概有95%是属于这些类型的。一旦我已经成立了某种方法隶属的类型,然后我就可以决定真正进场交易的这些理由是多么的符合逻辑。比如说,在咖啡投资市场这种方法是用来选择交易中的高点和低点的,那么在进行咖啡交易时我可能就会反复考虑这种选择高点和低点的逻辑是否是基于大量的牛奶投资,而这种牛奶是这段时间从老贝西的农庄牛棚中生产出来的。这可能有点夸大其词,但是当看到很多交易商都基于完全不相关的数据上进行投资交易时,你就会非常惊讶。一些人认为可以根据冥王星的周期循环来判断行情出现的高点和低点。另一些人认为,有一些神奇的数学等式确实可以判断第二天行情可能出现的高点和低点。是的，可能在某一个良辰吉日，我可以在没有任何人造装备的帮助下就飞起来（直到我撞击到地面，也就是说，是现实让我的头脑受到了一击——狠狠地）。

最后，还是简单点好。越复杂，我就越不喜欢。简单些的就更容易理解，也更容易改变。这里不仅有较少的编程代码可以去处理这些数据，而且这种方法也不太可能和这些数据相吻合。进一步说，如果这种方法只是简单且合乎逻辑，但是这种方法缺少最关键的可以真正促使交易成功的元素的话，那么用一种复杂的方法才可能不至于使交易失败。如果你按照下面的步骤进行的话，那么就可以帮助你避免出现交易失败的情况，但是即使有这样的保证，你也不能完全排除掉所有的那些失败的交易方法或者交易策略：

1. 要确保逻辑原理的主体部分和你试图去达到的目标有关；
2. 要确保这些数据都很到位，并且符合最低的要求；
3. 要确保交易进场和出场时的逻辑原理和你试图达到的目标有关；
4. 要确保你选用的这种交易方法尽可能的简洁，以便更好地获取这个逻辑原理。

一种简单的交易方法

关于在投资市场用什么交易方法适合和用什么交易方法不适合，我已经说得相当多了，而且也说得很简洁，很符合逻辑。下面的这种方法就是比较简洁，比较符合逻辑的。更进一步说，很少有什么交易方法或者说交易策略会生成像下面几页列举的那样的数据来。

这是一种趋势追踪和趋势回转的方法。除了一种回转的情况和一个设定的保护性止损以外，没有任何其他的交易出场的规定。如果用某种交易方法在一个特定的投资市场进行交易，当前处于多头市场，那么直到出现一个回转和卖空信号或者是开始出现亏损，这时才不会继续是多头市场。下面会列举出八个投资市场交易的结果。

	债券	瑞士法郎	原油	小麦	日元	10年期外汇基金债券	德国马克	欧洲美元	八种投资市场综合结果
净利润($)	92,000	81,800	65,290	25,740	118,300	62,000	64,500	13,250	520,000
盈亏次数(次)	30/48	37/66	43/73	35/61	20/35	30/50	24/38	27/47	243/422
获利概率(%)	63%	56%	59%	57%	57%	60%	63%	57%	57%
平均获利额($)	3,775	3,440	2,000	1,180	3,900	2,600	3,400	775	2,860
平均亏损额($)	1,150	1,570	725	615	1,500	890	1,300	385	1,000
盈亏比例值	3.29	2.19	2.80	1.93	2.60	2.92	2.60	2.02	2.80
每次交易平均获利额($)	1,915	1,239	895	404	2,235	1,240	1,700	280	1,230
最大跌幅额度($)	-5,875	-9,000	-5,700	-4,800	-9,400	-5,900	-6,500	-2,850	-14,500
获利因子	5.48	2.80	4.01	2.50	4.29	4.50	4.50	2.72	2.90
跌幅出现几率(%)	52%	68%	59%	69%	64%	64%	56%	64%	65%
平均跌幅额度($)	2,100	4,500	1,700	1,500	3,500	1,700	2,700	800	3,400

得出这些数字的交易方法是相当的简单。具体规则如下：

买入：

1. 要求 X 天的平均收盘价要比 Y 天以前的同样的 X 天的平均收盘价要高；
2. 要求收盘价比 Y 天以前的收盘价要低；
3. 要求收盘价比 X+Y 天以前的收盘价要高。

如果上面的三个条件都可以满足的话,那么这种交易方法在第二天的开盘时会是买入(多头)信号。

卖出：

1. 要求 X 天的平均收盘价要比 Y 天以前的同样的 X 天的平均收盘价要低；
2. 要求收盘价比 Y 天以前的收盘价要高；
3. 要求收盘价比 X + Y 天以前的收盘价要低。

如果上面的三个条件都可以满足的话,那么这种交易方法在第二天的开盘时会是卖出(空头)信号。

比如说,我们现在假设 X = 20, Y = 3,那么前面 20 天的平均收盘价格就必须比从 3 天前开始算起的接下来的 20 天的平均收盘价格要高(买入信号)。这只意味着接下来这 20 天的平均收盘价格顺势走高。

然后,这种方法还要求说,今天的收盘价格要比 3 天前的收盘价格要低。这样做有助于警醒我们在进场交易前可能会有一个回调。最后,它还要求,这个收盘价格,即使比 3 天前的收盘价格要低,它也要比 23 天前的收盘价格要高。这是移动平均线顺势走高的检验器。除非行情出现扭转或者说是市场在没有出现行情扭转的情况下走势背离得很远,否则这种方法会一直稳妥奏效。

这就是我要说的了。这三点非常简洁,也相当符合逻辑的规定就产生了上面表格中那样的测验结果。这些数据是如此的让人印象深刻以至于不需要过多地去分析这种方法是否值得用于交易。这里唯一的一个问题就是：X 是什么？Y 又是什么？对于所有实际的交易目的而言,X 可以是任何能够反映在一种多头市场中的顺势走高的天数,Y 则是任何能够反映在一种空头市场中的顺势走高的天数。X 和 Y 的某些价值就是可以得出超出其他天数的更好的数据。然而,一般情况下,只要这些价值是属于这种交易方法的逻辑原理,那么他们就应该都可以得出可靠的数据来。

第十四章
最 优 化

这个话题与本书中讲关于资金管理的话题多少似乎有点不合适。然而,间接地看,其实这两个话题之间有着非常紧密的联系。在交易中没有方法或者策略的资金管理是没有用的。更进一步说,在交易中,用一种数学预期值是负数的交易方法实际上来说也是没有用的。因此,一种方法或者策略必须为资金管理的增长因素创造利润,这样才可以在交易的最后结果上起到很大的作用。你打开任何有关投资的杂志看看,你会发现还有很多交易方法或者策略,比你曾经可能用到的还要多。它们看上去都比较好,他们也符合成功交易所需的大部分的要求。进一步说,假设的结果将作为这些要求中的大部分要求的根据。正好今天我收到了一封信,信的主人要求只在短短的几年时间里要把 200 美元最终变成 18,000,000 美元(这可是一千八百万啊!)并且你也可以通过买那本 39.95 美元的书,然后读里面的那种让人难以置信的交易方法。(给一点小费,我就会告诉你这是什么书。)关键是,在用这种方法去施行很多最优化测试之前,这些假设的要求中就已经出现了一大部分了。如果资金管理和交易方法是息息相关的,那么,当我们要决定用什么交易方法的时候,假设的结果的有效性就会变得比较重要了。

最优化夸大的原因

最优化的最通俗的原因之一就是在投资市场上在一段历史时间内的交易中找到交易方法中的参数。试着举一个简单的例子,一个真实简单的移动平均线交叉的例子。如果是 10 日均线上穿 40 日均线,你就会买多;如果是 10 日均线下穿 40 日均线,你就买空。那么这种方法就有三个参数。第一个参数就是短期均线的时长;第二个参数就是长期均线的时长;第三个参数就是所选用的均线的类型。这三个参数都是被明确界定了的。短期均线是 10 日均线;长期均线是 40 日均线;选用的均线的类型都是简单移动平均线(与置换移动平均线,加权移动平均线,或者是指数移动平均线相反)。

在过去的五年里,如果我们把这种方法应用到债券交易市场的白盘交易上(日间债券交易市场),我们会得到下面这些数据:

净利润总额($)	29,000
交易数量(次)	32
成功交易数量(次)	12
失败交易数量(次)	20
成功交易几率(%)	37.5%
平均获利额度($)	5,200
平均亏损额度($)	1,700
每次交易平均获利额度($)	906
亏损比例值	3.08
最大跌幅额度($)	11,593

上面这些数据是交易后得出的最基本的数据。它们不是那种会使交易者迅速进场交易的数据,但是这些数据确实是可靠的数据。然而,这些数据没有基于最佳参数的设置。如果我们需要去优化这些参数使之可以创造出更大的利润的话,那会怎么样呢?我们需要同时优化这三个参数,然后得出最好的结合。因此,我每间隔一天测试了从 4 日均线到 19 日均线的所有的短期均线;我每间隔一天测试了从 20 日均线到 50 日均线的所有的长期均线;每一次测试都是用简单移动平均线,置换移动平均线,加权移动平均线,或者是指数移动平均线。

用简单移动平均线测试短期的 10 日均线和长期的 40 日均线得出了最好的结果:

净利润总额($)	57,000
交易数量(次)	28
成功交易数量(次)	17
失败交易数量(次)	11

续表

成功交易几率(%)	60%
平均获利额度($)	4,200
平均亏损额度($)	1,300
每次交易平均获利额度($)	2,000
亏损比例值	3.20
最大跌幅额度($)	5,000

用置换移动平均线交汇点得出的最好的结果就是收盘时净利润第二次略低于 57,000 美元。然而,进行了 34/57 次交易,平均每一次交易额度 1000 美元,而跌幅额度只是 5600 美元。短期的移动均线是 6 日均线,而长期均线是 25 日均线。加权移动平均线交汇点在进行了 18/36 次交易后,收盘时净利润又一次略低于 57,000 美元。盈亏比例值是 4.0,平均每一次交易额度接近 1600 美元。跌幅只是 5600 美元,也比较合理。指数移动平均线交汇点相对来说就差一些,收盘时净利润只有 23,000 美元,成功交易率是 32%,跌幅确是 10,000 美元,平均每一次交易额度也只是 700 美元。

对了,移动平均线最好的结果是应用在债券投资市场。现在,唯一的一个问题就是:这种信息对我们来说有什么好处呢?那么,我要说:好处恐怕不是很多。单纯的这个信息对我们绝对没有任何帮助,除了可以告诉我们用了某些设定的参数,这种交易方法在 5 年时间内可以盈利。当某个人请求得到一种像假设检验的那样的交易方法的时候,前面的那些结果基本上都是你想看到的。很多时候,回测结果是相当好的。然而,接下来的几段话就表明了在一种投资市场或者是某组数据上去优化一种交易方法就好比是在某种数据上去优化固定分数交易方法(像前面第五章讲到的)。对于一组固定的数据而言它们的最优分数可能对另外一组数据而言就不是最优的分数了。

最优化的深入调查

为了更好地阐述这个观点,下面的这个测试结果又是来自于债券交易市场,但是这一次,是从 1990 年~1993 年简单移动平均线交汇点的方法被优化后的结果:

1990年~1993年的最优参数

净利润总额($)	34,000
交易数量(次)	21
成功交易数量(次)	10
失败交易数量(次)	11
成功交易几率(%)	48%
平均获利额度($)	4,300
平均亏损额度($)	800
每次交易平均获利额度($)	1,600
亏损比例值	5.30
最大跌幅额度($)	6,100

由于这种简单移动平均线方法从1990年到1993年被优化了,那么这些创造出最多利润的参数也会有所不同:稍短期的均线是10日移动平均线,较长期的均线是34日移动平均线。但是1990年~1993年的最优分数不是这样的:那时候稍短期的均线是18日移动平均线,较长期的均线是48日移动平均线。假如我们在1993年底就优化这个数据,并决定在1994年~1998年使用优化后的这些参数,那么结果就应该是这样的了:

1990年~1993年的优化后的参数应用到1994年~1998年的交易中

净利润总额($)	23,000
交易数量(次)	18
成功交易数量(次)	8
失败交易数量(次)	10
成功交易几率(%)	44%
平均获利额度($)	6,300
平均亏损额度($)	2,600
每次交易平均获利额度($)	1,300
亏损比例值	2.35
最大跌幅额度($)	13,000

这两种结果之间存在相当大的区别。首先来说,净利润总额方面,从1994年到1998这段时间的交易创造的净利润总额比从1990年到1993年优化参数后交易创造的净利润总额要少一点。成功交易率也稍微有所下降,两次平均亏损额度相差甚大,我们想象下用某种交易方法进行交易平均亏损额度本应该是

第十四章 最优化

800美元的,但是后来又遭到了一个2600美元的亏损。那么这样的话,要继续进行交易是很难的。接下来进一步分析,盈亏比例值也相差很大,后面一次的盈亏比例值比前面一次的要低很多。当成功交易率和盈亏比例值都低的情况下,出现误差的几率就小了很多。最后,跌幅不是6000美元,而是比6000美元的两倍还多,是13,000美元。如果你认为你交易过程中只会遭遇到一个6000美元的跌幅,或者说稍微比6000美元要多一点,那么随着跌幅的继续增加,等行情到什么点位你才会认输并停止用这种方法继续进行交易呢?对于我们大部分人来说,这个跌幅额度不会比13,000美元高出太多。

接下来的一组数据表明,在同样的交易市场,用同样的参数进行交易,不同的是,交易的时间段不一样。这一次交易的时间段是从第一次测试的时间段中抽出一部分,从第二次测试的时间段中抽出一部分。这些数据是从1992年到1996年的交易中抽出来的。用的这些参数是稍短期的均线是18日移动平均线,较长期的均线是48日移动平均线:

净利润总额($)	6,600
交易数量(次)	14
成功交易数量(次)	4
失败交易数量(次)	10
成功交易几率(%)	29%
平均获利额度($)	7,700
平均亏损额度($)	2,400
每次交易平均获利额度($)	475
亏损比例值	3.20
最大跌幅额度($)	17,000

这个结果和前面的相比有多大的不同啊!在将近四年时间里,用前面设定的参数进行交易的方法只创造出了6600美元的利润,14次的交易中只有4次交易成功!这4年交易期间最大跌幅额度竟然高达17,000美元。正如你所看到的,这些数据是具有欺骗性的,尤其是这些优化后的数据。是的,不错,这种交易方法依旧是可以获利的,并且也有一些可取之处。但是同样还是用这种方法,用同样的参数,并把这些参数用到另外一个投资市场,请问你还可以继续交易下去吗?那么那些数据到底怎么了?下面有一组数据是瑞士法郎投资市场用上面一样的交易方法从1993年到1998年的交易结果。第一组结果用的参数是18日移动平均线作为稍短期的均线,48日移动平均线作为较长期的均线;第二组结果用的参数是10日移动平均线作为稍短期的均线,34日移动平

均线作为较长期的均线：

第一组结果		第二组结果	
净利润总额($)	10,000	净利润总额($)	8,000
交易数量（次）	29	交易数量（次）	45
成功交易数量（次）	10	成功交易数量（次）	15
失败交易数量（次）	19	失败交易数量（次）	30
成功交易几率(%)	34%	成功交易几率(%)	33%
平均获利额度($)	3,200	平均获利额度($)	3,000
平均亏损额度($)	1,200	平均亏损额度($)	1,200
每次交易平均获利额度($)	350	每次交易平均获利额度($)	175
亏损比例值	2.75	亏损比例值	2.40
最大跌幅额度($)	7,000	最大跌幅额度($)	11,000

不仅这些结果和债券市场的交易结果存在很多不同，而且仅就这个市场本身而言，这个结果就和优化后的结果有不同。在优化参数以后，最优短期移动平均线是19日均线，而最优长期移动平均线是27日均线。下面表格中的结果就是根据这个参数测试而来：

净利润总额($)	39,000
交易数量（次）	52
成功交易数量（次）	26
失败交易数量（次）	26
成功交易几率(%)	50%
平均获利额度($)	2,600
平均亏损额度($)	1,100
每次交易平均获利额度($)	730
亏损比例值	2.30
最大跌幅额度($)	6,000

如果没有过多地说明这一点，所有的交易方法和交易市场将会在不同的交易时间段和交易市场中得出的优化结果中发现类似的差异。况且，如果情况属实的话，我们真正地可以对这种交易方法抱多大的期望值呢？如果最优的结果不是真实的，作为交易商，我们应该如何知道能够有多少期望值呢？

第十四章 最优化

总而言之,我们是不会知道的。然而,我们可以做出一些符合逻辑的结论,不是从优化后的结果中得出,而是从优化的过程中总结出的。最优化从来不应该被用来发现"最好的"借鉴参数,止损出场规则,或者是任何一种方法被优化后的其他因素。过去最好的不一定是将来最好的。我能说这比你说的你不会遭雷击这一点可能性更大。进一步说,在不同交易时间段交易,一组数据优化后的结果甚至很有可能不会接近一个同样大小的一组数据优化后的结果。

优化过程

从优化中得出的最实际的好处不是来自于优化结果本身这些统计数据,而是来自于所有优化测试的统计数据。比如说,在瑞士法郎投资市场用简单移动平均线交汇点的方法进行的优化历经 496 个不同的参数测试。这些测试中每一个测试都会得出一组统计数据。为了能够用指定的交易方法得出交易中有多少期望值的这样实际的结论,知道大多数测试会得出多少种数字比知道单一一种最好的测试得出多少种数字要更加有帮助。

当我优化一种交易方法的时候,我不会去寻找最优的结果;相反,我会尽力了解这种交易方法的盈利能力在测试的过程有多么稳健强劲。我们回到债券交易市场中用简单移动平均线交汇点的方法进行的交易上来,从 1994 年到 1998 年总共有 496 次测试。在这个特定的时期,最好的结果是来自于用 10 日均线作为较短期移动平均线,用 34 日均线作为较长期移动平均线。下面就是这 4 年期间的交易结果:

净利润总额($)	44,000
交易数量(次)	21
成功交易数量(次)	13
失败交易数量(次)	8
成功交易几率(%)	62%
平均获利额度($)	4,200
平均亏损额度($)	1,300
每次交易平均获利额度($)	2,100
亏损比例值	3.15
最大跌幅额度($)	5,000

这些数据是第一组控制的数据集。下一组数据是由最不好的一组参数交易后所得。这些数据是由于应用了 4 日均线作为较短期移动平均线，25 日均线作为较长期移动平均线后得出的数据：

净利润总额($)	-14,000
交易数量(次)	57
成功交易数量(次)	16
失败交易数量(次)	41
成功交易几率(%)	28%
平均获利额度($)	2,800
平均亏损额度($)	1,400
每次交易平均获利额度($)	-245
亏损比例值	2.00
最大跌幅额度($)	17,000

这些是我们交易的两种极端做法。第一种有一点好处就是最好的结果比最差的结果要好很多。有时候，最好的结果可能是盈利 40,000 美元，最差的结果是亏损 40,000 美元。稍微进一步研究这些数据，我们会得出下面这些有趣的数据：

- 在 496 次测试中，有 475 次参数组合都是盈利的；
- 在 475 次盈利参数组合中，有 367 次都创造出了多于 14,000 美元的总利润；
- 其中，有 196 次参数组合都创造出了多于 22,000 美元的总利润（有一半的成功交易，或者说这个结果比最好的预期结果还要好）；
- 只有 5 次参数组合的结果在最好利润的 10% 以内；
- 只有 175 次参数组合的结果是因为空头交易而获利的（这就意味着 321 次测试结果都亏损了）；
- 空头交易获得的最大的利润 9600 美元；
- 在 496 次测试中，最大的跌幅额度是 19,000 美元；
- 有 206 次测试都有一个 10,000 甚至更大的跌幅额度；
- 只有 55 次参数组合的跌幅额度是少于 8000 美元；
- 平均跌幅额度超过 11,000 美元；
- 有 405 次测试的交易成功率是低于 50%（这也就意味着只有 91 次测试交易成功率是超过 50% 的）；
- 最好的交易成功率是 62%，最差的交易成功率是 23%；

- 平均交易成功率是40%；
- 获利因子（定义在第十三章讲到了）是2.00,或者说只有多于161次的参数组合会获利；
- 在496次测试中，有496次的参数组合是由于多头交易而获利的（债券交易在大多数的交易时期都是处于多头优势）；
- 在496次测试中，有457次参数组合是在多头交易中获利,总共获利额度是15,000甚至更多。

优化测试的过程表明了比只看最好的参数的测试更加多了相关性和实际的信息。有很多交易方法或者交易策略,它们在交易过程中用了某组参数数据或与这些参数只有一两个标准偏差,但是总体结果确实是可以获利的。简单移动平均线交汇点不是一种大规模的创造利润的方法,但是正如这一章后面描述的那样,我们能够对未来的结果有很多可能性的假设。

优化对比

既然我们现在有了一些相关的数据,那么我们就需要在某些地方使用上那些数据。最好的方法就是把这些数据比作是另外一组测试用的数据。前面的那些测试是从1994年到1998年在债券市场进行的。下面的这些数据和前面的是一样的,并且同样是债券市场测试得到的,不同的是测试的交易时间段不同,这次的是从1990年到1994年。同样的,又是进行了496次参数组合测试：

- 在496次测试中，有361次参数组合都是盈利的；
- 在361次盈利测试中，只有76次创造出了多于14,000美元的总利润；
- 其中，只有27次都创造出了多于22,000美元的总利润（有一半的成功交易,或者说这个结果比第一次测试的最好的预期结果还要好）；
- 只有2次参数组合测试的结果在最好利润的10%以内；
- 空头交易中没有一次测试获利；
- 空头交易时最小的损失额度是2100美元；
- 在496次测试中，最大的跌幅额度是27,000美元；
- 有338次测试都有一个10,000甚至更大的跌幅额度；
- 只有48次参数组合测试的跌幅额度是少于8000美元；
- 平均跌幅额度超过14,000美元；
- 有477次测试的交易成功率是低于50%（这也就意味着只有19次测试交易成功率是超过50%的）；

- 最好的交易成功率是61%，最差的交易成功率是24%；
- 平均交易成功率是38%；
- 获利因子是2.00，或者说只有多于41次的参数组合交易会获利；
- 在496次参数组合测试中，在多头交易市场，只有361次的参数组合测试是获利的；
- 在496次参数组合测试中，只有68次参数组合是在多头交易中获利额度是15,000甚至更多的。

这两组数据有很大的区别。首先就是真正获利测试的数量的区别：这一次获利测试的数量较上一次下降了25%；然而，获利总额多于14,000美元甚至更多的测试数量也下降了80%；获利额度至少达到了做好预期的一半的测试数量下降了86%；看空获利的测试数量下降了100%。另一些相关的数据比较显示：

- 最大的跌幅额度增加了42%；
- 跌幅额度达到10,000甚至更大的测试数量增加了64%；
- 具有1.5的获利因子或者稍高的获利因子的测试数量从331次下降到只有79次；
- 多头交易时获利额度下降了27%，并且多头交易利润总额多于15,000美元的交易次数下降了85%。

这种方法一个很明显的问题就是一致性。如果本次测试历时8年时间，至少有可能赚钱。也有可能跌幅额度就会比较低，回报也比较可观。优化就是在测试的时间段内向你展示最优化的参数是什么，但是当你投资的资金面临风险的时候，它就不会告诉你，在接下来的交易时期内，最优化的参数将会是什么。假设我们回到1994年的交易测试中，那时候我们正好用那种方法（这种方法的参数是：较短期的移动均线是18日移动平均线，较长期的移动均线是47日移动平均线）完成测试。那么在1995年的交易中继续用18日均线和47日均线作为参数，那么胜算的可能性是多少呢？那么我告诉你，如果继续用这两个参数进行1995年的交易胜算的可能性是1/496。并且，如果我们换用另一组参数进行1995年的交易胜算的可能性也许依旧只是1/496！我想说这里的可能性是对我们很不利（假如这些最优参数在我们测试的范围以内的话）。

因此，我们最需要的是大的误差空间。很可能我们不会挑出最好的参数。然而，我们也不会挑出最差的参数。我们要做的是用一种交易方法进行投资（交易），在这种方法中，不管是哪一次测试，也不管是我们选择了哪一组参数，我们获利的可能性都会比较大。移动平均线交汇点的方法要经历一次恶性循环和一次良性循环。假如我们在 1990 年就开始用这种交易方法进行交易,那么我们在 4 年的交易以后获取超出 14,000 美元的利润的可能性就只有 15%。然而,在接下来的 4 年内我们获利的可能性就会增加到 74%。这不是一致的数据。更进一步说,几乎是不可能挑出哪一组参数适合用于交易,这一点变得很明显了。我们来考虑下面的参数组合交易分析:

1990 年
- 最好的参数组合是 19 日均线和 24 日均线组合,这个组合在 1990 年的交易中总共获利 15,000 美元;
- 17 日均线和 24 日均线组合只会获利 3000 美元;
- 16 日均线和 24 日均线组合会亏损 3000 美元;
- 19 日均线和 25 日均线组合会获利 5000 美元,而 19 日均线和 26 日均线或者更高的均线组合就会亏损;
- 有 31 次组合获利,461 次组合亏损;
- 平均跌幅额度接近 9000 美元。

1991 年
- 19 日均线和 24 日均线组合获利 3000 美元;
- 最好的参数组合是 19 日均线和 20 日均线组合,这个组合在 1991 年的交易中总共获利 13,000 美元;
- 有 430 次组合获利;
- 这一年,有 240 次组合比 19 日均线和 24 日均线组合结果要好;
- 在空头交易时,没有一次参数组合获利;
- 平均跌幅额度是 4000 美元。

1992 年
- 19 日均线和 20 日均线组合亏损 3500 美元;
- 19 日均线和 24 日均线组合获利 1125 美元;
- 最好的参数组合是 19 日均线和 22 日均线组合,这个组合在 1992 年的交易中总共获利 8000 美元;
- 有 337 次组合获利;
- 有 259 次组合获利超出 1125 美元;
- 有 449 次组合创造的利润超出 19 日均线和 20 日均线组合;
- 在空头交易时,没有一次参数组合获利;
- 平均跌幅额度是 5000 美元。

1993 年
- 19 日均线和 22 日均线组合总共获利 3700 美元;

- 19 日均线和 24 日均线组合亏损 3800 美元；
- 19 日均线和 20 日均线组合获利 3800 美元；
- 最好的参数组合是 7 日均线和 50 日均线组合，这个组合在 1993 年的交易中总共获利 10,000 美元；
- 有 298 次组合获利；
- 有 124 次组合创造的利润超出 19 日均线和 22 日均线组合；
- 在空头交易时，没有一次参数组合获利；
- 平均跌幅额度是 8000 美元。

1994 年

- 7 日均线和 50 日均线组合亏损 10,000 美元；
- 19 日均线和 20 日均线组合亏损 2200 美元；
- 19 日均线和 24 日均线组合亏损 17,000 美元；
- 19 日均线和 22 日均线组合亏损 4000 美元；
- 最好的参数组合是 12 日均线和 28 日均线组合，这个组合在 1994 年的交易中总共获利 6500 美元；
- 只有 124 次组合获利；
- 在多头交易中，只有 14 次参数组合后的交易获利；
- 在空头交易中，有 215 次参数组合后的交易获利；
- 平均跌幅额度是 10,000 美元。

1995 年

- 12 日均线和 28 日均线组合亏损 1400 美元；
- 19 日均线和 22 日均线组合获利 7500 美元；
- 19 日均线和 24 日均线组合获利 2800 美元；
- 19 日均线和 20 日均线组合获利 2600 美元；
- 7 日均线和 50 日均线组合亏损 3600 美元；
- 最好的参数组合是 14 日均线和 20 日均线组合，这个组合在 1995 年的交易中总共获利 21,000 美元；
- 只有 77 次组合获利；
- 只有 21 次组合获利额度超过 3000 美元；
- 多头交易中，有 65 次组合获利；空头交易中，有 40 次组合获利（在 1995 年年底，有 342 次组合在多头市场交易获利至少达 2000 美元）；
- 平均跌幅额度只是 3000 美元。

1996 年

- 14 日均线和 20 日均线组合亏损 7500 美元；

- 12 日均线和 28 日均线组合亏损 5700 美元;
- 19 日均线和 22 日均线组合亏损 5000 美元;
- 19 日均线和 24 日均线组合亏损 8000 美元;
- 19 日均线和 20 日均线组合亏损 4000 美元;
- 7 日均线和 50 日均线组合亏损 8500 美元;
- 最好的参数组合是 7 日均线和 21 日均线组合,这个组合在 1996 年的交易中总共获利 5100 美元;
- 只有 40 次组合获利;
- 在空头交易中,只有 2 次参数组合后的交易获利;
- 有 11 次参数组合后交易获得了 3000 美元甚至更好的利润;
- 有 341 次参数组合后亏损了 3000 美元甚至更多的资金;
- 平均跌幅额度是 9000 美元。

1997 年

- 7 日均线和 21 日均线组合亏损 375 美元;
- 14 日均线和 20 日均线组合亏损 2000 美元;
- 12 日均线和 28 日均线组合亏损 1000 美元;
- 19 日均线和 22 日均线组合亏损 4000 美元;
- 19 日均线和 24 日均线组合亏损 3500 美元;
- 19 日均线和 20 日均线组合亏损 4000 美元;
- 7 日均线和 50 日均线组合亏损 1200 美元;
- 最好的参数组合是 19 日均线和 26 日均线组合,这个组合在 1997 年的交易中总共获利 8300 美元;
- 有 274 次组合获利;
- 只有 34 次参数组合后交易获得了 3000 美元甚至更多的利润;
- 有 72 次参数组合后亏损了 3000 美元甚至更多的资金;
- 在空头交易时,没有一次参数组合获利;
- 在多头交易时,没有一次参数组合亏损;
- 平均跌幅额度是 4000 美元。

1998 年(到 10 月 5 号)

- 19 日均线和 26 日均线组合总共获利 12,000 美元;
- 7 日均线和 21 日均线组合获利 6300 美元;
- 14 日均线和 20 日均线组合获利 8000 美元;
- 12 日均线和 28 日均线组合获利 7000 美元;
- 19 日均线和 22 日均线组合获利 10,000 美元;

- 19 日均线和 24 日均线组合获利 13,000 美元；
- 19 日均线和 20 日均线组合获利 10,000 美元；
- 7 日均线和 50 日均线组合获利 4600 美元；
- 最好的参数组合是 18 日均线和 22 日均线组合，这个组合在截止到 1998 年 10 月 5 号的交易中总共获利 15,000 美元；

1998 年的测试并没有结束。因此，截止到 10 月 5 号所有的持仓交易都自动平仓了。这正好发生在债券交易市场上最史无前例的波动之一的后面，这一次的波动后价位在八月初达到了历史高点。在八月份进行交易，并且结束了任何开盘点位，这样会出现非常不同的交易结果，如下：

- 19 日均线和 26 日均线组合总共获利 3800 美元；
- 7 日均线和 21 日均线组合亏损 3500 美元；
- 14 日均线和 20 日均线组合亏损 2000 美元；
- 12 日均线和 28 日均线组合亏损 1500 美元；
- 19 日均线和 22 日均线组合获利 2000 美元；
- 19 日均线和 24 日均线组合获利 4000 美元；
- 19 日均线和 20 日均线组合获利 2000 美元；
- 7 日均线和 50 日均线组合亏损 5000 美元；
- 最好的参数组合是 18 日均线和 22 日均线组合，这个组合在交易中总共获利 7400 美元；
- 有 72 次组合获利；
- 只有 13 次参数组合后交易获得了 3000 美元甚至更多的利润；
- 有 247 次参数组合后亏损了 3000 美元甚至更多的资金；
- 在空头交易时，只有 12 次参数组合获利（其中有 2 次参数组合交易后获利超过 1000 美元）；
- 平均跌幅额度是 5000 美元。

以上的数据就是年复一年交易后的数据。没有任何一年的交易可以用和前一年交易中最好的参数的参数组合获利，也没有任何两年有同样的两个参数。事实上，下面的这些参数是每一年最好的参数，并且在这 8 年期间都已经用这每一组参数进行交易测试了。

第十四章 最优化

用 19 日均线和 24 日均线组合交易

净利润总额($)	10,000
交易数量(次)	127
成功交易数量(次)	63
失败交易数量(次)	64
成功交易几率(%)	50%
平均获利额度($)	1,600
平均亏损额度($)	1,500
每次交易平均获利额度($)	78
亏损比例值	1.12
最大跌幅额度($)	29,000

用 19 日均线和 20 日均线组合交易

净利润总额($)	39,000
交易数量(次)	259
成功交易数量(次)	130
失败交易数量(次)	129
成功交易几率(%)	50%
平均获利额度($)	1,100
平均亏损额度($)	800
每次交易平均获利额度($)	150
亏损比例值	1.34
最大跌幅额度($)	11,000

用 19 日均线和 22 日均线组合交易

净利润总额($)	50,000
交易数量(次)	161
成功交易数量(次)	79
失败交易数量(次)	82
成功交易几率(%)	49%
平均获利额度($)	1,700
平均亏损额度($)	1,000
每次交易平均获利额度($)	315
亏损比例值	1.66
最大跌幅额度($)	11,000

用 7 日均线和 50 日均线组合交易

净利润总额($)	32,000
交易数量(次)	69
成功交易数量(次)	28
失败交易数量(次)	41
成功交易几率(%)	41%
平均获利额度($)	3,000
平均亏损额度($)	1,300
每次交易平均获利额度($)	478
亏损比例值	2.35
最大跌幅额度($)	12,000

用 12 日均线和 28 日均线组合交易

净利润总额($)	38,000
交易数量(次)	74
成功交易数量(次)	32
失败交易数量(次)	42
成功交易几率(%)	43%
平均获利额度($)	3,300
平均亏损额度($)	1,600
每次交易平均获利额度($)	500
亏损比例值	2.04
最大跌幅额度($)	11,000

用 14 日均线和 20 日均线组合交易

净利润总额($)	37,000
交易数量(次)	122
成功交易数量(次)	56
失败交易数量(次)	66
成功交易几率(%)	46%
平均获利额度($)	2,200
平均亏损额度($)	1,300
每次交易平均获利额度($)	300
亏损比例值	1.68
最大跌幅额度($)	16,000

第十四章 最优化

用 7 日均线和 21 日均线组合交易

净利润总额($)	9,700
交易数量(次)	124
成功交易数量(次)	52
失败交易数量(次)	72
成功交易几率(%)	42%
平均获利额度($)	2,000
平均亏损额度($)	1,300
每次交易平均额度($)	78
亏损比例值	1.53
最大跌幅额度($)	18,000

用 19 日均线和 26 日均线组合交易

净利润总额($)	29,000
交易数量(次)	100
成功交易数量(次)	45
失败交易数量(次)	55
成功交易几率(%)	45%
平均获利额度($)	2,600
平均亏损额度($)	1,600
每次交易平均额度($)	290
亏损比例值	1.62
最大跌幅额度($)	19,000

用 18 日均线和 22 日均线组合交易

净利润总额($)	43,000
交易数量(次)	138
成功交易数量(次)	69
失败交易数量(次)	69
成功交易几率(%)	50%
平均获利额度($)	2,000
平均亏损额度($)	1,400
每次交易平均额度($)	315
亏损比例值	1.47
最大跌幅额度($)	13,000

所有的这些组合在一个长期的交易中已经获利了。然而,在这长期的交易中,只有 40 次参数组合交易在交易后亏损了。因此,不管我选用什么参数,在 8 年的交易时间内,我们获利的几率是 92%。事实上,在这 8 年的交易时间内,有 306 次组合(62%)总共获利超出 24,000 美元,或者说每一年获利超出 3000 美元。每一年的交易中已经有了最好的参数组合,这样还能够创造出 68% 长期收益,至少 24,000 美元的利润。

跌幅额度又怎么样呢?结果显示有 442 次(90%)的参数组合交易都有 10,000 美元甚至更高的跌幅额度;有 146 次(30%)参数组合有 15,000 美元甚至更高的跌幅额度;有 34 次(7%)参数组合有 20,000 美元甚至更高的跌幅额度。

所有这些数据存在的一个问题就是:在接下来的 1999 年的交易中,你可以很准确地预测出最优参数吗?这样的话,想要明智的投资是不可能的。在接下来的 8 年时间内平均每一年获利超过 3000 美元的这样一种参数组合交易方法,你可以挑选到这种参数组合交易方法的几率只有 62%。进一步说,你只有 7% 的几率在接下来的 8 年时间内亏损超出 3000 美元。

尽管如此,我们可以把所有这些数据和 8 年的时间用最优参数组合的测试结果进行比较,结果如下:

净利润总额($)	63,000
交易数量(次)	58
成功交易数量(次)	31
失败交易数量(次)	27
成功交易几率(%)	53%
平均获利额度($)	3,400
平均亏损额度($)	1,760
每次交易平均额度($)	1,100
亏损比例值	2.16
最大跌幅额度($)	9,593

那么,问问你自己:在接下来的 8 年时间内交易重新得到这些结果的可能性是多少?假如最优参数可以得出相类似的统计数据,那么你重新得到这些结果的可能性就是 1/496,或者说是 1% 的 1/10。下一次有人给了你一些假设性的结果,你就需要考虑一些事情了。

第十五章
商品交易顾问(CTA)和资金管理

这一章讲的内容不是很多,它主要是针对商品交易顾问以及那些想了解商品交易顾问们经常用到的交易理念和资金管理方法的一些交易商所讲。这一章节为商品交易顾问们在交易客户的账户时提供了另外一种选择。另外,那些凡是对投资理财可能会有兴趣的,并且希望在投资中有一个专门的商品投资顾问的人们,他们就会想知道在投资中应该问些什么问题,又应该调查些什么事情。

首先说明一下,商品投资顾问的简写是 CTA(全称是 Commodity Trading Advisor),商品基金经理的简写是 CPO(全称是 Commodity Pool Operator)。商品投资顾问和商品基金经理在商品和期权投资市场都普遍被理解为基金经理。大约有 3500 个商品交易顾问在国家期货协会登记注册了。商品投资顾问可以管理不同额度的资金投资,小到几十万美元的资金,大到上亿美元的资金。

大商品交易顾问

一般来说,大商品交易顾问管理资金极其谨慎保守。它们明白小到8%的跌幅就可以导致大笔资金的流失亏损。因此,他们把更多的注意力集中放在降低投资风险上面。出于这个目的,大多数的基金经理会在他们的交易中选用固定分数资金管理方法进行交易。通常来说,在他们进行的每一次投资交易中,承担的风险率还远远不到1%。这听起来似乎不多,但是假如一个商品交易顾问正管理着一个资金量为50,000,000的投资,并且只有一种交易策略,就是设定了一个3000美元的止损,那么这样的话,一个合约交易就是600,000美元,换句话说,他就有83个合约的交易。像大多数个体交易商一样,商品投资顾问会进行很多次调查，考虑什么点位进场交易，什么点位收手合适；他们不会去调查如何真正去管理好这笔交易资金以获取最大利润。

在增加全部资金的潜在利润时，商品交易顾问会做一些简单的事情以维持当前的风险（如果风险暂时无法降低的话）。第一件事情就是摆脱（不用）固定分数资金管理方法；第二件事情就是如何合理分配这笔交易资金。不用固定分数资金管理方法，至少是用固定比率资金管理方法来取代，并且用不同的方法或者策略去管理不同的资金分配，这样，总体的风险才会被维持住，甚至是风险被降低，而分散投资和潜在的利润呈几何增长的可能性也会增加。

有这样一个例子：一个公司有50,000,000美元的投资资金。如果一个商品投资顾问把这笔资金分成了四个相等的部分用四种不同的交易方法进行投资，那么根据分配的资金额度大小来看，每一种方法承担的风险额度通常是管理的全部资金额度。这也就意味着，根据风险额度是资金的1%的1/2来算，平均12,500,000美元的那部分投资额度就会有大约3000美元的资金有风险。这样一来，下一次交易可以有20个合约的交易。这是相当保守谨慎的交易办法，这就意味着如果有四次交易失败也只有一个2%的亏损或者是跌幅。

如果你认为四种不同的交易策略是不可能出现四次连续亏损，每个合约损失3000美元的话，那么你的思维就错了。如果承担风险的额度只是1500美元，那么，根据他们的资金管理计划，交易的合约数量就会翻倍。因此，3000美元的失败交易就会变成是60,000美元的亏损；1500美元的失败交易也会是60,000美元的亏损。这下明白了吧。这种方法即使再保守谨慎，你依旧会为此付出代价的，并且这个代价是一个增长趋势。

假设每一种交易方法在每一笔交易中经历了12个月的交易期后可以获利50,000美元。记住，每一次交易中3000美元的最大损失承担的风险仅仅是投入资金的1%的1/2，按照这种算法，账户中每600,000美元一个合约交易。因此，在此期间，交易的合约数只会从20个增加到22个。资金管理计划只会将收益从4,000,000美元增加到4,300,000美元。这也就意味着，他们将有一个多达8.6%的收益率，而不是8.0%的收益率！其实从这种资金管理方法中并没有得到太多的好处。

解决这个问题的一个建议就是把这笔资金分成12个或者是15个相等的部分，然后用12种或者是15种不同的交易方法进行交易，包括所有投资市场用到的所有的交易方法。因为这样的话，就有更多的投资组合，投资风险就更有可能保持得相当低。同时，交易的合约数量较少就会创造出一种利润呈几何增长的氛围或者环境。比如说，把50,000,000美元的投资资金分成15个相等的部分，每一部分资金是3,333,333美元。再返回到资金管理的三个时期，每

第十五章 商品交易顾问(CTA)和资金管理

一个部分开始时可以进行 6 到 10 个单位的交易,不管是什么样的投资市场,也不管哪一个投资市场可以让交易商即刻入场并获得很大的利润。如果下一次交易 8 个合约交易时的风险资金是 1500 美元,那么他们将承担大约是 0.0036% 的风险率,或者说是要承担刚好多于 1% 的 1/3 的风险率;如果每一个合约承担 3000 美元的风险,那么这次交易中的风险率就会是 1% 的 2/3。因此,这个风险率就相当于固定分数方法的承担风险率。然而,固定分数方法只进行 5 个合约的交易,并且要求这种方法在可以进行 6 个合约交易之前可以创造出每一个合约高达 120,000 美元的收益!用固定比率资金管理方法进行投资,就只需要每一个合约另外增加 5000 美元到 10,000 美元的资金(这取决于你选用的是稳健的还是激进的固定变量比例)。通过这样操作,在应用固定比率资金管理方法交易每一个合约创造出了 50,000 美元的收益以后,应用固定比率交易方法(19.5%)的预算结果是收益 650,000 美元,相比较而言,固定分数交易方法(7.5%)的预算结果是收益 250,000 美元。应用固定分数交易方法进行交易,在没有增加总体风险的情况下利润率增加了 260%。如果在即将获取 50,000 美元的时候出现了一个 10,000 美元的跌幅额度,那么整个账户全部的风险率将会是 4.25%。进一步说,如果所有这 15 种方法从一开始都同时遭遇了一个 10,000 美元的跌幅,那么全部的资金只会有一个 2.4% 的跌幅。事实上,所有这 15 种交易方法中每一个合约必须有一个 33,334 美元的跌幅额度才会使全部的资金只会有一个 8% 的跌幅。

$$8 个(单位合约) \times \$33,334 = \$266,672$$
$$\$266,672 \times 15 种(交易方法) = \$4,000,080$$
$$\$4,000,080 \div \$50,000,000 = 8.00016\%(约 8\%)$$

像前面所讨论的那样,这几乎是不可能的。因为 15 种交易方法能够同时出现一个 33,000 美元的最大跌幅的概率基本是没有,即便有这么一次机会出现,那么这个概率也会是非常非常小的,比如是零点几(甚至是在小数点后面有 20 个零)。并且如果曾经出现过这种情况,那么这个公司就需要解雇这种方法的发明者和调查者!

小商品交易顾问

一些小商品交易顾问管理的资金甚至没有 3,000,000 美元。因此,他们交易中要承担的风险相对于那些可以承受很多种有效投资组合的大商品交易顾问而言就要高出很多。然而,较小的商品交易顾问也很有可能会比较大的商品交易顾问在投资中获得更高的收益。较小的商品交易顾问为了增加收益,他们愿意承担超出资金8%的风险率,这样,在资金管理方法的帮助下,他们获利的几率就高达40%。大商品交易顾问和小商品交易顾问主要的区别就是他们如何去分配他们手中的资金。对于大商品交易顾问而言,他们手中的资金被平均分配,然后他们用这些小资金额度分别单独进行投资。虽然小商品交易顾问也会用不同的交易方法对资金进行不同分类投资,但是所有的这些方法也只是被看成是一种投资组合。因此,可以交易的合约数量依旧是足够多以至于在适当的点位投放的资金都可以立即是资金呈几何增长。

如果一个小商品交易顾问有3,000,000美元的投资资金,然后他把这笔资金分成四部分进行单独一个投资组合,那么在这笔资金还没有遭遇一个过度的风险的情况下,依总体旧还可以进行8个合约的交易。如果每一种交易方法的预期跌幅额度是15,000美元,并且这些交易方法都同时遇到一样的跌幅,那么这笔资金就会遭遇到大约是16%的风险率。这也非常不可能发生,因为这四种方法同时遇到同样的最大跌幅的可能性仅仅是1%的很小的一部分的一部分(除非这四种方法都基于一种相类似的交易逻辑)。

实际上,如果这个组合总的来说遇到了一个20,000美元的跌幅,那么这笔资金就会有一个5.3%的跌幅。如果每一种方法在12个月的交易期内使每一个合约创造出了20,000美元的收益,(应用固定比率资金管理方法进行交易,这还不是很突出的成就),那么账户额度将增加到42,800,000,000美元,或者说收益率是42.6%。

小商品交易顾问也会用固定分数资金管理方法的某种形式进行交易。和大商品交易顾问相比,小商品交易顾问更愿意在交易中承担比资金的1%的一部分还要多的风险率。一些小商品交易顾问在有些交易中为了能够努力创造更高的收益,他们甚至愿意去承担多于2%的风险率。一次交易承担2%的风险率,也就是每一个合约1500美元,小商品交易顾问可能会愿意把每一个合约增加到7500美元。这也就意味着,交易商会在这次交易中进行40个合约的交易。如果商品交易顾问在交易中每一个合约遇到一个20,000美元的跌幅,那么他的投资资金就面临着一个高达25%的跌幅率。另一方面,如果每一种方法可以使每一个合约创造出20,000美元的收益,那么那年的收益率将会高达100%。

然而,如果投资的目标是高风险高收益,那么较小的商品交易顾问就会通过进一步分散风险而不是把交易的合同数量都一起用当前的方法交易,以更好地实现高利润的目标。可以想象,交易商有15种不同的交易方法,把这15部分资金分成5个不同的组合进行投资,每一个组合3种方法,每一个组合进行8

第十五章 商品交易顾问(CTA)和资金管理

个合约交易。如果每一个组合交易的每一个合约都同时遇到了一个10,000美元的跌幅,那么最大的风险率也只是13%。同时,如果每一种交易方法在一年的交易时间内只能创造出10,000美元的利润(每一个组合就是30,000美元),那么固定比率交易法就可以用较低的遇到高风险的可能性使收益增加到3,500,000美元(116%的回报率或者是收益率)。

这两者比较中最后补充一点:在前面的交易场景中,每一种交易方法只需要每一个合约创造出的利润是前面提到的风险率是2%时的收益的一半。在那种交易场景中,每一种交易方法要求每一个合约必须创造出20,000美元的利润,这样才可以实现100%甚至更高的收益率。如果后面的交易中交易的每一种方法创造出了20,000美元的利润,那么预期利润将大约是11,560,000美元,或者说收益率高达385%。每一种交易方法都创造出这种利润是不可能的。一年的交易下来,所有的这些交易方法中很少有一种交易方法可以被证明是有利可图的。然而,为了把这些作同类型比较,我只能说那些都是数字。

在写这本书的时候,我就听说过只有一个商品交易顾问,他积极地争取把这本书中描述的那些操作方法应用于他的实际投资交易中。他的名字是Jone Zervas。Jone在投资管理领域就是一个新手,并且他很不了解这一领域的知识,但是他已经从事了多年的投资交易了;事实上,他的父亲是一个交易商,也是他在投资方面的启蒙导师。Jone已经特别强调资金管理方法在投资中的重要性,并且他还定期向我咨询在保证一个相当低的风险率的情况下,如何应用这些方法增加巨大收益。

最有可能的就是,其他的商品交易顾问和商品基金经理将在接下来的几个月甚至是几年时间内着手解决这个问题。然而,我没有意识到有任何其他人在一个积极的基础上去应用这些方法进行交易。如果你现在正面临着不同的投资账户,那么我会向这些交易顾问们彻底地提出我对他们目前正在用的资金管理方法的质疑。

第十六章
资金管理方法的紧密结合

这一章节处理固定分数和固定比率资金管理策略。在前面的章节中,我解释了很多应用固定分数资金管理方法的缺点和不足。进一步来讲,结果已经证实了,对于大多数交易商,包括商品交易顾问而言,从风险和回报的角度来考虑,固定比率资金管理方法是更好的选择。然而,固定分数资金管理方法的一个缺点确实可以在资金管理计划的后期实施过程中补救固定比率资金管理方法的一个不足。在这一章节,我讨论了这两种资金管理方法之间的关系,这种关系存在的原因,以及什么时候利用这种关系更合适。也仅仅只有几次机会值得应用这种方法。只有当交易账户由于应用了固定比率资金管理方法已经获取暴利的时候这种方法才会有用。然而,仅仅只有资金的增加并不能说明这就是交易商唯一的选择。事实上,有时候,也有更好的选择,比如说为大的基金经理准备的某种方法也是一种好的选择。另一方面,也有一些例子可以使之成为首选。现在轮到交易商自己去决定在这一阶段的游戏中选择什么样的方法。

从一开始扼要重述下这个阻碍我们应用固定分数资金管理法的缺点,这是回报潜力,或者说是缺乏回报潜力。当我们设法使交易账户的总体风险保持一个相对较低的水平时,通过固定分数交易方法去降低账户的风险,我们就必须要应用一个较低的风险比率。比如说,如果一个交易商想要使他账户的总体风险保持在10%甚至是更低的水平,假如此时交易中将有一个10,000美元的跌幅,那么该交易商根据他账户的需要按照每100,000美元一个合约的方法来交易:

预期跌幅($) ÷ 账户总风险(%) = 每一个合约需求的最少资金额($)

$10,000 ÷ 10% = $100,000

因此,交易商的账户最开始就必须至少有一个100,000美元的启动资金才可以交易(一个合约)。进一步分析,这一个合约必须要创造出另外100,000美

第十六章 资金管理方法的紧密结合

元的利润才可以增加交易的合约数量。这唯一的一种解决方法就是去增加交易账户的总体风险比。因此,当交易中跌幅额度达到了 10,000 美元的时候,如果交易商愿意使他们交易账户中的总体风险比提高到 20% 的水平,那么每一个合约所需的最少资金额度就会是 50,000 美元,这样交易中一个合约就只需要账户中创造出另外 50,000 美元的利润就可以增加交易的合约数量。

当跌幅确确实实还在持续,那么关于这种交易方法的逻辑还存在很多问题。第一个问题就是我们不能保证之后交易的跌幅额度不会超出 10,000 美元。已经得到证明说,单个交易与任何其他的交易都没有关系,不管是之前有过的交易还是紧接下来就要进行的交易。因此,接下来的一次交易,或者是接下来的 10 次交易,甚至是接下来的 100 次交易都不能确定,也不关心跌幅额度是 10,000 美元、20,000 美元,甚至是 30,000 美元。因此,账户的中的这个百分比不一定就是账户中承担风险的最大百分比。它只是交易中跌幅达到一定程度后可以承担的风险的比例。如果跌幅从 10,000 美元增加到了 20,000 美元,账户中承受 10,000 美元的风险比是 20%,那么需要承担的 20,000 美元的风险比例就是 20%。因此,当我们对照交易中跌幅额度来选择风险比例的时候,我们就必须认真考虑这个问题。

这种交易方法的第二个主要的问题是最明显的。增长潜力几乎是零。起初的时候,它的增长速度极其慢,也没什么效率。第一个问题从来都不会消失。什么时候如何应用这种固定分数交易策略其实没什么关系。然而,这第二个问题也会一直存在。事实上,直到这个问题几乎反转了,也就是潜力增长的速度非常快了,这时,交易的合约数量越多,这个问题存在的可能性就越小。然而,不管增长速度有多快,账户中承担的风险比例在某种跌幅水平将从来都不会改变。就是因为增长速度慢的问题确实消失了之后,我们才可以从固定比率交易法的应用中获利。

这个问题消失的原因和它最初存在的原因是一样的。固定分数交易法要求每一次增加一个合约数量另外计算的所要增加的资金额度是一样的。因此,使合约数量从一个增加到两个就另外需要一个 10,000 美元的利润。当现在交易的合约数量是 100 个的时候,只需要另外增加 10,000 美元的利润,就可以使合约数量从 100 个增加到 101 个了。要实现这个 10,000 美元利润的目标的能力已经增加了 100 倍了!开始的时候已经很慢的东西在现在这个交易阶段增长的速度已经是 100 倍了。这就是在把固定分数交易法转换成固定比率交易法的过程中所要用到的优势。

固定比率交易法的影响几乎正好是和固定分数交易法的影响是相反的。固定比率交易法要求起初合约的增长速度要比固定分数交易法中的合约增长的速度要快得多。然而,如果要使合约数量从1个增加到2个需要5000美元的话,那么实现获得这5000美元的利润的能力依旧是不变的,因为给定的要求就是每一个合约5000美元。因此,增长的速率从来不会增加或者减少,它永远都不会改变。

乍一看,由于增长速率一直恒定不变的缘故,账户中总体风险也将恒定不变。不过,事实并不是这样的。在第五次或者第六次增长以后,基于固定变量的额度大小和预期跌幅之间的关系,账户中总体风险确实也会减低。回想下,即使这个增长速率也在增加,可是用固定分数交易法进行交易时账户中存在的风险也是一样的。因此,当增长速率确实保持不变的时候,要使账户中的风险率也保持不变是不可能的。根据这个逻辑,这个风险比率必须降低。

固定分数交易法:增长速率增加,风险比率固定不变;

固定比率交易法:增长速率保持不变,风险比率降低。

为了更好地解释上面的说法,我们假设,在进行了8个合约交易以后,我们选用一个5000美元的固定变量,现在来考虑下次交易时账户中的风险比率。如果预期跌幅额度是10,000美元,那么固定变量额度和跌幅额度之间的比例就是1:2。假设这个10,000美元的跌幅是保持不变的,我们要计算出此时账户中承担的风险额度,首先就必须计算出进行8个合约交易的所需的最低额度水平:

[(合约数量×合约数量 − 合约数量) ÷ 2] × 固定变量额度 = 最低额度水平

那么进行8个合约交易的所需的最低额度水平计算如下:

$$[(8 \times 8 - 8) \div 2] \times \$5,000$$
$$= [(64 - 8) \div 2] \times \$5,000$$
$$= (56 \div 2) \times \$5,000$$
$$= 28 \times \$5,000 = \$140,000$$

接下来我们计算下进行6个合约交易时所需的最低额度水平。我们之所以要计算进行6个合约交易时所需的最低额度水平是因为这个固定变量额度是用跌幅的额度除以(数学计算中的除法)账户中交易的合约数量,而这个合约数量在交易过程中出现跌幅期间会有所减少。由于跌幅额度和固定变量额度之间的比例就是1:2,那么交易的合约数量在出现跌幅期间就会减少2个(8 − 2 = 6)。

进行6个合约交易时所需的最低额度水平计算如下:

$$[(6 \times 6 - 6) \div 2] \times \$5,000$$
$$= [(36 - 6) \div 2] \times \$5,000$$
$$= (30 \div 2) \times \$5,000$$

$$= 15 \times \$5,000 = \$75,000$$

因此,在出现 10,000 美元的跌幅以后,假如之后 100% 会有一个降低的话,这个交易账户还需要承担总共 65,000 美元利润的风险资金。如果交易商开仓时的账户资金是 50,000 美元,现在是 210,000 美元的话,那么该账户要承担的风险比率就是 30%($65,000÷$210,000=0.30 或者是 30%)。进行 8 个合约交易最多需要的资金额度是 180,000 美元,再加上启动资金 50,000 美元,总共就是 230,000 美元。这就意味着,账户额度可能会增加到 230,000 美元。下面这种计算是把上述等式中的减号改成了加号后得出的数据:

$$[(8 \times 8 + 8) \div 2] \times \$5,000 = \$180,000$$
$$\$180,000 + \$50,000 = \$230,000$$

这个计算结果正好是进行 8 个合约交易所需的最低额度的中间水平,进行 8 个合约交易的最高资金额度水平完全不要上面等式中的"加号"或者"减号":

$$[(8 \times 8) \div 2] \times \$5,000 = \$160,000$$
$$\$160,000 + \$50,000 = \$210,000$$

这个数额就是所要用的账户额度。因此,风险的计算是一种最坏的情况,不到万不得已不要轻易去用,因为我们用的是进行 6 个合约交易所需的较低的资金额度,而不是进行 6 个合约交易的中间的不高不低的资金额度。

现在,把这 8 个合约数量翻倍变成 16 个合约。即使交易的合约数量翻倍了,但是增长速率还依旧没有改变。固定变量额度和潜在跌幅的额度之间的关系也依旧没发生改变。因此,如果跌幅额度依旧是 10,000 美元的话,那么账户中交易的合约仍然只能减少 2 个:

$$[(16 \times 16 - 16) \div 2] \times \$5,000$$
$$= [(256 - 16) \div 2] \times \$5,000$$
$$= (240 \div 2) \times \$5,000$$
$$= 120 \times \$5,000 = \$600,000$$

现在计算下减少 2 个合约后进行 14 个合约交易所需的最低额度水平:

$$[(14 \times 14 - 14) \div 2] \times \$5,000$$
$$= [(196 - 14) \div 2] \times \$5,000$$
$$= (182 \div 2) \times \$5,000$$
$$= 91 \times \$5,000 = \$455,000$$

再加上启动资金 50,000 美元,那么 600,000 美元就变成了 650,000 美元,而这个交易账户中要承担的风险资金额度就是 145,000 美元($600,000-$455,000=$145,000)。这样就把之前的 30% 的风险比例降低到了 22% 了($145,000÷$600,000=0.22,或者是 22%)。

按照这种算法，进行 24 个合约交易时，账户中承担的风险比率就降低到了 15%；进行 30 个合约交易时，账户中承担的风险比率就降低到了 12%；进行 100 个合约交易时，账户中承担的风险比率降低到还不到 4%。风险会这样随着交易合约数量不断增加而降低的原因是账户中可以减少的合约数量和账户中交易的全部合约数量之间的百分比也降低了。比如说，进行 8 个合约交易时，账户中减少了 2 个合约交易计算得出交易的合约数量就降低了 25%（2÷8=25%）；进行 16 个合约交易时，账户中减少了 2 个合约交易计算得出交易的合约数量就降低了 12.5%（2÷16=12.5%）；进行 100 个合约交易时，账户中减少了 2 个合约交易计算得出交易的合约数量就降低了 2%（2÷100=2%）。因此，当交易商已经确定了交易一定数量的合约，那么账户中风险承担比例曲线就会继续直到这个比例值为负数。

最重要的是，这不是固定比率交易法的缺点。增长速率保持不变，风险比率降低，这听起来很好，并且仅就这一点也确实不错。然而，我们需要做一个权衡。随着风险比率的降低，这个集合效应也会降低。比如说，当账户中交易的合约数量从 8 个增加到 16 个时，这个数量是翻倍了，前面 8 个合约创造出来的总体利润最低也是 140,000 美元。然而，接下来随着账户中另外增加 8 个合约，创造出的利润就突然增加到了 460,000 美元（进行 16 个合约交易最低额度 600,000 美元 – 进行 8 个合约交易最低额度 140,000 美元 = 460,000 美元）。合约的数量翻倍增加了，创造出的利润也确实增加了 328%。第一次进行 16 个合约交易创造的利润总共是 600,000 美元，第二次再增加 16 个合约交易又创造了总共是 1,880,000 美元的利润。这下交易的合约数量又翻倍增加了，可是创造利润却只增加了 313%。然而，第一次使合约数量翻倍后利润增加率是 328%，而第二次使合约数量翻倍后利润增加率却只是 313%——下降了 15%。第一次当交易的合约数量增加到 32 个时，总共创造利润 2,480,000 美元（600,000 美元 + 1,880,000 美元 = 2,480,000 美元），但是当第二次交易的合约数量再增加 32 个时（总共 64 个合约数），创造的利润又增加了 7,600,000 美元。交易的合约数量翻倍，但是利润增加率却只是 306%——又下降了 7%。

这就是一种权衡。是的，看上去这个降幅虽然相当小，但是在长期的投资交易中，如果交易的合约数量继续增加的话，它就可以起到至关重要的作用。现在我们把前面的结果和固定分数交易法如何增加增长速率放在一起做个比较。

这里列举的固定分数交易法的例子是账户中每 10,000 美元可以进行一个合约交易。假设现在账户中要进行 8 个合约的交易，那么账户中需要的资金额度就必须是 80,000 美元。这时把账户中交易的合约数量翻倍由 8 个变成 16

个,这次账户中至少需要 160,000 美元的资金。交易的合约数量加倍,那么交易的合约创造的利润也应该翻倍。当账户中进行了 32 个合约交易时,账户中至少需要 320,000 美元的资金。根据"交易的合约数量加倍,那么交易的合约创造的利润也应该翻倍",你可能会说"等一下,固定比率交易法会以 300% 的利润增长率增加利润的,而不只是 200%"。确实是这样的。然而,用固定比率交易法每增加一个合约所需的资金额度,也同时是每一个合约需要创造的利润额度。也就是说,假如你要使交易的合约数量从 1 个增加到 2 个,这就要求这每一个合约要创造出 5000 美元的利润;你要使交易的合约数量从 99 个增加到 100 个,这也要求这每一个合约要创造出 5000 美元的利润。而固定分数交易法就不是基于单独每一个合约上面。因此,我们必须把合约的固定分数的增长和每一个合约创造出的利润放在一起作比较。用固定比率交易法进行交易,要使合约数量从 8 个增加到 16 个,这就需要每一个合约创造出 40,000 美元的利润（8 个 ×$5,000 = $40,000）。

用固定分数交易法进行 8 个合约的交易,如果按照单独一个合约创造出 40,000 美元的利润来算,这就将使交易的合约数量增加到 480 个,而账户中至少需要 4,800,000 美元的资金额度。第一次增加 8 个合约需要使账户利润达到 27,179 美元;当每一个合约创造的利润翻倍以后从 27,179 美元就变成了 54,358 美元,而这时账户中的利润就从 80,000 美元（8×10,000 美元）增加到了 1,200,000 美元——利润增长率到达了 1500%。每增加一个合约所需的利润额度再一次翻倍后从 54,358 美元变成了 108,716 美元,这时的账户中创造的总利润就增加到超过 100,000,000 美元,此时交易的合约数量是 10,000 个。没有从 1500% 的利润增长率开始降低,相反,这个利润增长率反倒增加了超出 8300%。这下清楚了吧。

上面这个固定分数交易法的例子是如此的不切合实际,以至于我们根本就没有办法将之付诸实践。不过,每 10,000 美元进行一个合约交易的方法和每 100,000 美元进行一个合约交易的方法之间有天壤之别。用固定分数交易法,为了使交易的合约数量总共达到 20 个,这就需要单独一个合约可以创造 360,000 美元的利润;而用固定比率交易法则只需要账户中增加 100,000 美元的利润。用固定分数交易法,要使账户中交易的合约数量从 20 个增加到 21 个,需要单独一个合约另外创造 5000 美元的利润;而用固定比率交易法,要使账户中交易的合约数量从 20 个增加到 21 个,也需要单独一个合约另外创造 5000 美元的利润。因此,当交易的合约数量是 20 个的时候,这两种交易方法是一样的。交易的合约数量从 19 个增加到 20 个,固定分数交易法就要求每一个合约创造 5263 美元的利润,而固定比率交易法仍然只要求增加 5000 美元的利润。

交易的合约数量从20个增加到21个,固定分数交易法只要求每一个合约创造4762美元的利润,而固定比率交易法则仍然是要求增加5000美元的利润。

我们换个方式来考虑,当账户中进行了20个合约的交易,如果用固定分数交易法进行交易会出现每一个合约10,000美元的跌幅,那么账户中承担的风险比率就是10%。然而,用固定比率交易法进行交易,20个合约就要承担18.5%的风险比率。因此,这就是在固定分数交易法中增长速率要超过固定比率交易法中增长速率的地方。换一种方式来表达,可以在此时用固定分数交易法进行交易,等账户中承担的风险比率到达18.5%以后就开始稳定下来。

这就引导我们要去把固定分数交易法和固定比率交易法紧密结合起来使用。在某种情况下,我们把交易方法从固定比率交易法转换到固定分数交易法会更好。这种情况可以由两种方式中的其中一种按照逻辑来决定。第一种方式我已经做出过解释了。当这两种方法的增长速率一样的时候,我们就要考虑开始转换交易方法了。上面的例子中给出将要考虑转换交易方法的的增长速率是18.5%。然而,你还可以根据账户中承担的风险比率而不是增长速率来决定交易方法的转换。如果你想用固定比率交易法进行交易,直到账户中承担的风险比率降低到12%然后就保持不变时,假设这次交易中每一个合约有一个10,000美元的跌幅,那么直到用固定比率交易法交易增加的速率和用固定分数交易法承担的风险的比例一样时,我们才会考虑转换交易方法。意思就是说,用固定分数交易法进行交易,账户中每增加83,333美元就会增加一个合约交易;而用固定比率交易法进行交易,账户中像前面讲的一样,每增加5000美元就会增加一个合约交易,但是账户中使交易的合约数量从29个增加到30个所承担的风险比例不会超过12%。下面图表16.1就给出了一个标准或者转折点,从这个标准算起,两种交易方法交易后账户中的资金额度相交(一样)。

从上面的图表中可以看出,纵坐标代表应用固定分数交易法后的计算结果,这个计算结果也就是每83,333美元进行一个合约交易。这也就要求一个非常低的风险比率,但是交易刚开始的时候,这种方法几乎是不可能付诸实施的。要注意的是,上面那条笔直的水平线,它一直是笔直,没有任何改变。最下面的横坐标代表固定比率交易法,用了一个5000美元的固定变量额度。要注意的是,这条线表明随着交易的合约数量的增多,坡度就越向上延伸。这条线代表的是每增加一个合约所要求增加的资金额度。上面图表中,大约是交易的合约数到了17个时,这两种方法相交了(表明此时两种方法交易的结果是一样的)。也就是从这时开始用固定分数交易法交易的增长因子比用固定比率交易法交易的增长因子变得更加强势的一个转折点。

第十六章 资金管理方法的紧密结合

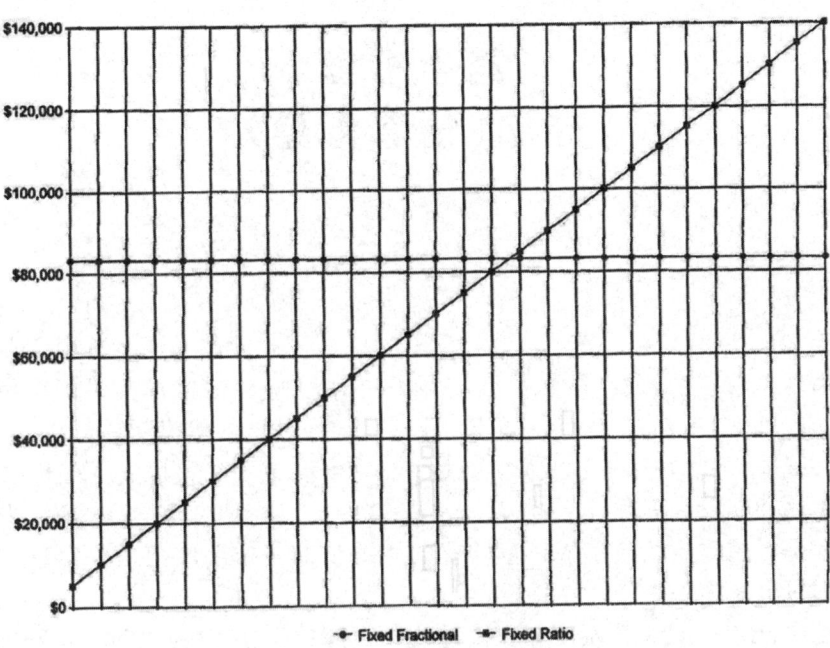

固定分数/固定比率交易法关系

图表 16.1

第十七章
综述(信息汇总)

通观全书,它为我们提供了很多实用的信息,这些信息你都可以应用到你自己的投资(交易)中。对于一部分人而言,这些信息可能很新颖,也可以让他们大开眼界;对于另外一些人而言,这些信息可能更多的是证实了他们之前很多种想法和观点。不管怎么样,除非你把这些信息应用到实际的投资中,否则它们都是无用的信息。在这一章中我的主要目的是帮助你把这些信息应用到实际的投资操作中。

据说,在我们计划一次度假安排时,选择目的地和进行到达的时间安排并没有选择出发地那么重要。如果你不知道这个信息,那么你就不知道你要朝哪个方向走。投资(交易)大体上也是这样的。很多交易商只是草草地确定了他们的投资目标,因为他们不知道如何去实现这些目标。出现这种情况,一部分原因是因为他们不确定他们开始投资时选定的方向是否正确。这就好像你站在一个前不着村后不着店的地方,不知道应该朝什么走,可是你一直希望你自己选择要走的方向是正确的。然而,大多数交易商并没有选择正确的方向投资。

当有些交易商给我打电话,并且开始告诉我他们在投资方面有了一定的目标时,我总是会问他们有没有为实现这些目标去制定一个计划,然而,我得到的答案一直都是否定的。我经常告诉这些交易商,在制定一个投资计划之前,他们需要完全停下手中的交易。清除所有账户的持仓头寸,这样的话,当他们制定了一个投资计划后,他们也就非常清楚他们正着手去干什么。对于一些人而言,根本不需要这样。然而,对于大多数人而言,这是一个起点。当有的人退一步再重新审视一些事情的时候,这时他们就会对他们正在做的事情感到非常惊讶。大多数交易商过度投资,他们的投资都是跟着感觉走,他们采用的都是带着盲目的希望去投资的方法。接下来我将一步一步地引导大家制定你自己的投资计划。

第十七章 综述(信息汇总)

考虑自己所做的事情

在你完全停止交易以后,回过头去想一下你刚刚涉足这个投资市场时把目光投注在什么地方,然后把你所用的交易方法、交易策略记下来,包括你进行了哪些交易都一一写下来。我并不是要你列出你曾经的每一次单笔的交易。但是,如果你只是为了发行期权才开仓交易的话,那么你就要归纳总结下这次的交易经历。尽可能多地写出所有的细节,包括促使你决定用一种特定的方法开始进行投资的原因,你开仓时的账目资金大小,你为什么会选择这个资金额度来开仓,交易的类型,交易的频率,还有就是你是否喜欢(或是讨厌)投资,等等。还要记下你选用某种交易方法进行交易的时间,你是否坚持使用这种交易方法进行交易(如果没有,注意写下没有坚持使用的原因),跌幅和之后的回调分别是多大,等等。千万不要忘记跌幅和之后的回调两者出现的时间差,最后一次跌幅和之后的回调之间相距多长时间呢?你用某种交易方法进行交易坚持了多长时间呢?最后,你还要记下你是什么时候停止使用这种交易方法进行交易的;这一次的交易经历最后的结果如何,是获利还是亏损;后来你又打算如何管理你的账户呢,等等。

一旦你每一次单笔的交易都这么去做了,那么你就要总结下你一次又一次反复出现的错误是什么。一些交易商没有坚持使用某一种交易方法,而另外一些交易商只是由于一些事情而暂时分心了。不管怎么样,在你总结完每一次的交易之后,你就会知道你交易中的弱点和优势是什么了;你也会知道你最擅长最喜欢的交易类型是什么:一些交易商经常看好的是成功的交易而不在意市场中的一次较大的失败交易,而还有一些交易商喜欢进行长线交易,另外一些交易商则习惯在调查清楚每一次单笔交易的方方面面之后才做单。在完成了这些总结之后,你就可以回过头来仔细斟酌一下,然后决定你真正适合进行什么类型的投资(交易)。

记下你的目标

既然你已经写下了你所做的事情,那么你就还需要把自己想要达到的目标写下来。这些目标不仅仅是指你在接下来的12天里是多么希望自己可以变成一个百万富翁。你需要把这些目标更加具体地写下来。你可以以"你开仓时投资了多少资金"来开始记下你的目标;然后就是你是什么时候开始有了"在接下来的5年时间内赚取1,000,000美元"的目标的,这个目标也是你冒险去把你所有的开仓资金用来交易的这个目标;换句话说,你愿意只承担你账户资金的50%的风险比率来实现这个目标吗?其实,风险承受能力也就是你目标的一部分。

你的投资目标也可能包括一些其他的事情,比如说你想用什么方法来最终实现你赚取这个数字的目标。为了实现这个目标,你愿意一天中先拿出4个小时的时间去调查这个投资市场,然后再回家拿出8个小时来进行交易吗?你愿意完全脱手把时间腾出来陪家人,这样就可以实现这个目标吗?你的部分目标是能够在某段时间内暂时停止你目前的工作吗?等等,这些事情必须好好考虑,然后把它们都记下来。

另外,你的目标还包括你愿意去做出的一些牺牲。没有什么财富是可以让你愿意以牺牲你的妻子,或者丈夫,甚至孩子来换取的,但是这确实有牺牲。先牺牲一些影响甚小的事情:可能你需要一个星期推掉三次高尔夫游戏,或者是中餐少做一份汤,等等。这些牺牲也许只是暂时的,等到一切都进展顺利了,就不需要这样了,但是,还是需要你去做好准备做出这些牺牲。我之前在法律事务所时候的一个老板,Fred Stoops,他过去常常说"如果你在你必须去做某事的时候去做了,那么你就可以在你需要它的时候得到你所想要的"。我从来都没有忘记他说的这句话。这又让我想起了《圣经》中的"播种和收获"的原则:种瓜得瓜,种豆得豆。

制定一个交易计划

到目前为止,你应该知道了你所做的事情,你所想做的事情,以及为了实现你的目标你所愿意做的事情。现在,我们来具体说说。你必须把这本书中给出的所有的信息都付诸实际行动去应用。在制定这些计划的时候有两个关键的地方需要注意:第一个就是你所选用的交易方法,第二个就是你所选用的资金管理方法。

交 易 方 法

如果有可能,把交易市场以及选用的交易方法进行分类。这样可能就只有

第十七章 综述(信息汇总)

两种交易方法和一些交易市场了,或者说是有几种交易方法和交易市场。不管你做了什么,你都必须确保在开始交易的时候你没有过度投资。我们返回到第四章,再重新读一下这一章所讲到的关于开仓是需要建多大仓的一些观点和看法。我们要确保,再确保你已经决定去交易了。在第十五章中所提到的一组数据看上去是非常具有欺骗性的。你知道期待得越多,你就会准备得越充分。

在这一章的后面一部分,在观察了一个投资市场和一种交易方法的全部的操作能力以后,关于投资组合我又补充了一些信息。一个多元化的投资组合可能是有一种长线交易方法和短线交易方法,可能还包括一种期权交易方法,或者是一些其他的与前面两种方法都无关的交易方法。要注意的是,当你进行同样种类的交易时,千万不要用太多相似的交易方法。如果你有两种交易方法,这两种交易方法都是在行情趋势的基础上的长线交易方法,那么用这两种交易方法进行交易时,跌幅将会同时出现。

这是我推荐的一种交易类型,每一个交易商至少都要看一眼,要留心下。它也是我所称作"赚钱快"的投资。当然,不同的投资市场情况也有所不同,这些特殊的情况被看做是"不寻常"的事情。通常情况下,这些不寻常的情况往往会为那些愿意观察并为之等待的交易商们提供一些低风险高可能性的机会。举个例子来看吧,我们回顾下在1997年4月份,我给我的一些客户提供了一些关于橙汁(OJ)投资市场的调查事实。那个时候OJ投资市场交易的价格非常低,大约是68美分一个合约。根据我的调查,在通货膨胀到来之前,现在的OJ价格极其接近历史最低点(低谷)。全部的合约仅仅只值10,000美元。根据我的进一步调查,我认为很有可能在接下来的两年时间内OJ的价格会上涨触碰到1.30美元。同时,关于如何尽可能没风险或者是少风险地利用当前的这种情况,我给大家提供了一些参考信息。这些交易已经是尽可能近地接近实际确定的一些事情了。当然,OJ可能已经下跌到50美分了,但是只要交易商为此做好了准备,他们就依然可能坚持下去。我又进一步补充:如果实际运行和我们预料的情况一样,那么这次交易创造的利润很可能会远远超过接下来两年互惠基金创造的利润,而互惠基金市场的交易是基本没有风险的。互惠基金会出现破产或者是账户基本为零,而OJ是不会像互惠基金那样的。我非常确定,在1998年的10月10日,OJ价格触碰到了1.3美元。有很多人都抓住了这次机会,他们必须耐心去等才行。然而,在股票交易市场,当行情像前面OJ市场一样出现一个巨大的修正的时候,人们就会躁动;但是在OJ交易市场,愿意去耐心等待的人们就会"一路笑到银行了"。

这只是一个"赚钱快"的例子。另外还有一个例子是关于黄金和白金的差价问题。一般来说,白金是以高出黄金的价格来进行交易的,因为白金供应较少，物以稀为贵。在1997年的1月份，黄金和白金之间的差价基本上不存在了。并且，我确定有几个短暂的时期内，白金交易的价格甚至还低于黄金交易的价格。尽管如此，对于一些留心并守候此行情的交易商而言，这个差价会在接下来的几个月时间从0直接增长到超出90美元的。通过在这两个投资市场卖黄金买白金的方法，在短短的6个月时间里，潜在的利润就会达到9000美元。这就是"赚钱快"。最近，已经接近冬季了，民用燃料油的价格是35美分。这个价格实在是太低了。这又是一个"赚钱快"的机会：买多民用燃料油，确保假如这个民用燃料油真的继续下跌到了25美分，你也不至于爆仓，还可以继续扛住交易，那么最终民用燃料油的价格会回升，很可能到50美分。那么，用正确的交易策略或者交易方法去交易，赚钱是很容易的一件事情。

我极力推荐，所有的交易商都去寻找这样的机会。这样的交易机会风险率低获利率高。这些机会可以迅速增大你的整个资金仓量，反过来大仓量就会提高资金管理的效果。对于这种交易类型如果你还想进一步了解，我建议你去复印一份《智能交易市场信函》，这是一本月刊，它告诉了我们一些特殊的交易情形，以及更好地利用这种交易情形所要采取的策略和方法。补充一下，有一个商品交易顾问，他的名字叫John Zervas，他非常擅长抓住并利用这种特殊交易情形（第十五章有讲到）。

资金管理方法

制定一个交易计划需要注意的第二点就是资金管理方法。本书前面的章节应该已经告诉你所有的你需要知道的这方面的知识，你把它们都放在一起来制定一个交易计划。这个方法你知道得越多，在你自己的交易中你就可以应用得越好。抓紧时间去尽可能全面地弄懂它们。

在这个交易计划中，你需要估量好你的资金管理方法是不是有悖于你的交易目标。如果你不想在你交易一开始就承担很多风险资金，那么你就需要在你应用资金管理方法交易的时候稳健谨慎。如果你想只承担少数量的风险资金就尽可能快地获得一定量的利润，那么你选用的资金管理方法就需要作出适当的调整以适应你的这些目标。

在这方面，你又有多种选择。首先，你可以选择去尽可能全面地学习资金管理方法，然后搞清楚为了实现你的交易目标和风险承受率你需要怎么去做。其次，你也可以把你学到的这些知识放进一个资金管理程序中，称作"第一套运作理念(*Performance* Ⅰ)"，它会给你提供一些建议的。然而，如果你选择了后者，决定不要去全面地学习这本书中讲到的资金管理方法，那么你就要做好准备去接受第一套资金管理软件程序中运作理念(*Performance* Ⅰ)给你提供的一些建议吧。我已经发现有很多交易商不会这么去做，因为他们根本不知道他们为什么会去做一些事情。所以说，在我们决定去做一些事情的时候，最好先搞清楚要去做的原因。

当我们制定在资金管理方法这部分的计划的时候，每一个细节我们都务必非常具体。不要简要地说你将选用一个5000美元的固定变量额度，下降率是150%，等等，仅此而已就结束了你的计划。我们要具体地计算一下要想增加一个合约交易所需要的资金额度，还要计算一下当你的资金量减少了多少时你会减少交易的合约。如果在交易一开始需要用一个比较激进的固定变量额度和下降率，那么请你不要犹豫，在你的计划中，可以根据行情所需，之后再减慢下来变得稳健谨慎些，反之亦然。如果你交易的目标是现在就比较激进，然后再稳健，那么你可以在中途变卦改变这个固定变量的额度。

扬长避短

很多年以前，我就不擅长观察交易中已经做下的所有的单子。我也不擅长很精确地遵循一种交易方法。我永远都是自己的偏见战胜了预兆，然后选择出我看好的和不看好的预兆。早期我的投资没有获利，很长一段时间以来我都是亏损的。有时候，在我点单的时候，我甚至完全没有花时间去搞清楚这些单子是否正确。现在，我意识到了，有很多"心理学家"可以帮助你克服这些缺点……几十年后，但是直到那时，你才克服这些缺点。如果你不能遵循一种交易方法，那么你就让其他人帮你。如果你自己做不到，你就不要在交易过程中擅做决定。哇，这个说法真好！请你相信我，有很多经纪人都愿意为了一点额外的佣金去遵循一种交易方法。甚至，你的妻子或者丈夫，或者是那个在街上走路的小伙子，一直想去投资但是又害怕自己的资金最后都赔光，他们甚至可能愿意无偿去这样做！

当你在克服你缺点的时候，请你猜想一下，你给什么腾出了更多的时间？——你的优势。你可以想象 Dan Marino(美国足球协会四分卫)是如何尝试着射球门吗？他们会在他射球门之前让他坐在轮椅上训练传很久的球。但是他曾经从来没有射球门，或者说他甚至没有尝试着要去射球门。为什么呢？因为他的优势是做好四分卫。我在想是否有人愿意给我小费让我去告诉 Dan 我可以帮助他克服他的弱势。我们可以在足球场地用长达一周的时间训练他射球门,但是等到比赛的日子,仍然安排他传球,其他的人依旧是射球门。然而,因为他没有花时间去训练他的优势,所以他们也可能会遭遇失败。如果你作为一个交易商,你把你所有的时间都花在克服你的缺点上面了,那么你的优势将从来都没有长进。相反的,你的优势反而有时就会慢慢地变成了你的弱势。

准备一个后备计划

只有失败过的交易商才学会适时收手。如果你制定了一个计划,但是整个行情及相关的事情并没有按照计划展开,那么请你再准备一个后备计划。在你最初的计划中,即使你按照此计划交易失败了,但是你应该一直都会留有继续交易的空间。比如说,如果你建仓时拿出了50,000美元,你就必须确保在你按照第一个计划进行交易的时候,你并没有把50,000美元全部都拿出来充当风险资金。如果你真的这么做了,那么你还怎么能够实行一个后备计划呢?

一般来说,制定一个投资组合计划,这样在开始交易时,如果是亏损了的话也不会超出你投资资金的40%,这是最糟糕的一种打算。因此,假如你建仓时拿出了50,000美元,当你在按照你指定的计划进行交易的过程中亏损了,最后账户中剩余只有30,000美元的时候(也就是亏损了总账户的40%),你就应该启用你的后备计划进行交易了。但是要注意的是,在你知道账户中会亏损到这个数目的时候,请重新审视并评估你的交易方法。有的时候,重新评估会让你在中途改变计划,以避免后续交易出现继续亏损。然而,当你尽心重新评估的时候,你应该清楚你正在审核和评估的是什么。有时,仅仅是一个投资市场或者一种交易方法都可能会导致一个重大的错误。我们要做好准备隔离出其中存在的问题,并且在更换整个交易计划之前首先解决好这个问题。

进一步来讲,后备计划需要比前面开始时的计划要更加稳健谨慎,尤其是在你准备实施后备计划进行交易之前你允许前面的一个交易计划可以让账户亏损40%。如果你建仓时拿出了50,000美元,后来按照开始时的交易计划账户亏损到只有30,000美元,那么你可能就只能够在一些投资市场采用一个低风险的交易方法,进行"赚钱快"的交易。或者说,你可能必须采用长线交易策略,这样的话你才不会爆仓,你才可以继续进行交易。有了一个后备交易计划,保全资金就成为优先考虑的事情了。那些会战斗会退却的人,才有可能保全自己,他日再战(中国有句俗语:留得青山在,不怕没柴烧)。有时候,随着船沉死亡并不总是明智的。保全资金可能会限制你的资金增长,但是它不至于让你亏损得被置身交易之外而无法继续进行交易。你一旦被抛出局,你就无法进行交易了。

为另外的交易方法和投资市场做好准备

　　合理的资金管理计划包括增加,这个增加不仅是交易合约数量的增加,而且是交易的方法和投资市场的数量的增加,或者说这个增加包括两者都要增加。有时候会出现这样的情况,就是交易的账户在没有明显增加风险的情况下,也适合用另外一些交易策略或者另外一些投资市场。有一条很好的经验法则就是一旦在目前的交易策略中有 6 到 8 个合约的增加,那么就把它们加入投资组合中。很明显,在你开始按照计划进行交易之前,你没有必要使这些方法策略保持一成不变。在你已经开始交易以后,你要做好准备用另外一些交易方法进行交易。你会有时间进行调查,并且也有能力把这工作考虑得很周到,很全面。

　　另外,探索一些和你当前交易所用的交易方法无关的另外的交易方法也是一个很好的主意。如果你有一种较长期的趋势系统交易方法和一个短期的旋启式系统交易方法,那么你看看分组交易方法或者是在不同投资市场相同的交易方法。正如在最开始的投资组合中,当我们把另外的交易方法或者投资市场加进我们制定的计划中的时候,分散投资(多元化投资)就是这个交易游戏的名字。

最优的投资方法和投资组合

　　在第八章中,我们看到了恰当的资金管理技巧在投资组合中的好处。在第十四章,我们也看到了优化测试检验是如何给我们一个更加实际的图片,告诉我们在将来的系统交易中应该期望些什么。我们没有看到的是,投资组合是如何通过优化过程来增加我们获利的可能性(获利概率)的。

　　下面我们来回顾一下第十四章中在"优化对比"这一节中列举的这些最后的数据,他们把简单移动平均线交汇方法中的 496 种不同的参数组合应用到债券交易市场进行了为期八年的交易测试所得。在这一部分内容中,我们还将另外增加 496 种测试,这 496 种测试曾经被用同样的交易方法进行了同样时间的交易期用在了瑞士法郎交易市场。最好的结果是从这一组参数组合得到的:8

日均线作为较短期移动平均线，40日均线作为较长期移动平均线。它们组合后得出的数据如下表显示：

净利润总额($)	79,000
交易数量(次)	44
成功交易数量(次)	19
失败交易数量(次)	25
成功交易几率(%)	43%
平均获利额度($)	6,000
平均亏损额度($)	1,400
每次交易平均获利额度($)	1,800
亏损比例值	4.60
最大跌幅额度($)	11,000

根据这组在债券市场同样进行了8年的交易期的最优测试结果来看，我们可以得出这样的结论：用这种交易方法，我们有62%的获利率，每一年平均至少获利3000美元。在瑞士法郎交易市场，有347种参数组合在8年的时间内创造出了24,000多美元的利润。通过计算，这也就是说在8年的交易时间内有70%的获利率，我们每一年平均至少创造出3000美元的利润。

我们再把这和前面的透支硬币的例子结合起来看，我们也回想一下，如果你有两个硬币，然后在空中投掷，那么每一个硬币着落时正面朝上和背面朝上的机会都是一样的。那么这两个硬币中着落时至少其中一个出现正面朝上的可能性到底是多少呢？两个硬币有四种可能的结果：

1. h,h;
2. h,t;
3. t,h;
4. t,t。

这也就意味着，这四种结果中有三种结果是：至少其中一个硬币着落时正面朝上。也就是说，这两个硬币投掷后，有75%的机会出现其中一个着落时正面朝上。如果有三个硬币进行投掷，那么这三个硬币中着落时至少其中一个出现正面朝上的可能性到底是多少呢？此时有8种可能性：

1. h,h,h;
2. h,h,t;
3. h,t,h;
4. t,h,h;

第十七章 综述(信息汇总)

5. h,t,t;
6. t,h,t;
7. t,t,h;
8. t,t,t。

三个硬币投掷后有 8 种可能出现的结果。其中有 7 种结果是至少有一个着落时正面朝上。那么也就是说出现其中一个着落时正面朝上的机会是 75%。现在我们回过头来看看分别在债券交易市场和瑞士法郎交易市场要创造出至少 24,000 美元的利润的可能性。我们说在债券交易市场要创造出至少 24,000 美元的利润的可能性是 62%,在瑞士法郎交易市场要创造出至少 24,000 美元的利润的可能性是 70%。然而,要在其中一个交易市场创造出至少 24,000 美元的利润的可能性就是 88.6%。

两个投资市场都不能创造出 24,000 美元的利润的可能性就是:
$$(100\% - 70\%) \times (100\% - 62\%)$$
$$= 30\% \times 38\% = 11.4\%$$

我们也同样在原油投资市场进行了类似的测试。在原油投资市场,496 次参数组合中有 334 次(67%)的参数组合可以在 8 年时间内创造出 24,000 美元的利润。也就是说,所有的这些测试都不能创造出至少 24,000 美元的利润的可能性还不到 4%,其中至少有一次参数组合在 8 年时间内创造出 24,000 美元的利润的可能性是 96%。

不仅至少有一次参数组合创造规定利润的可能性升高了,而且不止一次参数组合创造出规定利润的可能性也升高了。比如说,只有两个硬币进行投掷时,两个硬币着落时同时出现正面朝上的可能性是 25%;在债券交易市场和瑞士法郎交易市场,这两个交易市场同时创造出 24,000 美元利润的可能性是 43%;三个硬币投掷时,有 2/3 的硬币(其中的两个)着落时出现正面朝上的可能性是 50%;在三个交易市场,其中的两个交易市场同时创造出 24,000 美元的利润的可能性是 64%。

最后,关于一个投资市场可以创造 24,000 美元的利润,而另一个投资市场会亏损 24,000 美元的资金,这种情况下的可能性,我想可以做出一个估算。在原油交易市场,有 20 次(4%)参数组合测试不能创造出 24,000 美元的利润,或者更多;在债券交易市场,有 18 次(3.5%)参数组合测试不能创造出 24,000 美元的利润,或者更多。因此,至少其中一个交易市场创造出 24,000 美元的利润的可能性就是 88%,其中一个交易市场亏损 24,000 美元的可能性还不到 1% $(0.04 \times 0.035 = 0.0014$ 或者 $0.14\%)$。

所有的这些事实都做出了相当多的筛选。和一个交易商相关的不一定就和另一个交易商相关。这些原则和方法的背后是每个交易商如何去应用。如何去准确地把这些交易方法应用到你自己的交易中是你自己必须要单独回答和解决的问题。我强烈建议,在你应用这些交易方法之前要完全读懂并搞明白。这可能意味着你需要反复多遍地去研读这本书中的某一部分内容。本质上来说,就是你对这些交易方法理解得越多,你在将来的交易中就会对这些交易方法应用得越好。

最后的想法

如果一个交易商按照我讲的一步步实行,并且要准备坚持下去,那么这个交易商就会遥遥领先了,不止90%的交易商会这么做。对于一些交易商而言,他们虽然有好的交易目的和交易计划,但是他们经常会分心走岔路。而另外一些交易商也有交易计划,他们对他们的交易非常自信,认为自己一定会在长期交易中获取大利润,但是他们同时也感觉到了有必要把计划和实际的交易结合起来,更加积极地进行交易。如果你制定了一个交易计划,但是没有付诸实施,虽然你依旧感觉有必要把计划和实际的交易结合起来进行交易,但是其实你已经把计划和实际的交易分开了。当你感觉你现在足够幸运的时候,如果你想,你可以在标准普尔市场投资 10,000 美元建仓,进行即日交易。但是当你投资的资金亏损(很可能就会亏损),不要去改变你的交易计划,也不要用你的预感、交易测试,以及其他没有经过实验证明的或者没有全面调查研究的东西去亵渎你的计划,要继续坚持你的计划直到交易成功。

参考文献

威利出版社的贸易优势系列书籍（Wiley Trading Advantage）

《股市无敌》（*Trading without Fear*）/［美］小理查德·W. 阿姆斯（Richard W. Arms, Jr.）著

《神经元网：金融市场的时间顺序预测》（*Neural Network：Time Series Forecasting of Financial Markets*）/ E. 迈克尔·阿佐夫（E. Micheal Azoff）著

《期权市场》（*Option market making：trading and risk analysis for the financial and commodity option markets*）/ 艾伦·简·贝尔德（Allen Jan Baird）著

《期货交易者资金管理策略》（*Money Management Strategies for Futures Traders*）/［美］瑙泽·J. 鲍尔绍拉（Nauzer J. Balsara）著

《遗传算法和投资策略》（*Genetic algorithms and investment strategies*）/ 小理查德·J. 鲍尔（Richard J. Bauer, Jr.）著

《技术市场：分析及性能指标》（*Technical Market Indicators：Analysis & Performance*）/ 小理查德·J. 鲍尔（Richard J. Bauer, Jr.）和朱莉·达尔奎斯特（Julie R. Dahlquist）著

《周期性：系统、策略及信号》（*Seasonality：Systems，Strategies and Signals*）/［英］杰克·伯恩斯坦（Jake Bernstein）著

《对冲基金边缘》（*The Hedge Fund Edge*）/ 马克·布歇（Mark Boucher）著

《管理期货：投资者指南》（*Managed Futures：An Investor's Guide*）/ 贝弗利·钱德勒（Beverly Chandler）著

《超越技术分析》（*Beyond Technical Analysis*）/ 图沙尔·钱德（Tushar Chande）著

《新技术交易商》（*The New Technical Trader*）/ 图沙尔·钱德（Tushar Chande）和斯坦利·克罗（Stanley S. Kroll）著

《边缘交易》（*Trading on the Edge*）/ 圭多·J. 德波克（Guido J. Deboeck）著

《按既定计划进行交易》(Trading On the Plan)／小罗伯特·迪尔(Robert Deel)著

《技术分析的新科学》(The New Science of Technical Analysis)／[丹麦]托马斯 R. 德马克(Thomas R. Demark)著

《圈叉图:预测和跟踪市场价格的必备工具》(Point and Figure Charting:The Essential Application for Forecasting and Tracking Market Prices)／托马斯 J. 多赛(Thomas J. Dorsey)著

《以交易为生》(Trading for a Living)／亚历山大长者博士(Dr. Alexander Elder)著

《以交易为生的学习指导》(Study Guide for Trading for a Living)／亚历山大长者博士(Dr. Alexander Elder)著

《日内交易者手册》(The Day Trader's Manual)／威廉·F. 英格(William F. Eng)著

《期权课程:高收入低压力的交易方法》(The Options Course:high profit and low stress trading methods)／乔治·A. 佛特尼斯(George A. Fontanills)著

《期货课程手册》(The Options Course Workbook)／乔治·A. 佛特尼斯(George A. Fontanills)著

《交易经验101条:如何变成一个职业交易商》(Trading 101:how to trade like a pro)／桑妮·J. 哈里斯(Sunny J. Harris)著

《交易经验101条:开始交易》(Trading 102:Getting Down to Business)／桑妮·J. 哈里斯(Sunny J. Harris)著

《分析并预测期货价格》(Analyzing and Forecasting Futures Prices)／安东尼·F. 赫伯斯特(Anthony F. Herbst)著

《期权市场的技术分析》(Technical Analysis of the Options Markets)／理查德·赫斯顿(Richard Hexton)著

《方式,价格和时间组合:在交易体系中用江恩理论分析》(Pattern, Price & Time:Using Gann Theory in Trading Systems)／詹姆斯·A. 海尔齐格(James A. Hyerczyk)著

《从自然资源中获取利润:如何从贵金属,食物和能源的投资中获取暴利》(Profits from Natural Resources:How to Make Big Money Investing in Metals, Food and Enegy)／罗兰·A. 杰森(Roland A. Jansen)著

《交易游戏:职业交易员的资金管理策略》(The Trading Game:Playing by the Numbers to Make Millions)／瑞安·琼斯(Ryan Jones)著

《交易体制和交易方法》(第三版)(Trading Systems & Methods, Third Version)／

佩里·考夫曼（Perry Kaufman）著

《为了盈利而进行的交易》（Trading to win）/ 阿里·基辅（Arie Kiew）著

《理解期权》（Understanding Options）/ 罗伯特·柯乐伯（Robert Kolb）著

《直观交易商》（The Intuitive Trader）/ 罗伯特·科佩尔（Robert Koppel）著

《非线性定价：理论和应用》（Nonlinear Pricing：Theory & Applications）/ 克里斯多夫·T. 梅（Christopher T. May）著

《麦克米伦的期权策略》（Mcmillan On Options）/ 劳伦斯·G. 麦克米伦（Lawrence G. Mcmillan）著

《交易预期》（Trading on Expectations：strategies to pinpoint trading ranges, trends and reversals）/ 布兰登·莫伊尼汉（Brendan Moynihan）著

《市场间技术分析》（Intermarket Technical Analysis）/ 约翰·J. 墨菲（John J. Murphy）著

《预测金融市场》，第三版（Forecasting Finacial Markets，Third Edition）/ 马克·鲍尔斯和马克·卡斯泰利诺（Mark J. Powers & Mark G. Castelino）著

《资本市场的神经网络》（Neutral Networks in the Captital Markets）/ 保罗·瑞芬（Paul Refenes）著

《交易策略控制论》（Cybernetic Trading Strategies）/ 墨里·A. 鲁杰罗（Murray A. Ruggiero, Jr）著

《期权顾问：用股权期权和指数期权积累财富的技巧》（The Option Advisor：Wealth-Building Using Equity and Index Options）/ 伯尼·G. 谢菲尔（Bernie G. Schaeffer）著

《游戏市场》（Gaming the Market）/ 罗纳德·B. 谢尔顿（Ronald B. Shelton）著

《期权策略》（第二版）/（Option Strategies, Second Edition）/ 考特尼·斯密斯（Courtney Smith）著

《专业投机原理Ⅱ：专业投机原理》（Trader VicⅡ：Principles of Professional）/ 维克托·斯波朗迪（Victor Sperandeo）著

《冠军炒家：开拓投资市场的战术与战略》（Campaign Trading：Tactics & Strategies to Exploit the Markets）/ 约翰·斯维尼（John Sweeney）著

《交易商的生存指南及修改》（The Trader's Tax Survival Guide and Revises）/ 泰德·特塞尔（Ted Tesser）著

《资金管理中的数学》（The Mathematics of Money Management）/ 拉尔夫·文斯（Ralph Vince）著

《组合管理公式》（Portfolio Management Formulas）/ 拉尔夫·文斯（Ralph Vince）著

交易游戏——职业交易员的资金管理策略

《新的资金管理方法：资产分配的框架》(The New Money Management：A Framework for Asset Allocation)／拉尔夫·文斯(Ralph Vince)著

《日本烛台图标交易模式的应用》(Trading Applications of Japanese Candlestick Charting)／加里·瓦格纳和布莱德·马西尼（Gary Wagner & Brad Matheny)著

《证券混沌操作法：应用内行技巧使你的交易利润最大化》(Trading Chaos：Applying Expert Techniques to Maximize Your Profits)／［美］比尔·威廉斯(Bill Williams)著

《证券交易新空间：如何在股票,债券和大宗商品市场混沌交易中获利》(New Trading Dimensions：How to Profit from Chaos in Stocks, Bonds and Commodities)／［美］比尔·威廉斯(Bill Williams)著

《短线交易秘诀》(Secrets to Short－Term Trading)／拉里·R.威廉姆斯(Larry R. Williams)著

译 后 记

在我没有研读并翻译这本书之前，当我接手这本书时，乍一看"资金管理"，我个人认为它指的也就是投资过成功的风险控制的问题。我想，很多人也会认为"资金管理"指的就是风险控制（止损），但是实质上它包含"头寸管理"和"风险控制"两个方面。

那么我们在投资和交易的过程中为什么要这么注重资金管理呢？读了Ryan的这本书之后，我很明确这个问题的原因所在了。简单地说，我们在交易中进行资金管理的目的就是"生存和发展"。Ryan在文章一开始就以血的教训告诉我们投资中要重视资金管理的重要性。也许有人会说，我们只要能够很熟练地进行技术指标的分析，也就可以很好地把握好交易的过程了。但是我们知道，即便是一个新手，只要通过不断的实践，技术指标分析达到很娴熟的程度并非难事。但是这是不是就是保证我们投资和交易成功的关键性因素呢？当然不是。澳大利亚的投资大师戴若·顾比（Daryl Guppy），他是全球金融市场十大技术分析大师之一，他认为，交易成功的关键不在于技术分析水平的高低，而是取决于资金管理水平的高低，更确切地说是取决于止损水平的高低。这里有两种止损：金融止损和图表技术止损。所谓金融止损是指用资金作为限定，指定交易计划的时候按照总交易资金或者总投资组合资金的百分比来确定止损出局的价格；而图表技术止损是指利用技术上的支撑阻力线来确定止损出局的价格。不管是金融止损还是图表技术止损都可以显著地降低我们在相同收益预期下的风险程度，从而有效提高交易的收益率。据调查，国际上很多投资大师交易成功的共同经验之一就是：限制每次亏损交易的损失额度，而尽可能地使每次成功交易的收益达到最大，从而使每次总收益达到最大化。这一目标也正是通过止损功能的应用才得以实现的。而很多投资商的做法恰恰相反，他们在其中的一次或者两次的交易中不愿意设置止损，这样很可能会导致前面成功交易积累的利润全部赔光。

记得有一种说法：学会止损是散户的悲哀。也许对某些人适用，但就普遍意义上说，不会止损是散户为什么一直是散户的主要原因之一。人们总是喜欢快速地获利，而不给亏损留一点余地，结果是截断利润，扩大亏损。长期下来，如何实现资金的增值呢？

那么我们该如何建立自己的资金管理流程呢？Ryan 在书中也有提到这一点，总结一下就是，首先我们需要先有一笔资金，规划或者说计算下你可以忍受几次把它赔光，我们一定要先有"置之死地而后生"的心理准备；然后，在计算好之后，我们还要计算出每笔交易所能承受的最大亏损额度，记得是"每笔"不是"每手"。入场之前确定"风险/收益比例"，合理的投资资金，要"把钱用在刀刃上"。

本书一开始，Ryan 就以自己的亲身经历说明了交易过程中导致他失败的两个致命性错误：过度交易和重仓。所以在这里我要提醒大家，如果你是交易新手，想要赚钱快，那么在你初涉交易时一定要控制好自己的投资交易量，并且保证交易质量，这样你也可以很快就会成为一个不错的交易者。严肃谨慎的投资者都是从衡量风险开始的。当你逐渐明白了交易是"寻找—进场—设置止损—订立盈利目标—离场"这一过程后，你就可以在交易过程中适当加仓（增加仓位），并赢得更多有意义的利润。

在资金管理过程中涉及两个环节：入场（一次性建仓：极短趋势；分步建仓：日内单边趋势）和离场（止损出场：一刀砍式；止盈离场：减码式）。俗话说，千个道理看涨，万个大师说向上。但是事实是：到了止损位，我们一定要毅然切断，没有任何犹豫地一刀挥去。

当然，我们在交易中设置止损的时候不可以毫无凭证，盲目地臆造止损。书中 Ryan 推荐了他设置止损的原则：在任何的首次交易中风险不要超过资金的 1%～2%，强烈反对超过 5%，另外也可以通过投资组合分散风险。我们在设置止损应考虑：自己所能承担的亏损；市场走势证明你自己是否判断失误；投资或者交易品种的特点；结合自己资金使用，等等。

本人也曾经在天津利安达贵金属经营有限公司从事过现货黄金的操盘工作，并且在工作期间我利用自己的英语优势，研读了大量与投资市场相关的英文书刊。从开始的理论知识学习到后来的实战操盘，我都颇有体会。在自己实盘操作期间，我每一次都会在做单之前对自己现有的操控仓量进行仔细的分析，并且采用相应合理的操作方法进行交易；交易之后，我又会根据自己的交易结果尽心分析总结。很多操盘手会认为现货黄金经常会陷入一个"买也赔钱，卖也赔钱"的交易怪圈。其实，不良的交易心理、恐惧心理、盲目交易、分析方法使用不当等都可能产生这种交易现象。但凡进行过实盘操作的人们都知道，成

译后记

功的交易 = 心理控制 + 资金管理 + 分析系统。但是，实际上，多数人忽略了资金管理这个问题。资金管理是交易系统的重要组成部分，本质上说是系统中决定你头寸大小的那部分。它可以确定系统交易中你可以获取多少利润、承担多少风险。我们不能以简单的通过设置这类货币管理的止损来取代最重要的部分。总之呢，资金管理是我们在投资过程中需要考虑到的核心部分（这一点作者也在本书中做了详细完整的说明，是本书的重中之重）。

我在翻译过程中得到李迎、张松立、夏生红、齐飞、秦存虎的帮助才完成，在此谨致谢意！

另外，本书在翻译过程中遇到的疑难问题的解决得益于武汉股今投资咨询管理有限公司的杨飞老师，以及曾在天津利安达贵金属经营有限公司工作过同事的帮助，在校对工作中得到东北证券高级研究员杨腾先生的指正。对此，我表示诚挚的感谢！

原著中作者的语言十分精确凝练，举例也生动幽默，因译者水平有限，恐未能将原作中诸多细节及俗语等展现，希望读者能够管中窥豹，可见一斑，从译文中略微领略到原作的精髓所在。译文中错误和疏漏之处在所难免，真诚欢迎广大读者批评指正。对于本书译稿，若有指正或需要与译者商讨，请通过电子邮件 gjtz168@126.com 联系。

2011 年 11 月 30 日